小超访谈录

小超訪谈录

孙希超 / 著

人民文学出版社

图书在版编目(CIP)数据

小超访谈录/孙希超著. —北京:人民文学出版社,2013

ISBN 978-7-02-009605-3

Ⅰ.①小… Ⅱ.①孙… Ⅲ.①名人—访问记—中国—现代 Ⅳ.①K820.7

中国版本图书馆CIP数据核字(2012)第283721号

责任编辑 安 静 李昌鹏
装帧设计 李思安
责任印制 苏文强

出版发行 人民文学出版社
社　　址 北京市朝内大街166号
邮政编码 100705
网　　址 http://www.rw-cn.com

印　　刷 三河市鑫金马印装有限公司
经　　销 全国新华书店等

字　　数 260千字
开　　本 720×1020毫米 1/16
印　　张 21.5 插页14
印　　数 1—5000
版　　次 2013年1月北京第1版
印　　次 2013年1月第1次印刷

书　　号 978-7-02-009605-3
定　　价 52.00元

小超访谈录

* 要说世界上的宝贝，莫过于怀里的她。

小超访谈录

* 访谈的最高境界就是无人、无言。

* 不经意间会发现有个镜头对准我，镜头后是千万双观众的眼睛，每期节目都是一次考验，虚幻与真实，有时分不清到底哪个是真实的自己。

＊ 空位等待嘉宾，生活等待思想。

* 这是一个结束语录制的瞬间，每期节目的结束语都是在完成采访之后现场总结，挺难的，但却锻炼了思考能力。

* 主持人是用说话的方式工作的人，做访谈才感到，一个主持人懂得如何说话的同时更要懂得如何闭嘴倾听。

* 每次采访都没有文稿和提纲，全是盲谈，所以每分钟都必须思考，下一个问题该是什么？

* 与嘉宾的交流就像多年不见的朋友，一切由“心”开始。

自　序
明天的明天

这篇序是整本书最后才完成的文稿,因为晚所以有了更多思考……

2011年7月中国工程院院士麦康森走进镜头成为《小超访谈录》第一位嘉宾,在仅有的五十分钟里诉说了一个院士的成长故事。好像一棵麦子,努力地成长,让自己的穗更大、粒更饱满,这也为整个麦田的丰收打下了最坚实的基础。这是节目总结的话,简短,但却给了栏目一个明确的定位:"小超访谈录——寻找向上的力量……"

我生在村里,从小在村里长大,吃的是村里饭干的是村里活,等上班离开村继续从事的还是村里的采访,一做就是十二年。子鼠、丑牛、寅虎、卯兔……冥冥中十二年就是个轮回,土地上无数个四季流转的故事给了我许多生活的动力。

于是,与每一位嘉宾聊天的过程就是做节目的幸福时刻。

因为力争让内容更贴近现实,所以与每位嘉宾基本是"一见钟情"式的交谈,就像首次见面的好朋友说过去、聊现在、想未来。交流的过程基于简单的了解,没有文稿、没有设计、没有流程、没有规矩,随遇而安、自由表达、天马行空,这种形式我取名为"盲谈"。

感谢那些"盲谈"的日子。

农民歌手朱之文告诉我们农民的朴实可以赢得掌声、相声演员丁广泉说快乐是最珍贵的幸福、作家莫言认为家园是心灵深处的归宿、山丹丹花萨日娜说生活内容有很多不仅仅是工作、诗人汪国真向我们表达诗意的浪漫也是力量、中国第一男低音赵鹏用音乐诉说简单的慢生活、永和豆浆创始人林炳生邀请大家在豆浆里品味中华,周冰倩告诉我们歌声不是唱给耳朵而是唱给心灵，还有潘倩倩、刘大成、苏红、吉米、捷盖、熊汝霖……

感谢每一位嘉宾让我和我的观众感动并收获良多。

《小超访谈录》开播的时候我三十三岁，我女儿三岁，三十三与三就差一个数字，但差出的光阴却诞生了坚韧与责任。而这种责任不仅仅对于家庭，或许也应该给予观众。生活就像一条高速路，中国速度很快，由原来世界的边缘走到世界的中心仅仅用了三十年。发展了、变化了、硬件越来越好，原来骑自行车都很有面子，现在马路上汽车都开始堵了。纷繁复杂的环境给人很多压力，房子、车子、票子、孩子，城市人不停地忙碌行走，或许会购买很多值钱的物品，但有时却很难找到自己的灵魂。于是不安、焦躁、怀疑、无助、没有方向，还是那个老问题——我从何而来？又因何而去？许多忙碌的人们，最终还是需要面对自己的内心，都需要寻找幸福与快乐的答案。

当我们有些许徘徊的时候，应该寻找榜样。

社会之所以发展，一个原因是很多优秀人才的表现，他们生活在这个社会里，并且通过智慧与努力成为环境的亮点，我们通过他们身上的故事来总结进步的道理，或许对每个人都会有所帮助。用积极向上的力量去影响徘徊的人们，指导今天、遥控明天、期待明天的明天，这也是《小超访谈录》诞生的一个理由，或许这也是媒体的一种责任。

无论做什么我们都应该拥有正确的方向。

有一个小伙叫陈州，这个名字算不上明星，但在我眼里却是方向的代表。陈州自小孤苦伶仃，十几岁爬火车被轧掉双腿高位残疾，几秒之间由健全人一下步入残疾人行列，变换角色对很多人是毁灭性的，但陈州不同，他说“腿没了是命，但命还在就是老天的恩赐”，拖着上半身要饭的日子是他青春里的一段重要光阴。后来他开始全国沿街卖唱，他用双手拿着木盒制作的鞋走过两千多个乡镇、自己开着三轮车跑到四川地震区救人、后来又用双手支撑身体成功攀登泰山、华山、衡山、嵩山、黄山，五岳就在他的怀抱里。快乐、勇敢、坚强、不屈使他赢得爱情、赢得家庭、赢得尊重、赢得幸福，而这些都基于他正确的方向。

原来健全后来残疾，我想这个社会里会有很多人碰到这样的命运，丢失部分身体也许就会改变人生方向，由原来的积极乐观轻易便会走进颓废无奈，而方向改变有时比丢失身体更可怕。

每个人都有故事,每个人的故事都是一本书,我们不能只顾观看别人而忽略记录自己。每个人都要生存,生存就需要营养,有的来自食物,有的来自思想,希望《小超访谈录》是一个提供方向提供精神食粮的地方!

采访是“盲谈”,把“盲”字拆开,为“目”与“亡”。眼睛死了,面临的会是什么?眼睛为心,心为方向,没了方向,奔波又有何意义?有的人走了,有的人来了,更多的人在路上,所以我给这篇序取名为《明天的明天》,明天的明天不是未来。

明天的明天是方向……

感谢为此书付出的人们,感谢字里行间留下努力与汗水的人们,感谢为我们提供思想与总结的人们,感谢一直以来支持我们的人们。一本书,一段记忆!

《小超访谈录》总策划、主持人　小超

目　录

小超与麦康森

【小超印象】

* 他是中国工程院院士，院士在我眼里高不可攀，采访前我有些紧张，但这位“院士哥”却很随和，马上消除了我的紧张。微笑、漫谈、回忆，聊着聊着，节目做好了。我偷着乐，真幸运，第一期节目就赶上这么一位优秀的嘉宾。他是我们节目第一位嘉宾，也是我记一辈子的朋友。

人生只有一条路

——访麦康森

【节目开场语】

观众朋友们大家好，欢迎来到《小超访谈录》。

大家对高考都不陌生，莘莘学子都想考上个本科，考上本科后很多学生又想考上研究生，等研究生毕业了又想成为博士生，再往后就是博士后。不管是本科生、研究生、博士生还是博士后，和院士比起来，您会不会感觉院士高不可攀呢？您或许会说在中国院士可不得了，中国科学院院士、中国工程院院士这都是国家的栋梁之才。今天《小超访谈录》就和您说说院士，看看院士是怎样一步步成为院士的？身上有哪些是值得我们学习的？今天《小超访谈录》带您拜访中国工程院院士麦康森。

麦康森，1958年10月生，广东化州人，中国工程院院士，现任中国海洋大学水产学院院长、教授、博士生导师。长期从事水产动物营养与饲料学的教学、研究与开发工作。

小　超：麦老师，咱俩是第一次见面，您觉着我应该怎么称呼您？麦院士，麦大哥，还是麦老师？

麦康森：更多情况下叫麦老师好像比较正确，但是为人师也不是件容易的事情，我感觉受之有愧，要不你叫我老麦好了。

小　超：老麦，我觉着您并不老！我还是喊您麦老师吧！您是哪年出生的？当时家庭条件怎么样？

麦康森：我1958年出生在广东化州县，过去那是南蛮之地，经济落后。

这是《小超访谈录》所拍摄的第一张照片，麦院士的瞬间表情也给我们留下了一段历史

小时候家庭比较困难，我有六个兄弟姐妹，三个姐姐，一个哥哥，一个弟弟，我排行第五。

小　超：那时候家庭压力大不大？

麦康森：因为年龄很小我体会不到，但是回想起来压力应该是非常大。那个年代一个家庭七八口人，肯定吃都吃不好，都是吃稀饭，一大锅水里面放上几粒米，煮一会之后再添加一些地瓜叶、南瓜叶。吃完以后走路都能听到肚子里的响声，现在我们开玩笑说，那是音乐，是交响乐。

小　超：我听说当时您父亲的身体不是很好，您对父亲有什么印象？

麦康森：父亲是在大饥荒时去世的，当时我只有三四岁。当时在吃不饱的情况下，他总是先让我们吃饱饭，这恐怕也是我父亲身体不好的一个原因。

小　超：父亲去世以后，麦妈妈的压力是不是更大了？

麦康森：作为一个失去丈夫的年轻母亲，压力可想而知！有不少年轻妈妈是很难撑下去的，但是我妈妈坚持下来了，用她的话说，她一定要把我们这帮小家伙拉扯大。

小　超：在您记忆中，母亲留给您留下印象最深的是什么事情？

麦康森:南方冬天的蚊子很多,当时没有蚊帐,我们的脸每天都让蚊子叮得像长痱子一样。我妈妈每天晚上都到园子里砍树枝,然后用火点着,利用树叶烧出来的烟把蚊子熏走。母亲在我们心目中是一个非常坚强的人。

小　超:一个坚强的女人!您是不是觉着现在美好的生活,与当初母亲的努力是分不开的。

麦康森:那当然,密不可分!

小　超:当时家庭条件那么差,母亲还一直坚持要让自己的儿子去上学。

麦康森:对孩子教育的重视,是中华民族的优秀传统,我母亲也一样,非常重视对我们的教育。

小　超:我也了解到现在社会上有很多家庭,不再让孩子继续接受教育,而是让他们出去打工挣钱,您怎么看这件事情?

麦康森:我不认可这种做法,一个民族素质的提高必须通过教育。教育不是一种急功近利的行为,它是提高全民族素质的行为,只有全民族的素质都提高了,我们的国家才会更稳定、更迅速地发展。读书不是为了找一份好工作,而是为了能让一个人的能力进一步提高,教育非常重要。

小　超:我非常赞同您的观点,我也想告诉更多的父母,不管家庭条件怎么样,一定要让自己的孩子接受全方位、高质量的教育,这是对孩子的未来负责。

麦康森:这不仅是对孩子负责,也是对社会负责,对国家负责。

出生在广东化州农民家庭的麦康森,由于父亲早逝,坚强的麦妈妈担负起了抚养子女和生活的重担,生活的艰苦让麦康森三个稍大点的姐姐不得不早早辍学。即使这样,麦妈妈也从未动摇过让麦康森兄弟继续上学的决心。天生聪颖刻苦的麦康森没有辜负家庭的期望,学习成绩一直名列前茅,同时他还一直有个愿望——到距家一百公里的海边去看海,能见到大海成了他童年时最大的梦想。

小　超:您的老家是不是离海边很远?我听说您小时候曾做过一件大

胆的事情,没有跟麦妈妈说就拿着一张地图骑着自行车去海边了,有没有这件事?

麦康森:我家离海边接近一百公里,你说的这件事是真的。我怕家里人不同意,就骑着自行车,拿着一张手画的地图往湛江方向去。我第一次离家,就是想去看看大海。

小　超:这是不是你年轻时做过的最疯狂的事?

麦康森:的确是很疯狂的。

小　超:因为对大海有感情,所以后来才选择了水产研究这个专业?

麦康森:也不完全是这样,1977年恢复高考时是先填志愿后考试,因为不懂,我看着哪个学校好就填哪个,哪个专业好听就填哪个,像北京大学、中山大学,但是最后因为分数不够,我没有被录取。1978年第二次高考时我就吸取了这个教训,专门报考冷门的学校和专业。我琢磨南方人应该不愿意来山东,就填报了山东海洋学院(现为中国海洋大学),然后我又想可能别人更不愿意从事海水养殖,我就报了这个专业。当时我的想法很简单,就是要抓住这个机会上大学,要填饱肚子。

家境贫寒的麦康森,知道考取大学的重要性,吸取1977年填报高考志愿的教训,1978年他最终选择了报考山东海洋学院,也就是现在中国海洋大学的前身,同年10月,麦康森不负众望收到了山东海洋学院的录取通知书。

小　超:考上大学应该是件高兴的事,但在您上大学临走时,麦妈妈并没有送您,您心里是什么滋味?

麦康森:当时我母亲也知道,这种分离应该很久。她把我送到门口时就和我说:你去吧,四年以后再回来。她也明白从广州到山东路途遥远,不可能经常筹路费回家,但也许她是不想面对分别的痛苦,就简单地说了句:“你去吧,四年以后再回来。”

小　超:作为母亲来讲,她也知道将要和儿子做这辈子第一次最长时间的分别。

麦康森:对,这一去就是四年。

小　超:后来上大学的这段光阴是不是也非常艰苦?

往事一幕幕，幕幕令人动情

麦康森：我还真没体会到艰苦，反而感觉比过去好多了。第一是能够吃饱饭了，每个月有一次肉包子吃，有一斤大米吃，每个礼拜早上可能还有一次油条吃，感觉非常高兴。第二是有努力的方向了，不断用功把自己的时间都占满。那时我体会到的不是艰苦而是充实、快乐。

小　超：进入大学之后，不仅能吃饱饭，而且有了可以天天汲取的精神食粮。我想再问问麦老师，您在大学里的奖学金怎么样？

麦康森：那时候我们的奖学金是根据家庭收入来定等级的，因为我家足够穷，所以我是一等奖学金。

小　超：我听说您大学中的几位导师，对您的人生产生了比较大的影响？

麦康森：很多人并不把水产当做科学，一说起水产好像就是抓鱼摸虾的。在人们眼中，科学都是高能物理、高分子化学等等。但是我的老师却告诉我，凡事都是科学。考上研究生之后，我的两位导师，一位是我们的系主任尹左芬先生，一位是李爱杰先生，他们教会了我科学的方法和科学的态度。

小　超：一个人的成功离不开老师的指导，说起来师资力量非常关键。

麦康森:和一个人的成长关系最密切的第一是父母,父母的行为对你的影响会很大;第二就是老师,老师的言行和价值观、世界观对一个人的成长非常重要。

1985年,在山东海洋学院读完硕士学位的麦康森,回到家乡广东到湛江水产学院任教。1990年,湛江水产学院获得了一个国家公派出国进修的名额,由于竞争激烈,学校决定用外语考试的办法进行选拔,麦康森最终以第一名的成绩获得了远赴爱尔兰留学的机会。经过四年努力,1994年勤奋好学、勇于挑战的麦康森在博士论文答辩时,国外严谨挑剔的评审团对他论据充分、结论准确的论文,几乎没问问题就通过了,麦康森获得了爱尔兰国立大学动物学(营养与饲料)的博士学位。

小　超:外出留学的时候,有没有私下里或者晚上睡不着觉的时候想一想,外面的环境和条件会比国内好一些,我不回家了?

麦康森:我是一个普通人,也曾有过这种想法,但是最终我还是选择了回国。在国外,我从已经移民的那些人反馈的信息了解到他们中的很多人,差不多超过80%甚至90%的人在国外都是学非所用,很多人为了生存,找了不是自己专业领域的工作。所以我就想,如果不去从事自己专业工作的话,学了二十多年的专业优势就没有了,所以最后我还是选择不放弃专业,回国。1994年我回国的时候感觉中国在飞速发展,这里的机会可能会更多。我现在还对很多没有回国的人说:“只要想干事,只要能干事,你回来就有事干,就能干成事。”

小　超:1994年,您作为一个“海归”,可以选择的工作肯定很多,最后您是怎么选择的?

麦康森:我回国的时候的确有很多选择,最终我还是选择回到我的母校——中国海洋大学。其中一个很重要的原因就是我的导师、中国海洋大学校长管华诗院士,还有我的老师李爱杰先生,他们非常希望我能回中国海洋大学。另一方面我觉着所学的专业,在中国海洋大学这个平台上能有更大的发挥,所以我最终选择了中国海洋大学。

小　超:事实证明您当初的选择是明智的。

麦康森:人生只有一条路,没有比较,但是面临选择的时候我们可能会去比较。我想说的是,一旦选定之后就要一直走下去,并认同它是最好的选择。

不放弃自己专业的麦康森,最终选择了回到祖国。回到母校工作的麦康森如鱼得水,先后承担和主持了国家海洋863、国家重大基础研究973、国家杰出青年科学基金、教育部跨世纪人才培养基金、教育部重点科研项目等十余项重大项目中的科研课题。

小　超:您在中国海洋大学工作至今,研究过哪些重要课题?

麦康森:我这十几年来研究工作主要是进一步把对虾营养、对虾饲料进行优化,提高了饲料效率,又把在国外开展的鲍鱼研究工作不断地向前推进。我国现在海水养殖迎来了第四次浪潮,针对主要的养殖品种的研究,比如我们国家有名的大黄鱼、鲈鱼,都是我回国以后研究的内容,应该说还是卓有成效的,很多成果都实行了产业化。我们做应用科学的很容易找到一种成就感,有时候我在想,老中医写个配方能把您的病治好,我搞饲料的写个配方也能创造巨大的经济效益,这就是我的成功。

小　超:我知道您后来还有一个外号,也是大家都比较羡慕的——"鲍鱼博士"?

麦康森:首先我不承认这个称呼。他们这样称呼我,只是因为在研究过程中,我曾研究过鲍鱼,并且研究的时间还很长,从1990年到现在从没间断过。我到爱尔兰留学选择研究对象的时候,那里没有很多的水产养殖对象可供我选择,而在我实验室里刚好就有鲍鱼。从90年代开始,中国已经大规模开展了鲍鱼养殖,但营养这方面没有人研究,或者说很少有人研究,在国际上研究的人也很少,另外再加上其它一些原因,最终我选择了研究鲍鱼。其实跟当时上大学一样,没的选。2003年我主持了国际鲍鱼生物学大会,这是鲍鱼国际学会第一次在中国举办,当时是由我来组织的。那时候《中国地理杂志》正在做一个专刊——"中国的珍贵食品",是一个八珍的系列。他们知道这个"鲍鱼大会"后来找我,"鲍鱼博士"这个称呼也是他们给我起的。其实我读的博士后学位是以鲍鱼为研究对象,但我的博士学位不是“鲍鱼博士”，而是理学博士。

小　超：但是我觉得这个名字挺好听！您原来是不是也曾担任过中国海洋大学的副校长，为什么后来辞去了这个职务，转而专心研究自己的业务？

麦康森：因为在副校长的位置上，行政管理占去了我很多时间，时间会被挤掉，会被打得支离破碎，用很少的时间做研究、做学问是比较困难的。我决定还是专心做研究，就辞去了副校长的职务。

麦康森的性格爽朗、大方，笑起来也是阳光灿烂

2000年11月，在麦康森的积极推动下，青岛、台湾和湛江海洋大学实现了两岸三校的联合办学，为两岸加强教育合作、促进科技交流做出了重要贡献。2001年10月，还在担任中国海洋大学副校长职务的麦康森，从国务院副总理李岚清手中接过了由教育部和爱国企业家李嘉诚先生共同设立的“长江学者奖励计划”特聘教授的聘书，成为一名得到国家肯定和高额资助的“长江学者”。同时作为人大代表的他还建议国家应当重视海洋技术的开发，“蓝色农业”将为国家解决三农问题提供更大空间。

小　超：您对“蓝色农业”怎么理解？

麦康森：我们把海洋叫做蓝色的海洋，陆地资源尤其是农业资源在我们这样的人口大国，已经把它的生产力利用得差不多了。作为一个占全世界20%的人口，却只拥有6%耕地的国家，我们必须要利用更大的空间来保证我们的食物充裕和安全，海洋是我们要瞄准的一个方向。

小　超：您觉着海洋是除土地之外，另外一个可以创造巨大财富的地方？

麦康森：对。我们有三百多万平方公里的海洋，如何利用这个资源是我们研究的重点。捕捞、养殖、资源保护，当然也包括盐碱地的种植等等，这些都属于海洋农业的范畴。

小　超：当初自己报了个冷门学校的冷门专业——水产养殖，如今却发现曾经的冷门变成热门了。

麦康森：应该说很幸运，原来的冷门比如我学的营养饲料，现在养殖就需要饲料，我就能派上用场，真正能够做一些成绩也是因为社会经济发展需要的结果。现在我研究海洋，如今的“蓝色农业”、“蓝色经济”又能让我学以致用，有一个三百多万平方公里的平台等着我去发挥。

小　超：您觉着现在是不是应该重视海洋资源的保护？同时您对海洋资源保护，特别是水产方面有没有一些建议？

麦康森：当然应该重视海洋资源的保护。可持续发展就是不能用明天的东西来支撑今天的发展。再说对海洋资源的保护，比如说禁捕，就是我们减少对海洋资源捕捞的压力，让它有一个恢复的时间、空间，这是我们国家这些年一直都在实行的一种措施。对造成海洋环境污染的物质也要进行处理、净化以后再排进海洋。

小　超：您认为理论研究转化为生产力，对中国水产养殖的贡献大不大？

麦康森：我们过去是在一定季节才能有海参吃、有鲍鱼吃，而现在一年到头什么时候都能吃到，这就是知识、科技贡献的结果。

小　超：在有限的海水里，融入我们无限的知识，能创造更强的力量和更多的财富，这种力量并不是来自于肌肉，而是智慧和思想。

麦康森：是，您说的没错，在这其中知识与思想的确发挥着非常重要的作用。目前我们国家的海洋科学跟海洋经济并不在世界强国的范畴，同时我们国家的很多威胁也来自海洋，所以我们一定要在海洋上有更大发展，来维护我们国家的安全和利益。应该从国家海洋战略的高度来看国家海洋事业的发展，这是一门大学问。

2009年12月麦康森当选为中国工程院院士，这是国家设立的工程科学技术方面的最高学术称号,为终身荣誉。院士的背后也是一连串的不容易,取得的科研成果数不胜数,这些成果的背后,多数来自于实验室、实验基地以及吃住在海边、野外试验的长时间“煎熬”,同时麦康森并没有满足已有的成就和荣誉,而是借助科研成果实际应用所产生的有利影响,在国家教育部和学校的重点支持下,筹建起国际一流的教育部海水养殖重点实验室,水产动物营养研究方面的教师和研究生已达五十多人。

小　超:每个人都有自己的理想和目标,那您的理想和目标是什么?

麦康森:我现在也有了孩子,我教育孩子说,人必须要有梦想,没有梦想就没有动力。我的梦想非常朴素,也非常实在,就是比现在干得更好一点,明天比今天更好一点。人不能满足,不满足才能有目标、有方向、有梦想。我认为人生是一个满足与不满足之间的平衡,满足快乐,不满足继续努力。

小　超:麦老师,您小时候家庭条件并不好,经过慢慢求学,一直到现在成为别人眼中高高在上的院士,您觉着成功的规律或者是成功的核心是什么?

麦康森:首先我不太赞同说我成功这个观点,我还是一个很平凡的人,只做了很平凡的工作。如果要说为什么能够得到大家的认可,我想持之以恒是非常重要的;其次我要讲的是人的能力要全面培养;第三就是在中国的文化里面,做人还是非常重要的。中国有句老话,“先做人后做事”。您自己的行为、自己的为人决定了这个舞台有多大,决定了人家是给您搭台还是给您拆台,所以在我看来做人要厚道,这个非常重要。

小　超:没错,麦老师说的这三点,我想也会给更多的朋友以启迪。麦老师,咱们聊了这么长时间,我突然有一个想法:您姓麦,您自己好像一棵麦子,努力地成长,让自己的穗更大、粒更饱满,这也为整个麦田的丰收打下了最坚实的基础。

麦康森:您说的很深奥,我没有想到在我身上,您会看到一棵麦子与一片麦田的关系。

小　超:我们国家好比是一块麦田,我们就是一棵麦子,只有我们每一棵麦子都丰收,麦田才会丰收。麦老师,再问问您,年轻的时候疯狂了一次,自己骑车一百公里去寻找大海,您现在身边还是大海,并且工作、生活、梦想、目标都在这样一个三百多万平方公里的蓝色区域里面，您觉着您与大海之间的感情如何定位？

麦康森：已经密不可分，应该说已经跳进了这片蔚蓝之中，溶化在鱼池里面，溶化在海水里面。

小　超：有一首您会唱吗？

麦康森：什么歌？

小　超：《大海啊！故乡》。

麦康森：我可能会哼两句。

小　超："大海啊，大海……"

麦康森："是我生活的地方，海风吹，海浪涌，随我飘流四方……"

大海是生我养我的地方，一个院士把自己的理想和未来融进了那片蓝色的国土中，蔚蓝的大海承载了他太多的期望与梦想，我们相信通过努力，三百多万平方公里的蓝色国土会给我们演绎无数的奇迹……

【节目结束语】

与麦康森院士的交流，让我们有很多收获。他曾经家庭贫寒、努力求学，现在成为院士，从低起点攀上人生的高峰，这个过程中曾面临许多选择，但他说："人生只有一条路，没有比较，但是面临选择的时候我们可能会去比较"，但"一旦选定之后就要一直走下去"。我们都知道麦康森的名字中有一个"麦"字，如果说整个国家是一片麦田，而自己就像是一棵麦子，只有自己这棵粒大、饱满才能为整个麦田的丰收打下基础。所以日出日落的每一天，我们每一个人都应该持之以恒地努力着！感谢您关注本期的《小超访谈录》，新农百味，耕耘人生，《小超访谈录》带您寻找向上的力量！咱们下期节目再见。

小超与朱之文

【小超印象】

* 每次见面，他都像是刚从地里干活回来。农民的外表和专业的歌声，在他身上形成了强烈落差。或许正因为这种落差，还有阴差阳错穿在他身上的那件军大衣，让这位来自鲁西南的汉子一夜走红。“大衣哥”可以说红遍了中国，但老朱觉得做明星的感觉还不如扛着锄头下地干活有滋味。

时代成就的草根歌者

——访朱之文

【节目开场语】

观众朋友们大家好,欢迎来到《小超访谈录》。

明代文学家杨慎在《二十一史弹词》第三段《说秦汉》中写道:“滚滚长江东逝水,浪花淘尽英雄,是非成败转头空,青山依旧在,几度夕阳红……”这首千古流传的词被央视版《三国演义》用做主题曲后,更是被唱到家喻户晓,童叟皆知。在我们山东有位农民兄弟,也因为这首歌一唱成名。这位农民天生有两个声部的嗓音,他是谁呢?有很多朋友应该已经猜到——“大衣哥”朱之文。

小　超:之文,欢迎来到《小超访谈录》。咱哥俩今天是第一次见面,但我在网上见过你,在网上你的消息可很多。

朱之文:你是从网上看我,我是从电视上看你,我特别喜欢你主持的《小超访谈录》,也喜欢看咱们的农业节目,因为我就是种地的。

小　超:在网上见你,留下印象最深的就是你的歌声,特别是那首《滚滚长江东逝水》唱得很有味道。

朱之文:我觉得唱歌讲究很多,但是想唱好歌就得用心。其实只要是你用心、知心、关心、细心,你也能成功。

比如说我唱歌比较注意咬字、吐字,字、声、味、表、样、相,这几个都很注重。字是咬字、吐字,每个音每个字就是一个音节,每个音节又分为多个因素,多个因素又分为字头、字符、字尾。然后再给它分为十三辙,你比如说中东辙、江阳辙、发花辙、一七辙、遥条辙、由求辙等等。然后再分为唱歌的口形，有开、启、错、合、错、合、开、启、错，这是一个字就分这些类，声它分为混合声。

小　超：混合声，什么叫混合声？

朱之文：平常说话叫做真声说话，唱歌是用的混合声，混合声就是真假声结合，你比如唱《在那遥远的地方》你用真声唱用接近说话的声音听着不大舒服，唱这个歌用混合声就对了。

小　超：原来唱歌有这么多我从没听说过的学问，回头卡拉OK见。但是我觉得你的嗓子的确好，所以一唱就出名了。

朱之文：不是我自己出名了，而是全国人民、电视机前的朋友，还有所有的网友对我的厚爱把我抬起来了，我才出名的。我整天是这样的鼻音，我等于是一个舟、是一个小船，全国人民和我们的朋友就是水，水能把我抬起来也能把我覆没了，所以我就把全国的人民、全国的朋友当成我的衣食父母，如果没有大家支持我，也没有我朱之文今天。

小　超：我们经常说广大的农民朋友是大家的衣食父母。现在呢，你成了大家眼里的明星，很厉害。

朱之文：不，不能这样说，我不厉害，我现在认为我家四口人是小家，国

健谈的"大衣哥"

家就是大家，对我来说小家跟大家跟国家是不可分割的。咱们全国人民都是一家，不要把我当成什么歌唱家啦、明星啦，不要这样说。我还是把大家当成我最亲近的人，当成我的恩人，我心里边就是这么想的。

朱之文从小就酷爱唱歌，嗓门大、声音亮，声音磅礴、雄浑、婉转、悠扬。有专家评论说这个农民的嗓音是少见的中、高音兼备，难得一见的美声歌者。

小　超：之文，你觉着自己的声音属于男高音、男中音还是男低音？

朱之文：一般一个人有一个嗓音，但是我在中国音乐学院检查了，检查声带是两个嗓音，一个是男中音，一个是抒情男高音这两个声部。检查的时候用喉镜插在口腔里边到声带的地方，机器上频率就显示出来了。检查的老师说我是很少见的多声部，我说什么是多声部？老师解释是我具备一个男中音的声部，还具备一个抒情男高音的声部，所以一个嗓子具备两个声部，这还是比较少见的。但即使我是多声部，我觉得自然条件对于成功来说只能占三分，我觉得吃苦耐劳、自己练习方面得占到七分。

小　超：一开始你就说，干好一件事必须得认真努力是吧？

朱之文：对，天上没有掉馅饼的。我从小就有个愿望，我作为一个中国的普通的老百姓，很早之前我知道有很多科学家这家那家还有各类英雄什么的，给全国人民做了很大的贡献，我没什么本事，我就是唱歌的自然条件好一点点，我就想我努力给全国人民唱歌，这就是献出我自己一点点的力量吧。我唱歌的水平我自己还是很不满意。我觉得全国人民还有我的粉丝那么支持我喜欢我的歌，凭我现在的水平我对不起大家，我只能把我目前的演出活动演完，演完之后短期内都不接了。我再继续找个老师练，用更好的水平来给全国的人民献歌。

朱之文说，自从出名后他也去过不少地方，如今他每到一处都能被大家认出，找他签名、合影的朋友更是接连不断，现在的他已然成为一个名副其实的草根明星。然而要说如今能被大家所熟知，就不得不提2011年年初，他所参加的山东广播电视台综艺频道的一档综艺节目——《我是大明星》的选拔故事。

小　超:说说你参加选拔的故事吧。

朱之文:去参加选拔的时候挺曲折的,那一年过完春节,很多人都出去打工了,我也想出去打工,但是我家里孩子小,说实话我对象她也做不了什么,我还是担心家。不走呢就在家干建筑,挣的钱特别少也顾不了家。出去吧,就老是担心家,左右为难好几天没走成。忽然俺庄上的一个人,他说我给你找个活你干不干?我说哪里啊?他说在单县城里打地面,打地面就是用水泥铺地面。我说多少钱?他说一天给你五十块钱,一天一开。我说那得去,一天五十块钱不少,不过那个活儿一天得干十二个小时,时间特别长也挺累。

干活再累再热,对我是无所谓的,我习惯了。第一天干完活几个人吃完饭,有朋友说之文没事咱唱唱歌吧,我说别唱了别唱了,他说你为啥不唱,我说一唱人家就知道我会唱歌了,耽误干活咋弄?就这样第一天没唱。第二天吃过饭还是这样,大家都说你唱唱吧、唱唱吧,我一唱几个干活的工友就说你唱那么好为什么不去比赛?我说哪里啊?他们说有个节目在济宁海选让我去,我随即就打了电话,电视台的人说你明天就过来吧。到第二天我就准备去参加比赛,但一看家里还剩一百块钱。

小　超:家里边只有一百块钱?

朱之文:嗯,就这一百块钱了。我说那咋整,钱少就省着点,那就在路上别买饭吃了,我早晨起来,喝点粥、吃个馍和萝卜菜,在家里吃饱了,这样走到路上能省顿饭钱。结果一出门特别冷,农村穷衣裳少,穿的衣裳还都是周围邻居穿不着给我的。我们村里这事不少,谁家的衣裳穿不着了,就给我再穿穿,说实话俺家的大人孩子都是拾的人家的衣裳穿,我就穿着人家的衣裳比赛去了。后来天气真是太冷,我就拿着一百块钱去旧货市场买了一个军用大衣,花了三十块钱,我说这个比较干净,穿着还能防寒防冷。

小　超:三十块钱买了一件军大衣?

朱之文:对,反正也是旧的军大衣,后来又找了一只帽子,我说管他难看不难看,走在路上不冷就行。我穿着军大衣戴着帽子就去了,谁知道正好赶上春运,春运期间大家都知道车票费用比往常高,一共就一百块钱,这一张票一下子三十块就没了，当时很心疼。

我好不容易走到海选的地方，选人的导演说你穿的啥衣裳啊？我说我没有衣裳，只有这一身儿。他说你穿这一身衣服不行，这一身上不了舞台。我说那咋整？他说你买件去吧。那个时候还剩四十块钱，上哪买啊，买不着。我出去一问单买一个白衬衣都得二十块钱。

小　超：最便宜的还二十呢。

朱之文：我想了想，一共还有四十块钱，如果我买一件衬衣花二十块，我就只剩二十块钱了。当时我在济宁，二十块钱连车票都不够，单县距离济宁二百多里地，没钱买票我回不到家，后来想这个白褂子我不买了，我回去跟导演说了，我说我要是买了衣裳，我回去的路费就没有了，你看着能行我就穿着这一身上，要是不行就算了。

2011年2月份，朱之文带着一百块钱，来到济宁参加《我是大明星》济宁赛区的海选比赛，由于天下着雪有些冷，朱之文穿上了临时买的，后来被众多朋友熟悉的"军大衣"，然而没想正是因为这件"军大衣"，他曾被拒绝过，但朱之文没有因此气馁，他想用歌声打动大家。

小　超：最后的结果怎么样？

朱之文：后来导演没有办法，说那你先试试吧。一试结果就把这个场子抬起来了，试的那个歌叫《敖包相会》，通过了。

小　超：你唱完以后，面试你的导演是个啥表情啥感觉？

朱之文：他给我登记的时候，他说你唱唱看，我唱了一句，他就不写了，一下就抬起头来看我，问我学过吗？我说没学过。他再问你真没学过？我说我真没学过。中！中！中！就这样通过了。当时导演问有伴奏吗？我没有伴奏，他说你刻个碟子去吧。没办法，我出去跑了得有四五里地，刻了个碟花了五块钱，又花了五块，就剩三十五了。

后来，电视台的那个人喊我："哎，你过来，你过来！就是让你刚才刻盘的那个，怕你不回来正找你呢。"听见喊我就赶紧地过去了，过去了他说你就穿这一身吧，凑合凑合，结果一试又把那个场子气氛抬起来了。

小　超：现场穿的是哪一身衣服，头上戴的是什么？

朱之文:我当时是戴着小黑帽,穿着军大衣,还穿着一双旧皮鞋。

小　超:当时唱完了那个评委是怎么给你说的?

朱之文:评委说你这是真唱的还是假唱的?他非得看我的手,就是想验证一下我是不是农民,他们认为不是专业的不可能唱成这样。正巧我那几天干着活呢,天也特别冷,手也冻了,手上裂口特别多,也疼,茧子有那么厚,一看这就是农民。那些导演也想不到一个普通的农民能把这个歌唱得那么好,从那个时候我慢慢地出名了。

小　超:临来的时候拿了一百块钱,现在还剩三十五,怎么回的家?

朱之文:从济宁坐汽车到单县得四十块钱,只有三十五块钱了,回家的车票钱都不够,我跟车上的司机说"我就三十五块钱了,确实没有了,要有我也不会不给你"。人家司机说"行了行了又不满员,三十五就三十五吧"。就这样给打了个折扣,三十五块钱坐车回的县城,把我拉到单县天都黑了,从单县到俺那村还得有四十里地。当时身上一分钱也没有,没办法,我就穿着我的大衣步行回家,走到家的时候是晚上十一点了。

在《我是大明星》的海选中,穿一件旧军大衣出场的朱之文,显得有些另类,然而当音乐响起,他开始演唱的时候,全场观众被他那足以媲美杨洪基的嗓音所震撼,以至于连评委也质疑他的农民身份,他被众多网友奉为中国"真正的农民歌手"。

小　超:现在出名了,还认定自己是一个农民身份吗?

朱之文:我认为我就是个农民,原来种地,现在虽然离地远一点,但还是个农民。现在很多地方也有说给我房子的,给我安排正式工作的,我始终没答应,我觉得我就是一个农民。

小　超:外国有个"苏珊大妈",咱中国有个"苏珊大叔"就是你,现在美国、新加坡、日本都知道你吗?

朱之文:都知道,英国有一个"苏珊大妈"全世界都知道了,我觉得我出名的这段时间,时间不长但网上的点击率能有几个亿,叫人家外国人知道中国还一个朱之文,给咱中国农民争点光,这是我的意思。比如说我今天穿的这个褂子,是美国过来的朋友从马来西亚带回来的,昨天给我的,我是第一次穿着这件衣服参加节目,这是人家的一片心意。

小　超:为什么不愿意脱开农民这个群体呢?

朱之文:因为我从小生活在农村,祖祖辈辈都在农村,在农村吃的住的都很随便、舒服。跟父老乡亲、左邻右舍都很熟,到外边你看住宾馆我也不适应,山珍海味我也不愿意吃,我就是想喝点家里的粥,吃点萝卜菜挺好的。住宾馆铺的地毯,那席梦思啥的我睡不惯。我喜欢睡那硬板床,在宾馆里睡的太软了睡得腰疼。所以每天睡觉,我就把那个被子拉地上来,我就睡地上。现在出去在宾馆里睡觉从来不在床上睡,还是保留着农民的生活习惯。我不光现在保留,我永远保留,无论什么时候无论我到哪,我就是说我是一个中国农民。

小　超:自己是农民,那你怎么理解"农民"这个概念?

朱之文:我认为全国的农民是很善良、朴实的,都是辛勤劳动,再热再累无怨无悔,没有坏心眼。所以对农民这个词我觉得很喜欢,我马上制作一个歌叫《农民兄弟》,主要是唱农村的事,种地的这个事,农民、打工就是主题,我就想把这个歌做出来再唱出来,就是对自己这个身份永远割舍不掉。我说实话,叫我成为歌唱家我也愿意,叫我当农民不成为歌唱家我还愿意,都愿意。我倒没感觉我是什么歌唱家歌星,我还觉得我现在跟全国人民跟所有朋友还跟亲兄弟一样,还是融为一体的。

永远把自己当农民看待的朱之文,随着在网络蹿红,被越来越多人所认识,随后他又参加了湖南卫视《快乐大本营》节目的录制,该期节目播出后在网络的点击量达五百多万次,紧接着在北京他又拜二炮文工团军旅歌唱家乔军为师,并在后来参加的《我是大明星》复赛和决赛中,凭借自己高亢而独特的嗓音,一举夺魁。

小　超:说说自己的村,自己的家庭情况是个什么样?

朱之文:我姊妹七个,从我刚会记事时我的姐姐和哥哥就出嫁的出嫁,打工的打工,上学的上学。就留我父母、我妹妹加上我四个人在家里。我七岁的时候,父亲身体不好,有病吧还看不起病。我喂了一头猪,卖个小猪崽挣点钱,给我父亲看病,那个时候我只有七岁,我记着我拉着个车,就是那种农村的底盘车，那时候我勉强能拉动，一走就二三十里地。走到集上，人家小孩子吃冰糕，人家吃我也想吃，俺父亲他知道我挺听话，他说“给你两毛钱你也买个冰糕吃”，我说我不吃。

小　超：你想吃那个冰糕又不舍得吃，是不是怕吃冰糕花这两毛钱？

朱之文：舍不得，我父亲问我为啥不吃？我说给他看病，我一说我父亲就哭了。

小　超：七岁就那么懂事。

朱之文：我九岁时，父亲去世了。父亲去世的时候我记得我拿着个扇子站在父亲床边，那个时候没有电扇也没有电，我就站在那里给我父亲用扇子扇风，慢慢地我就睡着了，突然听到俺姐还有俺哥哥几个人都哭，他们一哭把我吵醒了，醒了之后我才知道父亲去世了。

小　超：是不是和父亲之间的感情也比较深？

朱之文：是的，我和父亲的感情比较深，小时候我胆子小看见啥都害怕。看见猫、狗就害怕，只能是我父亲走到哪里，我就跟到哪里。跟我父亲感情太深了，他去世到现在想起来还难过。

小　超：小的时候爱唱歌，父亲对你有影响吗？

朱之文：没有。家里边没人喜欢唱歌，祖祖辈辈都没有。我从小的时候就开始唱，那个时候我在麦地里唱着玩，还没有一棵麦子高呢。结果我父亲还去麦子地里找我，他说：“你跑哪去了？跑哪去了？”我听见后答应，但是父亲却看不见我，因为那个时候我个子矮，站在麦子地里找不见人。

朱之文兄妹七人，他年纪最小，因为家里穷，上到小学三年级，随着父亲的去世，他就辍学回家务了农。朱之文说那时年纪小，自己的生活除了干些农活外，平时的唯一的爱好就是听歌、唱歌。

小　超：后来您记着从什么时候开始学唱歌？你怎么学，通过哪些东西去学？

朱之文：长到十来岁的时候，因为父亲去世就没人管我了，从那开始就辍学了。十来岁的时候我看电影，看的《刘胡兰》。看着看着听着电影里面唱的那个歌就打动我了，过去电影中的那些英雄人物我看着看着就哭，感觉

朱之文不但健谈，而且肢体语言极其丰富

过去的人怎么那么不容易啊。我想长大了以后我也唱歌，我那时候会这样想，我觉得人家唱个歌打动我了，我也要唱歌打动别人。也就是那个时候有了自己唱歌的想法。

收音机对我学习唱歌很重要，俺邻居有半导体收音机，大家都喜欢到他家里去听评书《杨家将》，那个时候没表啊，有时候我去早了，但有时候去晚了，赶不到点的时候，也用他的收音机听歌，收听《血染的风采》、《山水醉了咱赫哲人》这些歌，一听挺好的，从那开始我就练歌。

小的时候开始跟着别人外出打工，打工的时候也练歌，经常天不明就起来练歌，练到困的时候再睡觉。比如说我确定要练歌练到晚上十二点再睡觉，练不到十二点就不睡。但是练到十点我就困了，困了没办法，我就用大蒜，大蒜不是辣吗，我就往眼皮上抹，抹一下辣得难受，一下子精神就过来了。我也不识字，小学三年级识的字很少，碰见很多字不认识，就一个字写几十遍上百遍，不光写还得查查什么意思，什么字读什么，用得上的字都查字典，就是这样。

小　超：原来的时候大家都说，头悬梁锥刺骨。现在呢之文学唱歌，用蒜来抹眼,很励志啊。

朱之文:嗯,这个办法到底也很管事,辣眼啊。

有一次的事情对我帮助更大,白天干活太累了,回去往那一躺,想睡觉,后来想长大后我还得唱歌呢,唱好歌打动别人,我看见电影里面咬手指头写血书,我想人家死都不怕,何况我只咬手指头。我就狠着点心,我就一、二、三这样猛一咬,开始咬就只能咬几道牙印子咬红那样的,手指头光红光疼不出血。我心里想这样不行,我非得咬破,就是一、二、三瞪着个眼一跺脚,咔哧把手真咬破了。咬破了赶紧地把那个白背心,铺床上写“成功”两个字,写那个“功”还没写出来呢就没血了,我挤挤、甩甩,最后写成功了。

小　超:写了两个字“成功”?

朱之文:我这是咬手指写出来这两个字,手疼但心里高兴,到现在为止还是那样,一懒了一不愿意动,我写个血书,噌就坐起来。不管再苦再累再难受,一想起写过血书马上出去练歌,这个事对我的影响比较大。

小　超:那一年多大?

朱之文:那个时候十四五岁,一直就这么走过来的,写了一封血书,给自己加了这么一股子力量。

朱之文酷爱唱歌,少年时写血书就证明了这一点,后来无论是在家里、在田间地头还是打工时只要有空就会唱上几嗓子,虽然日子过得有些紧张,但朱之文对音乐却有着一种狂热的追求,一有空闲他都要练一练。

小　超:那个时候你练歌是怎么个练法?

朱之文:听收音机上怎么唱的,我就跟着模仿唱。比如说《山水醉了咱赫哲人》、《蓝蓝的天上白云飘》、《月之故乡》,那个时候也不知道歌该怎么唱比较标准,就是蒙着学。我上北京打工碰见工地有人干活,他们说你唱歌好会谱子吗?大家都说你想练歌一定得会谱子。谱子就等于是火车道,歌词就等于火车,你要是会了谱子你啥样的歌都能唱。结果后来我在俺单县城里赶十月十五会,见地摊上卖那个《跟我学唱民歌》,我就买了一本,按照书上的内容又学了,以后碰到乐理知识这方面的书籍碰见我就买,看着书练,在北京待的两年。一个老太太她送我一个电子琴,我跟书上的知识这样一结合,能弹能唱,学习谱子的事情就算成功了。

小　超:唱歌对你来讲是不是很重要?

朱之文:我没觉得是很重要不很重要,我觉得我就是我,大家干什么我就干什么,人家该啥时候上班我啥时候上班,人家干啥我干啥,白天不耽误事,但一到晚上人家有打牌玩儿的、吸烟喝酒的、请客吃饭的,那种场子你是找不着我,我干啥去了?我看书练歌去了,那些年一直这样练,一天练多少遍我也不知道。

小　超:练的歌里边比较喜欢哪一首?

朱之文:《月之故乡》我最喜欢,我唱着这个很舒服,高音容易上去低音容易下来,比较符合我两个音部的特点,一个男中音,一个男高抒情音。

“天上一个月亮,水里一个月亮,天上的月亮在水里,水里的月亮在天上,低头看水里,抬头看天上,看月亮思故乡,一个在水里,一个在天上……”

小　超:那么在外边打工的时候,唱起这个歌来是不是也想家?

朱之文:想家,我在北京打工,没人了望着家的方向就唱这个《月之故乡》。

小　超:你现在出来演出,那家里的地谁来管?

朱之文:我对象,她一个人很辛苦,我回家以后还帮着干,我和对象之间感情也很深。

养鸡、喂鹅是朱之文在家里必干的活

小　超:我听说有一次你牙疼,说说当时的情况?

朱之文:那时候家里穷。牙疼,看不起病、买不起药,牙疼很厉害,热了疼、凉了也疼,疼得夜里都不能睡。最后没办法了,家里没钱给我看牙疼,叫我借钱我不愿意借,我对象把头发给剪下来卖掉换钱给我看的病。在我们老家头发还挺贵,我们那里有上农村收辫子的,按尺寸来计算价格,那个时候我媳妇的头发卖了一百块钱,卖头发就是为了给我看牙。

朱之文的妻子叫李玉华,就是她,在朱之文的身后一直默默地支持着他,朱之文说要感谢他的妻子,另外朱之文说还要感谢一个人,这个人就是后来对他多有帮助,因演唱《纤夫的爱》而被大家熟知的——于文华。

朱之文:我出生在农村,于文华老师她也是,农民不易,她就是出于好心拉我一把。

小　超:她为什么到您家去呢?

朱之文:可能是觉得我只做农民太可惜了,她在网上看到我的信息,看到了开始联系我,她到我家来的时候很多记者都在我家里好几天了。后来县里领导打电话说:"明天你准备一下,于文华过来。"我一听这个消息很吃惊,于文华那是歌唱家,能到我们村来?平常就是咱想见都不敢想,人家现在主动上咱家来?真是很激动。

小　超:之前听过于文华的歌吗?

朱之文:我可爱她的歌了,比如说那个《纤夫的爱》。结果到第二天一下子等来了,我家里挤满了人,门外得有四五千人,四五千人在家门口堵着。

小　超:之前从来没有过这么大的动静吧。

朱之文:从来没有。于文华老师到我家就跟我聊天,同时还带来了《星光大道》的王爱华导演。问我为什么不参加《星光大道》,我说我没有门路,她说跟王导说说就行了,可以参加。

小　超:当时于文华给你说的什么?

朱之文:她说唱歌不要胡学八学的,你要保持你的本色,本色才是最好的,全国人民喜欢你,就喜欢你这个本色。

我想我的本色就是农民本色,朴实、真诚,这就是我的本色。

小　超:后来是不是去参加《星光大道》了?

朱之文:参加了。那一段时间太累了,她一直在帮助我练歌,有时候我练练就不想练了。当时我在于老师家里,于文华老师看我不想练就拿出掸

舞台上的朱之文永远快乐

子来，她说："小朱我叫你练歌，你不练你老是贪玩，我得教训教训你。"我看看她真生气了，我说那就好好练吧。她说你要好好地练，早练会了就早放你一天假，你想上哪玩就去哪玩。我一听说放假就来劲了，结果没十分钟就把那个歌练会了，不光练会了还练熟了。

小　超：十分钟练的是哪首歌？

朱之文：那个《老毕的爱》，就是十分钟练好的。于老师说，真没想到之文学歌这么快啊，不光歌学得快动作也挺好看的。

小　超：在《星光大道》，一唱歌下面的反映是什么？

朱之文：气氛就是呼呼的，大家都站起来鼓掌，评委光说"你出来得太晚了"。还有闫肃老师、金铁霖老师都对我评价挺高的。

另外杨洪基老师也很照顾我，他说你唱我这个歌唱得很好，并且他还教了我很多演唱《滚滚长江东逝水》的窍门，我学得也很快。他说我这个歌，我当着全国人民承诺，我这个歌送给你了。

在于文华的推荐下，朱之文登上了中央电视台的舞台，他向更多朋友展示了自己的演唱才华，同时于文华也对朱之文赞赏有加，并帮他认真排练歌曲，于文华称她看中的就是朱之文的简单、朴实与歌唱实力，随后在《星光大道》周赛中，朱之文的独唱以及与于文华的合唱更是得到大家的好评。

小　超：参加《星光大道》，拿到了周冠军。

朱之文：拿周冠军的时候唱的是《驼铃》："送战友，踏征程，默默无语两眼泪，耳边响起驼铃声。路漫漫，雾茫茫，革命生涯常分手。一样分别两样情，战友啊战友，亲爱的弟兄，当心夜半北风寒，一路多保重……"

唱好歌是我的目的，不是拿冠军，我就是给大家来唱歌的。大家需要我唱歌我就继续唱歌；大家不需要我了，我就回去种我的地。四十多年了生活在农村，不也过得挺开心的，所以冠军不冠军的对我来说无所谓，我行我就是冠军；我不行，我回家种地，我反正失不了业。

夺得《星光大道》周赛冠军的朱之文，对于是否能获得月赛冠军并不是太关心，在他看来，能为大家唱好歌才是最终的目的，怀揣着这样的一颗平常心，朱之文步入了《星光大道》月赛的比赛中。

小　超：本色唱歌赢得掌声，做人是不是也这样？

朱之文：对，我认为做人也要本色、本分，一个人老是想歪门邪道，每个人都不喜欢你的。只要你投入，投入一分劳动你就有一分收获，你只想不劳而获，行不通的，种地也这个理啊。我相信天上没有掉馅饼的好事，啥事都得要老老实实、本本分分，辛勤劳动才能获得收成。真诚、简单，本本分分，我们是什么样，表现什么样就行了。

小　超：原来家里边种地，一般一年能收入多少钱？

朱之文：一年连上卖点粮食收入好的时候能剩下五千块钱，不好的时候只能剩个两三千块钱。剩个两三千块钱，过了春节也就剩个寥寥无几，也就剩个百十块钱，一年到头就是这些，收入就是这个样子。去年总共是剩一块五毛钱，我用它撑了二十三四天。两个孩子看见人家要钱买零嘴吃、买辣条吃、买冰糕吃，知道没钱我就对孩子说"那些东西吃了对人不好、对牙不好，你吃了会牙疼"，咱吓唬他呗。

小　超：用这一块五毛钱，撑了二十多天，都干啥用了？

朱之文：这点钱就是买点盐，打瓶醋，就做这些，平常炒菜也不大炒，农村人喜欢自己种点萝卜菜，腌点萝卜菜、敲个蒜，一般也不咋花钱，就这样撑了二十多天。

小　超：钱少的时候，是不是觉得生活并不幸福？

朱之文:不是的,我觉得挺幸福、比较充实,没钱的时候也没觉得多么苦,夫妻、家庭关系也都很和睦。我和我媳妇不吵架,家庭是否幸福和钱多钱少关系不大。我觉得两个人一家子过日子,过的是感情,并不是说我有钱了,就想着歪门邪道出轨了。这作为一个人是不道德的。

小　超:你现在有名了,有没有想过再找个年轻漂亮的媳妇?

朱之文:这个没有,因为我穷的时候,媳妇跟我受穷,现在我富了就不要人家?这不是我朱之文的风格。我为什么这样想,我这个人就是对任何人都是心软的,更别说是我自己的老婆,就是外边的人,我能帮助我也得帮助,家里媳妇也不担心,她知道我的脾气,家庭是好是坏和金钱这些东西都没关系。

小　超:现在出了名,我们是否要去挣很多的钱?

朱之文:那也是。比以前收入多了不少。我这个人就是这样,人家找我演出有的是商演都说:“朱之文我有什么什么商演,你看你要多少钱?”碰到这种情况我不好意思要钱,我说:“你看我能值几个钱,你给几个钱就行了。”

在朱之文看来,金钱与出名并不是他当初参加比赛的初衷,为大家唱好歌,做个真诚、本分人,家庭和和睦睦才是他的真实想法,所以对于这样一位农民歌手,中央电视台众多栏目,例如《我们有一套》、《欢乐英雄》、《中国文艺》也相继邀请他来参加。

朱之文:媳妇说咱庄的人对你的评价可好了。我说咋了?媳妇告诉我庄上多少年变压器的问题都解决不了,村里有个三十的变压器不行,浇地老是跟不上,连照明有时都跟不上。大家都说你这一出名有点钱,一下子给咱庄立了两个变压器,一下解决了村里的供电问题,这两个变压器是我出钱我出力做的。因为变压器的情况我了解,变压器不好农村一抗旱,因为电力不足,水泵这边能浇水那边就不能浇,你十个水泵同时开吧,电力不足水就一点一点的,浇地特别慢并且还经常烧坏水泵,我觉得该做点好事。于是我就找领导找这个变压器的管理部门,拿个钱买个新的变压器这不一下子就解决了。

小　超:解决了,那个变压器不好的时候,浇水浇地你也有过体会?

朱之文:我当然有体会了,这几年都有体会,但也是因为钱的问题,村里边也解决不了,两个变压器合起来得花六万多块钱吧。

小　超:好不容易有了五六万块钱,按照常理来讲,好多人都应该把这个钱好好地存在自己的存折里。

朱之文:因为这五六万和一块五毛钱真的差别很大,但是对我来说,我存钱还不如大家都说我好呢。大家如果说,哎呀朱之文你做了好事了,帮助大家了,谢谢你了——这个听起来舒服,我放五六万块钱进存折里,我是一点好话也听不到。我能给大家解决这个问题了,我做的这个事我对得起大家了,我自己都高兴。

小　超:如果说回头村里边还有什么需要你解决的,你还愿意解决吗?

朱之文:我当然愿意,这不我就说了现在解决变压器,以后如果可以了我再给咱庄上修油路。今天是修不起了,我如果再挣了钱,咱庄上跟五庄中间的油路,也得叫通上。

小　超:觉得心疼吗?

朱之文:不疼不疼,只要对大家好我就不疼,钱在别人那别人有啥想法我不知道,我觉得钱是身外之物。钱这东西生带不来,死带不走,存那些钱干啥,谁活到啥岁数谁也不知道,一闭眼你一分钱也带不走。我喜欢怎样就怎样,我喜欢自由我就自由,我该歇歇就歇歇。我有了钱我喜欢怎样做我就怎样做。只要大家都说我个好,我对得起大家就行了,就这么简单。

小　超:村里的人对你怎么评价?

朱之文:都说我好,给俺庄上办好事了。我对待任何人没有贵贱之分,你哪怕是再大的领导,你看得起我我看得起你;你是一个要饭的是一个乞丐,我不认识你,我有一个馍,也可以分给你一半吃。我认为就是这样,我看所有的人都是一视同仁,没有高低之分。

小　超:原来我们天天就在家里种地,农民有的时候就是面朝黄土背朝天,日出而作日落而息,那样的生活可能很有规律对吧?

朱之文:对,很规律。现在这个生活说实话我不习惯。为什么呢?就是因为我这个人比较喜欢自由,我不想让人管着。你现在如果有什么活动我再不想去参加,但是我搁不住人家再三说好话,一说好话就心软了,大家都说你捧捧场加加势吧,我跟谁谁认识,给个面子吧。他一说我再不愿意去我也说行行行,我觉得人家求我了,再不愿意去也得去吧。

有的时候坐飞机,从这个城市到那个城市,在飞机上经常被认出来,合影签名,这事多了也挺麻烦。一合影这个人合一张,那个人合一张,有时候合影的人太多耽误了上台演出,人家找你合影,就证明喜欢你才跟你合影,你要是说我没时间,你这就是对不住人家。咱要是合吧,这边还等着上台,确实叫我两难,现在这个生活有点不太习惯。

小　超:你觉着原来的生活好在哪里?

朱之文:原来好在哪里,那时候也没钱生活条件也不好,虽然没钱但很自由,在家该干活干活,该休息休息,没事了和左邻右舍的说说话,上哪去也没谁打扰,这种生活就是我向往的状态,比较自由。

小　超:刚才我们谈起吃饭这个话题,您有哪些话想和大家分享?

朱之文:现在吃饭我是最不习惯的,为什么这样说,我在家里干活的时候,我一天是吃两顿饭,第一顿饭是早晨大概十点吃,中午吃第二顿饭在两点或者三点,晚上就不吃了,都是这样,这就是我的习惯。现在去唱歌演出,有时候我就是不饿,但邀请的人还是请你吃饭,那边领导来了请你吃饭,你得给个面子吧,你一去吃饭都是那种圆桌的,一吃就得耽搁两三个小时。一个桌子挺大,那个敬你一杯,这个敬你一杯,一圈下来一顿饭就得两三个小时,这样吃饭我不乐意去,很累!

小　超:你喜欢怎么吃饭?

朱之文:我什么时候饿,我什么时候走到路边上看见卖火烧的、看见卖粥的,喝个粥花个一块两块,想吃啥就吃啥,这样最好。我喜欢自由,吃饭是一个很简单的事,不知道为什么现在搞得这么复杂。

现在一些草根阶层或许也和"大衣哥"朱之文一样,选择唱歌只是为了自己高兴,并不是非要得到别人的掌声和吹捧,朱之文说如果大家喜欢听他唱,他就到人多的地方唱给大家听,但不管怎样他也不能离开庄稼地、离开土生土长的农村。

小　超:选择一下,你原来的生活和现在的生活,你觉着你想选择哪一种生活?

朱之文:这个很难选择,要是站在我自己这个角度,我还是回到我原来的状态比较好。要是想到全国人民和我的朋友,他们那么喜欢我唱歌,累死我也得给大家唱歌,我就得选择现在的状态。也无所谓,大家喜欢我了,我就继续给大家唱歌,大家瞧得起我,我也要对得起大家。但确实我很喜欢自由,我不喜欢出名就是因为这,怕没有自由。

小　超:有很多人都喜欢出名啊。

朱之文:想出名那是别人的想法,别人是别人我是我,我就是这样的人,对我来讲出不出名都无所谓。当初去参加那个选秀,也不是为了出名去的。展示展示自己的爱好,看看这个大舞台啥样,看看主持人啥样,看看电视上的记者啥样,当时就是好奇。

小　超:我知道很多"朱氏语录",比如说"出名不出轨",这句话怎么解释?

朱之文:刚才说了,我再有名我还是保持我农民身份,我还是继续跟我一家人过日子,快快乐乐地过我们这一生,啥时候都不变。

小　超:你还有一句话叫"出名得出力",这个怎么解释?

朱之文:你比如说我出名了,我还挣钱了,我挣了钱,不能只想着装到我自己腰包里。我给我们村买变压器、修修路。到第三步就想给我们村那个向南方向修个桥,再买个健身器材之类的,这样农村的那些老年人就可以用它锻炼身体了。另外,我不管舞台有多大我都不害怕,在中央电视台的舞台上,我也不紧张,就和在我家里一样。

小　超:为什么会有这个心态呢?

朱之文:我也不知道咋回事,见了再大的腕再大的台,我始终就是跟在下边一样,不害怕也不紧张。

小　超:出名之后你的生活紧张吗?时间紧张吗?

朱之文:时间可紧张了,你比如说今天从北京上这来,在这咱做完访谈,我接着还得上莱芜,在莱芜做完还得飞往北京。

小　超:那多长时间回家一趟?

朱之文:这说不了,确实我现在是有点烦了,在外边时间长了,不能经常回家。我想家了就得回家,邀请的人说得再好我也不唱了,我非得回家看看去，现在一月能回家三天、两天的，三天两天的就是在家里也不得安宁。有时候刚走到家没站院里，这边人就跟过来了，到家的消息有在网上看见的，比如说我去莱芜演出，有人从网上看见我上莱芜了，于是他们就直接上莱芜找我去了；我一回家，他们又在网上看到了，于是就跑到我家里来等着我了。

小　超：那有没有想过如果有一天感觉自己真的累了，不愿意再干这个活了。

朱之文：反正出名不出名我也无所谓，有一天真累了再回家种地。我早就想过了，不是将来，就在头几天、头两月我就这样想的，我就想着，还是不出名好。你看我出名有啥好处啊，现在我没有我的自由。再一个我享福享不了。我只能说我受罪我能受得了，享福我享不了。

朱之文是地地道道的山东农民，他喜欢朴实与简单，或许在现在的环境里，他也可能坚持不了太久，因为从他第一次面对电视镜头时，就注定他再也不能像原先一样在家里、在田间地头、在打工时自由地歌唱了，但通过了解我们却希望也相信，“大衣哥”朱之文会有一颗不变的心，为了自己的梦想，不停地努力下去。

【节目结束语】

朱之文成名固然因他有天生好嗓，更是因他勤奋真诚地追求爱好和理想；朱之文成名折射国民素质，中国农民的歌唱水平可以达到明星的水平，这是时代景观；朱之文成名是时代造就的，他本是一个农民，民的时代造就了草根精英；朱之文成名后持续受百姓热捧，则是因为他成名后的生活依旧真诚本色。他不见得是一个庄稼把式，但他是一个朴实的农民；他不见得是歌唱家，但他是真诚的歌者；不见得所有怀揣理想的人都能有幸成名，但我们需要理想的烛照。时代需要草根名人——更需要朱之文般的真诚本色。新农百味，耕耘人生，《小超访谈录》寻找向上的力量，下期节目再见！

小超与萨日娜

【小超印象】

* 因为看过《闯关东》，我喜欢把这位走到哪儿都演“娘”的“母亲专业户”称作“文儿他娘”。初次见到“文儿他娘”是在青岛，她性格开朗，和她一见面，热情、爽朗、快乐的感受犹如青岛海风一样扑面而来…… 她一岁多就能演戏，那时很多人就说“这丫头长大了不得了”，真让他们言中了。

戏里戏外的真情母亲

——访萨日娜

【节目开场语】

观众朋友们大家好，欢迎来到《小超访谈录》。

今天的《小超访谈录》要从电视剧《闯关东》说起。说起《闯关东》相信大家都很熟悉，它讲的是人们为了生存而奔波迁徙的一个波澜壮阔的过程。这部剧中很多角色给大家留下了深刻的印象，比如朱开山、朱传文、朱传武，再比如山东菜馆里端盘子的小伙计。还有一位人物也给我们留下了难忘的印象，那就是文儿他娘。今天《小超访谈录》就带您拜访"文儿他娘"的扮演者"山丹丹花"——萨日娜。

萨日娜，蒙语，山丹丹花的意思，她是内蒙古人，毕业于上海戏剧学院表演系，国家一级演员，曾主演《牛玉琴的树》、《情感的守望》、《大染坊》、《闯关东》、《中国地》等影视剧，荣获第七届上海国际电视节"白玉兰"最佳女演员奖；第二十四届中国电视金鹰奖观众"最喜欢的女演员奖"； 第十八届、第二十七届中国电视剧飞天奖"优秀女演员奖"，成为史上首位两次获得"飞天奖"的女演员。

小　超：娘，不好意思喊错了。

萨日娜：没事儿，习惯了。

小　超：一说起电视剧《闯关东》，不由自主地就会想起文儿他娘。在《闯关东》里您演绎了一个母亲的角色，所以我也想喊一声。萨老师，现在要给您出道题，有几个称呼，第一喊娘、第二喊萨老师、第三喊萨姐，您觉着我怎么称呼您比较合适？

萨日娜：记得妈妈曾经跟我说那么多人喊你娘，年纪大大小小的，你自己不觉得老了吗？我是这样认为的，作为演员能够戏里戏外被大家这样称呼，我真的感到非常幸福。

小　超：这也是世界上最亲近、最富有情感的一种称谓，不过我考虑了一下，为了表示对您的尊重，我还是喊萨老师吧。但咱还是先从"娘"的这个称呼谈起，演完了《闯关东》后您到山东潍坊参加了一次风筝节，我知道当时有很多人在同一时间喊出了这个称谓，当时是个什么情况？

萨日娜：那个活动是在室外的体育场里举办的，记得那天下着大雨，化完妆后我准备上场，站在侧面的时候我是打着伞的，但是当时风太大，唰的一下就湿透了。我记得当时主持人说电视剧《闯关东》里你们最想见的人是谁？底下就开始说文儿他娘。风雨声再加上有一万多人的声音，我也分不清自己脸上的是泪水，还是雨水，当时有点心潮澎湃的感觉。我一直在说，萨日娜何德何能让大家喜欢我，是因为我从事了这样一个行业。我一直选择母亲这一类角色，是因为我觉得世界上有一个担当、一种责任，这种责任和担当就是把一些美的、善的、真的东西展示出来，让观众能够找到一些我们要传递的美感和真诚。

他们曾经是《闯关东》剧组的亲人，如今这个小伙子已是《小超访谈录》的成员

小　超:都说现在很多人缺少某些方向或者信仰,或许通过您饰演文儿他娘这个事,能带给大家一些启示。

萨日娜:我觉得一个人真诚面对角色的时候,那份真诚是融在整个角色当中的,当时《闯关东》拍摄了五个月,这五个月其实是我经历了那个人的一生。

2008年年初开始,《闯关东》火爆荧屏,从中央台到地方台,黄金时段,数台联播,观众似乎怎么也看不厌"朱家的故事",而剧中的"文儿他娘"更是满足了所有儿女对理想母亲的想象,"文儿他娘"没有名儿,"娘"就是她最深入人心的名字。

萨日娜:我做了二十年演员,但在文儿他娘之前,不是所有观众都知道我,这一点对于这个戏,对于这个角色来讲是一件好事。当我看到《闯关东》剧本梗概时,我感觉它跟《大染坊》一样,这个角色虽然是女主角但不在主线上,文儿他娘收养了一个日本孤儿等等。

小　超:一下有矛盾、有情感了。

萨日娜:在我认真看完剧本后我就放不下了,心情久久不能平静,这是一部波澜壮阔的史诗。我想一个家庭一定是有爸爸、有妈妈、有孩子们,不管这个家庭有什么风云变幻它都是完整的。可能平时生活中,我们也没有觉得母亲会做出什么轰轰烈烈的事情,但由于她的存在,您又觉得那么踏实、那么真诚、那么真实,这是我接演文儿他娘的原因;当然还有一个原因,我从1995年开始与山东电影电视剧制作中心合作,我喜欢山东人,我也嫁了一个山东人,山东人跟蒙古人很像,都有那种直爽、直率、坦诚。

小　超:那咱俩还是半个老乡,您是山东媳妇。

萨日娜:所以就水到渠成了,后来我说可以,拍吧!

小　超:齐鲁大地的所有父老乡亲看到《闯关东》以后,内心都会有一种认同感,同时我觉得它并不单单属于山东,它应该属于整个中国乃至整个人类,这种精神是共通的吗?

萨日娜:对,我能感受到创作者赋予这个戏的一种精神,其实我们是在这样一个精神的引领之下,做这样的事情。一些人的迁徙是为什么?为了生存。生存就是和命、和自然在抗争，抗争的时候会迸发出巨大的力量，我感觉这个戏，大概就是要表达这种力量。这种精神，是中华民族不屈不挠、不断往前走的一种精神。我觉得不光是演员，所有人在真诚面对一件事的时候，大家一起努力，就没有理由不成功。

小　超：您现在在影视界和其它方面都有了一定成就，但我知道在迈向成功的过程中您也有过徘徊，或者是苦恼的事情，对不对？我们这个话题，先从您小时候聊起吧。

萨日娜：小时候很快乐。我觉得我是一个有童年的人，童年给予我的是一种自由。这种自由不是说爸爸妈妈不管你，我指的自由是一种心灵上的自由，有足够的空间让我去想象，让我顺着自己的天性往前走。

小　超：是不是小的时候还去过煤矿？

萨日娜：我一岁半的时候，父母就和其他内蒙古文艺界的人一起被安排到煤矿去干活。当时我们小孩子大概有五六个，父母去干活了，我们就在一块，大的带小的，最大的五六岁，那时我只有一岁半。后来我妈说我就是大家的一个乐儿，我会朗诵诗、会唱歌，还会表演，像表演枪毙谁，枪声一响晃两下就倒下之类的，当时一岁半的我可以演四十分钟的节目。

一岁半随家人来到内蒙古一处煤矿生活的萨日娜，从小就透露出了表演天赋，随着时间推移，本身在内蒙古话剧团工作的父母又恢复了原先的工作，萨日娜记忆中的童年离不开这段在排练场和剧场的快乐时光，萨日娜说也许从那时开始，一粒梦想的种子已经被深深地埋藏在了她的心底。

萨日娜：我到四五岁的时候，父母他们开始恢复排练，节目有《杜鹃山》、《一双绣花鞋》等。那时候我几乎长在排练场里，天天在那看，所有台词我都能背下来。只要一演出，谁说错词了，我就跑过去和他说台词说错了，应该是什么，这些其实在我记忆中很模糊，都是父母后来告诉我的。后来上学了，我的数理化不太好，只要一上数学课，我就在下面看小说，那个时候看书也是我唯一的爱好。高中一个数学老师就说我考不上大学。但是后来我却考上了上海戏剧学院，我是学校唯一一个考到外省的学生，我当时挺自豪的。后来我也没去找这个数学老师说，因为我觉得他是为我好，想让我好好学习，换成别的老师他不一定管你。

小　超：那个时候您就知道，“书山有路勤为径，学海无涯苦作舟”！

十六岁报考上海戏剧学院，萨日娜说表演这粒梦想的种子终于开始发芽了，大学的时光她感觉每一天都是美好的，每天都能自由徜徉在古今中外的各种鲜活的人物中，依旧是排练场，依旧是舞台，不同的是她能站在心中的天堂里，用自己的身体和声音表达着童年的向往！

小　超：您在大学就开始尝试不同的角色吧？

萨日娜：我在学校演的第一部大戏是演一个十七八岁的少女，最后一部大戏我演一个老太太。演老太太时我跑去找老师，我说老师我能演老太太吗？老师说可以实践一下。在舞台上饰演老太太，对于当时十几岁的我来说的确很难。老师告诉我既然演就要演好，这也成了我做事情的一个标准。

小　超：上戏毕业之后直接分配了吗？

萨日娜：是，毕业之后分配到了北京，中华全国总工会文工团，现在我还在这个单位。到了中华全国总工会文工团之后，我们这一批年轻的学生都被安排下去锻炼了一年。

小　超：一年可不短，您去的是什么地方？

萨日娜：我去的是大同矿物局。

小　超：又和矿联系上了，一岁半就在矿边上，二十年后大学毕业又上矿了。去北京本想当个被鲜花和掌声包围的演员，可是突然之间又让您再到矿上去，心里是啥滋味？

萨日娜：大同是必须要去的，你没有别的选择，除非离开这个单位，而我又没有勇气离开。那时候在一个国家单位上班是非常重要的事情，没有单位会让自己觉得没有根。

萨日娜说她是幸运的，不到二十一岁就顺利分配到了北京，成为中华全国总工会文工团的正式演员，但没想到仅演了一次小品后，她必须下基层锻炼，这也使得她面前铺满鲜花的梦想之路突然分了岔，不过，她说她还是由衷地感谢那段时光，因为那段时光让她感受到了真正的生活，拥有了一份特别的体验。

小　超:在大同矿物局的那段经历对你的人生来讲是不是非常重要?

萨日娜:很重要。那段经历让我二十岁的时候就明白了一个道理,人生的道路不可能永远是平坦的,可能会有一些不尽人意的地方,但是要看我们如何看待它。一开始的时候我感觉还是挺好的,可时间一长我就产生别的想法了。那个时候看电视,天天看到我的同学拍了这个戏、拍了那个戏,我还挺自豪地跟人介绍电视上的人是我同学。人家就问这是你同学拍戏了,你拍什么了?这句话让我深受打击,不过后来我也想明白了,现在不拍戏,不代表以后不拍,从大同矿物局回去之后我一样能演戏,而且将来如果演工人,我就不用体验生活了。

小　超:您的这个想法,可以给现在的年轻人提供一个借鉴,比如说遇到了不高兴的事情,或者不适合自己的环境,如果还没有能力去改变它,那就让自己适应环境。

萨日娜:对,改变自己,让自己去适应环境。

小　超:小小年纪就能做到这一点,我挺佩服您的。"宝剑锋从磨砺出,梅花香自苦寒来",在大同的那段日子,对您如今的事业是黄金还是泥土?

萨日娜:当然是黄金,这是财富。那时候我也没什么事,天天除了看书就是去工厂上班,闲暇之余,就把图书馆的书全借回来看。

小　超:现在很多年轻人上网的时间多了,看书的时间少了,您是否建议应该每天要抽出时间来看书呢?

萨日娜的从艺之路也很坎坷

萨日娜:真实的世界是最可爱的。当你捧着一本书,白纸黑字,那种阅读的快乐不是在网络上能够体会到的,我现在也很注重对女儿的培养,从她很小的时候就培养她看书的习惯。

小 超:所以大家一直都说“读书”,到至今为止没人说“读网”。

萨日娜:对,我觉着现在的孩子就像张着嘴的小鸟,网络里短小精炼的信息往嘴里一塞就饱了,实际上遗漏了很多可以在书上体会到的东西。

读书,是萨日娜从小就有的爱好,书店、图书馆成了她在锻炼这一年除矿务局外最常去的地方,在那里她内心丰盈且快乐。锻炼期满,萨日娜从大同回到了北京,回归了演员的身份,这让萨日娜的心情一下子飞了起来,可就在她想着大展宏图的时候,意想不到的难题出现了。

小 超:您从大同回到北京,又经历了人生的一个低谷,这段时间持续了大约有六年?

萨日娜:在那六年里我什么都干过,例如我在一个朋友成立的公司里当过文秘,在那里我要接电话、打字、学电脑,每天都是朝九晚五。

小 超:现在看来,这又是一次体验生活的机会。

萨日娜:对。后来朋友的公司搬到大连去了,我又没事干了。再到后来我们团接了一个从印度尼西亚来访华的歌舞团,团里让我报幕。我的声音很好,唯一遗憾的地方就是人家也有一个报幕的,他用英文,我用中文,人家跟我交流我听不懂,那个时候我就想我一定要去学英文。之后,我就报班去学英语口语,学了三个月后又不知道该干什么了。

小 超:总是找不到前进的方向。

萨日娜:对,后来我又去演小品。说起演小品,我非常感激一个人,就是侯耀华老师。当时我参加了北京市的五一晚会,这个晚会上侯耀华老师和另外一个演员演一个小品节目,我演另外一个小品。侯耀华老师就和我聊天,问我是哪儿的?我说是上海戏剧学院85届毕业生,侯耀华老师就说他认识好多我们班的同学,和他们合作得也都挺好的,他这样一说,我就和侯耀华老师有了亲近感。没过多久,侯耀华老师就给我打电话了。

小 超:侯老师说您来演个小品?

萨日娜:真的演了,有接近两年的时间,后来慢慢又少了。现在回过头来看,我的生命有很多部分组成,事业、家庭、爱情、友情。事业只是我生命的一小部分,而不是全部。那六年我没拍戏,只能说是我事业的一个低谷,并不代表我生命总是低谷。我不相信我的事业一直都是低谷,终究有一天我会让大家知道,我是用生命来演戏的,我可以用我这颗心来告诉大家,它是通红通红的、滚烫滚烫的。

六年的时光是漫长的,在这六年中萨日娜曾有过茫然,有过困惑,也有过彷徨,但她却一直执着地坚持着,演戏的梦想始终存于她的心中。1994年萨日娜回到了团里,开始演戏。

小　超:我听说您在团里做过场记?还让您去演了一个大约四十多岁、非常泼辣的中年妇女,是不是还打麻将?

萨日娜:那是在秦皇岛拍的,他们让我演,我就跑去找道具,到处找人。说起打麻将,太折磨我了。我一直对棋、牌、扑克、麻将不在行,女儿三岁多的时候打扑克都能赢我。我就觉的麻将牌那么多张,张张都得记住,多累啊,所以我一直就没学,后来开始让他们教我。

小　超:扮演四十岁暴发户的那一年你多大?

萨日娜:我记得不是二十四岁就是二十五岁。那场戏拍得挺顺利,镜头从我手上摇起来,我手上戴着假模假式的镯子。其实这不是我第一次做场记,第一次让我演戏时我死活不上,就是觉得不自信,这个戏也一样,但是后来我演了一场很长的戏,拍完之后大家都给我鼓掌,我就想:我还能演戏。

小　超:自信马上就来了。

萨日娜:我就想很多东西它不是说没有,可能在某一处蛰伏,需要的时候它就出来了,过去我只是不敢去触碰而已。在那一瞬间,它本身就在那的东西被激活了,而不是说我重新获得的。

小　超:有时能量的迸发也和自己心情有关系,如果说您太在乎别人的评价,往往害怕的程度就会越来越大,有时彻底放开,能量或许能更快迸发出来。

萨日娜:确实是这样。年轻的时候特别在乎别人的看法,总会去想别人

出生在北方的萨日娜性格率真、开朗

会怎么看我，别人怎么说我。后来想明白了，别人再怎么说，你还是你自己，只要认准了一条路，朝着这个方向踏踏实实地去努力，最后都会成功。

认准演戏这条路的萨日娜，从团里再次找到了表演的感觉，她觉得自信又重新回到了自己身上，更让她没有想到的是，正因为这个微不足道小角色的成功演绎，为她日后出演的第一部重头戏——《牛玉琴的树》赢得了宝贵的机会。

小　超：那场戏之后慢慢开始了演艺生涯，您演的第一部戏是什么？

萨日娜：《牛玉琴的树》，有人看到前面我演的那个戏了，认为一个小女孩能扮演四十岁的人，演得挺好，被推荐出演《牛玉琴的树》。这也是我人生、事业的一个重要转折。

小　超：如果说大同那一年是您第一次体验生活，我觉着当您去牛玉琴家里体验生活的时候，是不是又进入了另外一个环境，这对您影响也比较大吧？

萨日娜：没错。1995年那里是土炕、油灯，虽然有井，但打出来的水是碱水，房子后面就是沙漠，一望无际。当听说要让我住在牛玉琴家里的时候，我立刻就傻了，有种被卖到这里的感觉。到了晚上睡觉的时候，拿出被子来一看，被头黑得发亮，枕头也是黑的，我就从包里拿出我带的唯一一条枕巾铺上睡了。第二天早晨很早我就起来了，跟着牛玉琴下地干活，当时她种了两万多亩树，我觉得这个女人太伟大了！那时我每天都告诉自己，不要去想更多的事情，要努力！精神世界的伟大、富足和浩瀚才是自己真正的财富。后来《牛玉琴的树》播出以后，得到了大家高度的认可，这一切都来源于那时和牛玉琴相处的日子。我觉着角色和演员之间，存在一种相识、相知到最后相交融的过程，这样演出来的角色才会让人感觉生动，才会让人觉得她是生活在这片土地上的。

小　超:后来是怎样和母亲这个角色连接在一起了?

萨日娜:其实也没有刻意要去演一个母亲。我第一次出演以母亲作为主角的戏是《母亲是条河》。这里面的母亲跟牛玉琴很相似,都是在恶劣环境下有一种坚韧不拔的个性和精神。作为一个母亲,她养大了丈夫和别的女人生的孩子,把这个孩子培养成大学生,自己的两个孩子却辍学。我觉得母爱那条河里流淌的不是水,而是母亲的血,是她用身躯里最珍贵的血液养育了她的孩子们。因为母性是有共性的,这是母亲身上闪烁的光辉,就像这片土地一样宽容和结实,所以那部戏是我第一次认同母亲这样的一种身份。

小　超:认同这个身份,认同这个角色,认同给自己表演生涯带来的定位。

萨日娜:对。我非常喜欢看阎连科老师的小说,他的每一部小说我都看过,喜欢他的那种表达。他写的这位母亲干啥啥不成,种苹果树,苹果树死了,养兔子,兔子死了,她一点生活来源都没有,最后只能卖血让孩子去上学。后来我一直琢磨,我们表现的应该是这个人或者这样一群人在面对苦难时的态度。

小　超:体现一位母亲在面对苦难时那种抗争的力量。

萨日娜:对,这才是这个作品真正要体现给大家的东西,而并不是说我有多苦,博取观众的眼泪就完了。作为一个演员要给观众呈现出这个母亲在面对苦难和各种折磨时,她能够克服、能够用她母爱的胸怀来包容,一如既往地帮助孩子的精神。这是文艺作品的责任,要给人以希望,给人以力量。

小　超:萨老师,在您的书里看到,到现在为止您演过十几位母亲,这些女性每一个都不一样,您有没有总结过演好这个角色的诀窍是什么?

萨日娜:我不敢说每一个角色我都演得很好。在没有当母亲的时候演母亲,我也不知道该怎么演,就是一种天然的感觉,觉着母亲应该是什么样的,我就演成什么样。

小　超:应该是一种天性,因为我们每个人都有母亲。

萨日娜:对,这种体验更多的来源于间接的体验,我观察自己的妈妈,观察同学的妈妈,然后再放到我扮演的母亲角色上。后来有了孩子之后再去

坚强而优雅的母亲

演母亲,感觉又是不一样的。这个时候更多的是母性本身的流露。母亲为了孩子,可以献出自己的一切!

小　超:这是母性的力量,这种爱是博大的!

随着萨日娜扮演众多母亲角色的积累,她赢得了影视剧里"母亲专业户"的评价,萨日娜饰演的母亲角色,获得了业内人士的好评,很多人说从片子里可以看到萨日娜对孩子的那种母性,并惊叹萨日娜的演技,可萨日娜却说,这些表演的成功,全来自于对生活的体验。

小　超:您现在也是一位母亲,处在母亲这个角色,对孩子是一种怎样的感情?平常大多时间在外演戏,一离开家可能就十天半个月,也有想孩子的时候吧?

萨日娜:戏里的都是写好了的,现实中您是要跟孩子去相处的。要说外出演戏,一去十天半个月算是短的,记得拍《闯关东》的时候,我两个多月没回家,而那时正好是我孩子人生中比较重要的一个阶段,上小学。我是八月走的，十一月回来的。回来正好赶上她学校里有演出，我就陪着她，帮她拿杯子、拿衣服。她拉着我的手跟她同学说这是我妈妈，当时我心里特难过，孩子上小学已经三个月了，她的妈妈却只出现过这一次。

小　超：您觉着对女儿有所亏欠？

萨日娜：对，我当时确实有这种感觉，但是现在不那么想了。我老公也跟我说过，拍戏的时候想着孩子，会演不好戏，当妈的时候想着拍戏，也当不了好妈。

小　超：工作时就全力以赴地工作，生活也是一样，不能生活的时候想着工作，工作的时候还想着家里的事儿。

萨日娜：对，我一直跟女儿说，妈妈选择了这样一份工作，但并不代表我的爱离开了你。

小　超：这是一个母亲对孩子的爱。作为一个女儿，你又是怎么看自己的母亲？母亲对您的人生发展有什么样的影响？

萨日娜：母亲对我有很大的影响。首先她教会我必须要有能力生存，因为蒙古人在面对恶劣环境时，生存是第一位的，人和自然之间要有一种抗争，强者才能战胜自然，生存下来。但是母亲对我的影响更多还是在品德方面，我记得小时候，母亲从上海好不容易带回来一些大白兔奶糖，那个年代食品是比较匮乏的，母亲就把奶糖藏起来了，怕我们找到。结果还是让我找到了，趁着父母上班，我就把小朋友叫到家里把糖都吃光了。母亲回来时只剩下了一盒糖纸，我认为她肯定会揍我，但她没有生气，还说我懂得和小朋友分享，当时母亲首先是对我的这一点进行肯定。

凭借实力，萨日娜荣获了众多奖项，这其中包括第十八届、第二十七届中国电视剧飞天奖“优秀女演员奖”，成为中国首位两次获得飞天奖的女演员。而说起演戏，与萨日娜合作的众多演员中有一位不得不提，那就是在《闯关东》及《中国地》中有着出色表演的实力派演员李幼斌。

小　超：您和李幼斌老师合作了不少戏，例如《闯关东》和《中国地》，您对李幼斌是什么感觉？

萨日娜：李老师是我的大师哥，他也是上海戏剧学院毕业的，还有就是他跟我舅舅长得有一点点像,我姥姥特别喜欢他。我姥姥活着的时候,就一直跟我说有个演员长得和我舅舅可像了,于是我就记住了这个名字。后来我看了李老师演的戏,越看越觉得这个演员不一般,戏演得很好,直到后来《亮剑》播出,我觉得李老师演得太棒了!

小　超:个性鲜明。

萨日娜:在我心目当中,李老师是我合作的演员中最伟大的演员。从《闯关东》跟他合作开始,我就觉得别看他平常爱开玩笑,有时嘻嘻哈哈的,但真正拍起戏来,他的气场大到足以让在场所有人都能进入到那个规定的情景当中,而且他是特别认真地在创作。

小　超:追求完美是每一个优秀演员的本质。

萨日娜:对,他对人物的处理很成熟,他身上散发出来的能量非常大。我记得《中国地》中李老师扮演的那个父亲特别喜欢他的小女儿,走到哪儿都带着这个小女儿,后来日本人把这个小女儿打死了。那场戏我坐在炕上,李老师坐在地上,只有一句词,是我说的。我说这孩子走了也算是福气,我还能生,我将来还给你生,生完了我把他们养大,一样打鬼子。李老师坐在那儿,他没有眼泪,但是你能从他眼睛和呼吸里感受到一个男人内心巨大的悲痛,那种感觉特别窒息,是一直在淤积着的仇恨!我说完这句话后,他什么也没说站起来就出门了。其实他是一个人跑去把日本的司令部炸了,回来第二天就刻了三个字,中国地!在那一瞬间我觉得李老师真的是让人折服的一个演员!

小　超:我也希望通过您的故事能给更多年轻人以启迪。可能我们每个人从事的行业有所不同,但就像母性是共通的一样,所有的工作也有相通的地方,其中一定有走向成功的共同点,您认为我们应该怎么做才能够走向成功?

萨日娜:我觉得成功的因素不是很多。有些人说他命比我好,老天爷眷顾他,那是你没有人家付出的多,没有人家那么辛苦;我也很辛苦地付出了,怎么还不如他呢?那是你可能没有他聪明;我跟他一样聪明,跟他一样付出了,怎么还没有成功呢?那你就得好好想一想,是不是你选错了路。

小　超:你选择的这条路是否适合自己发展?

萨日娜：是，你要对自己有一个清醒的认知。如果我把自己定位在一定要演美少妇或者是美少女，我行吗？你首先对自己要有一个认知，有没有这样的能力。如果我有这样的能力，把我摆在这个位置上，我会放光。如果我没有这个能力，硬生生把我拽到这个位置上我能放光吗？很多东西是靠自我积累，等积累后才具备成功的基础，再就是您能够站的高度有多高。这个高度其实是一个思想高度，能够决定你有没有能力看得更远，有没有能力把自己认得更清楚。当你认得更清看得更远的时候，你就聚积了“水满则溢”的基础，就一定会成功的！

萨日娜剧照

小　超：每一个人在前进的过程中都要爬山，当爬到累的时候，我们还必须努力地往上爬、必须奋斗。有一句话我非常欣赏，“即便您不奋斗一生，至少也应该奋斗一次”。在这个基础上，我们还要找准自己的定位，这辈子某个阶段，某个十年或者二十年，我到底适合演什么样的角色，这个角色是不是我的长项，如果老拿着自己的短项面对生活和工作，恐怕要处处碰壁。

萨日娜：对，就是这个道理。

草原上生长着一种极具生命力的漂亮小花儿，这种花儿娇红艳丽，它就是美丽的山丹丹花，山丹丹花在蒙语中称“萨日娜”，如今，一株株花朵铺就了萨日娜成功的演艺之路，我们也希望大家通过萨日娜的人生故事，在追寻梦想的道路上坚持不懈，直到找到属于自己那朵独特而美丽的——山丹丹花。

【节目结束语】

每个人都有走进人生低谷的那一天,甚至你将走进一个又一个低谷,但是峰回路转之间,努力地找到自己人生的角色,这就不致使你迷失。萨日娜是一个演员,其实每个人都是自己的演员,同时也都是自己的导演,每一天都上演着不能再重拍的剧本。如果大家遇到低谷,都应该像萨日娜一样,努力寻找自己的定位,不以成败论英雄。或许我们的工作没有鲜花没有掌声,平凡得要命,但只要找准定位、努力进取、乐观向上,人生这出戏就一定会越来越精彩!感谢您关注本期的《小超访谈录》,我们力争通过每一个不同的人生故事,带您寻找和总结向上的力量!新农百味,耕耘人生,下期节目再见。

小超与丁广泉

【小超印象】

他是一群洋弟子的相声老师。文化与国度有差异，但“笑”却是让世界沟通的桥梁。丁广泉正是通过这个桥梁把世界各地的人连在一起。说起笑的话题，丁广泉很是健谈，作为主持人访谈他是幸福的，只需提一个问题，剩余的回答全部可以交给他。说相声，他是个天才。

挑动笑神经的老者

——访丁广泉

【节目开场语】

观众朋友们大家好，欢迎收看《小超访谈录》。

现如今，都市里的工作和生活节奏那是越来越快。我们的日子经常被工作占据了几乎全部的时间。工作的节奏越来越快，我们就需要快乐作为作料，点缀一下我们的生活。《小超访谈录》为您请到了一位嘉宾。他很快乐，与此同时，他又把快乐带给了别人，甚至把中国式的快乐带到了国外。让我们有请今天《小超访谈录》的嘉宾，著名的相声表演艺术家丁广泉。

一位老者，经常带着几位外国人在舞台上给观众逗乐，他就是丁广泉。丁广泉自幼酷爱相声艺术，是相声大师侯宝林的嫡传弟子。他另辟蹊径地收外国徒弟，向其传授相声，因此而饱受争议。但他却成了中国文化的传播者，被授予了“世界艺术大师”和“世界杰出华人艺术家”的称号，“京城洋教头”名声也是传播到了世界各地。但是，对于已经年近古稀的丁广泉来说，他最看重的却是如何传承相声艺术，做好一名“笑的使者”。

小　超：丁老师，一听到您这笑声，我就来精神。您不但自己快乐，而且还把这种快乐带给了别人，您觉得能给别人带来快乐的这种职业幸福吗？

丁广泉：非常的幸福，我觉得这个东西它是相辅相成的。因为当你自己感觉到不高兴和不愉快的时候，你不可能把这种愉快的心情传达给别人。我把笑容传达给了大家，大家也把他们愉快的心情传达给了我，让我更加的

这次握手成了忘年交，之后便打开了话匣子

愉快，更加的高兴。

小　超：传达快乐的过程，自己本身也很愉快。那么这种快乐是天生的吗？

丁广泉：我想这应该是长期培养和锻炼出来的。相声能够让大家喜欢、让大家高兴。第一，因为它是中国语言、文化的一种艺术表现；第二，它最主要的就是培育大家的笑神经，让大家高兴。这种笑绝对是相互的，你笑给我，我就会笑给你。

小　超：微笑是快乐的一种过程，最终是一种沟通和交流的结果。

丁广泉：对，没错。把相声说好，固然是有一些技术，或者说有一些技巧，但是为什么能越演越好，观众给你的刺激和回馈才是最重要的。

小　超：您觉得人活在这个世界上，笑神经很关键吗？

丁广泉：太重要了。一个人的一生当中，每一天可以没有哭，但是离不开笑。作为我们这些笑的使者，可以给大家带来一些欢笑，自己感觉也很欣慰。不管你遇到了多难的事儿，笑一笑能缓解自己的压力。

丁广泉一直坚持不懈地从事着他所热爱的相声事业，在舞台上，他充分调动着自己的笑神经，为大家送去欢乐，自己也从中品尝着快乐的味道；在生活中，他用积极的态度笑对人生，用“笑的艺术”传递人生哲理，并成为名副其实的“笑的使者”。然而现实生活有时却是残酷的，在丁广泉年轻的时候，一个严峻的现实摆在了他的眼前，也考验着他这个以制造笑声为职业的相声演员的笑神经。

丁广泉：我母亲是在八几年的时候去世，当时我是在部队文工团工作。正在演出的过程中，姐姐来电话说，母亲不行了，已经过去了。当时我很快就要上台了，你想我是一种什么样的心情？但是我上台演的是相声，我不能把自己的这种情绪带给别人，甚至当时我都没有跟我们的政委、团长说出这件事情，我照样带着笑容上台表演，台下观众那种兴奋的情绪感染了我。在那一段时间内，我就忘掉了自己的这种悲痛心情。等演出之后，我是抱头痛哭。这听起来感觉有点残酷，但实际上我们所有的演员都会遇到类似的一些事情。面对观众，你要完成你的使命，你的使命就是当一个“笑的使者”。

小　超：在你的这个故事中，我发现了这样的一个道理：原本快乐看似那么简单，其实快乐有的时候也是一种境界。

丁广泉：对，其实快乐也得需要自身去控制。

小　超：刚才您讲述了一段往事，咱就再从往事谈起。您小的时候，从有记忆的那个时候开始回忆，自己的家庭是个什么样的？

丁广泉：我的家庭是个困苦的家庭，属于城市贫民。我父亲在那个时候年纪已经比较大了，我们家孩子也比较多。院里住了十三户人家，一共是二十六间房子，最小的一间是六平米，最大的一间是九平米。爸妈加七个孩子，我们家一共是九口人住十六平米。每到吃饭的时候，屋里根本装不下。

小　超：屋里面只能睡觉，吃饭的地方都没有。

丁广泉：吃饭只能在大杂院里。院里的住户都不是那种有钱的人家。只有一户有收音机。

小　超：叫戏匣子。

丁广泉：对，戏匣子，实际上每一天吃饭就是一个大聚会，而最大的愉快就是人家把这个戏匣子打开，把音量放到最大，让全院的人来听。那个时候我们听的是一些相声、评书、大鼓、评剧、京剧，从那里面，我认识了侯宝林老师。

小　超:后来自己所从事的职业就是给别人传达快乐,这是一种很幸福的职业,正是由那个幸福的戏匣子里面传达出来的。

丁广泉:对,所以我就觉得相声太好了,让你这么高兴、这么痛快,因为以前也没有听过,一听怎么这么好玩,两个人就是对着说,说着说着就打架,我们就哈哈大笑起来。当时我就下决心,以后应该从事这个职业。

小　超:戏匣子的声音回荡在这样的一个大杂院里,笑声不断地传出。于是也开始奠定了您儿时的梦想:长大了我得去说相声。那个时候您多大?

丁广泉:我那时候六七岁。

小　超:六七岁,嘴皮子刚刚开始利索。

丁广泉:那时候还不利落呢,反正是会吵会闹。

小小的戏匣子里传出来的声音让年幼的丁广泉着了迷,同时也让他对相声艺术的殿堂有了深深的向往。新中国成立初期,在相声大师侯宝林等为代表的一批老艺术家的带动下,相声得以登堂入室,也有了"文艺战线上的轻骑兵"称号。而丁广泉在懵懵懂懂之中萌发了一个念头:希望能够跟着侯宝林大师学相声。于是他成了名副其实的"追星一族"。

丁广泉:实际上追星并不是现在才有的,我们那个时候就有,我就是侯大师的粉丝。开始看到他,知道他什么模样的时候,我是在欧亚大照相馆,前面挂着他的一个照片,别人告诉我,这就是侯宝林。我一看,他怪不得这么可乐,因为他长得就那么可乐,太可乐了,从那以后,我每天要去看他。等我到九岁左右的时候,有一天我正在玩,看到一个人走了过来,就觉得好像侯宝林,怎么看怎么眼熟。对了,这就是侯宝林,我就跟着他走。他突然回过头来,他站住不走了。

小　超:他就总觉得一个孩子跟着他。

丁广泉:我问您是侯宝林吗? 他一下就乐了,我是啊,您认识我? 后来就说你干嘛呀? 家是哪的? 我说我特别喜欢相声,特别想说相声,也想学相声。他问我上学了没有? 我说上着呢。他说上学好,好好上学,等你长大了之后再说。别老跟着我了,回去吧。一点架子也没有,那么亲近。

小　超:这么多年过去了,您第一次见到侯宝林大师的场景,还是记得这么清楚,甚至聊天的内容都还记得。

丁广泉:对,一点都忘不了。后来我就开始上学了,但是没丢掉这些东西。从小学就开始在班上说相声。再从小学到中学,中学又是在班里说相声。后来文化馆开办了一个相声训练班,我马上到那边去报了名。学!学完了之后就能上台了。

小　超:您是喜欢说相声吗?

丁广泉:可以说是酷爱。64年的时候,我同时考上了中央广播说唱团和解放军国防科委文工团。当时考中央广播说唱团的时候,就是我梦寐以求的大师侯宝林来考的。侯老师立刻认出了我。我对他说,还真想说相声了。随后我就给他说了一段,听完之后,他觉得还不错,我就入选了。但是部队的文工团一听说侯宝林要丁广泉,不能放,这一下子机会又没了。

小　超:但是到这个节点上,我能意识到,您和侯大师在冥冥之中,注定有那么个缘分。

丁广泉:缘、缘、缘。我们俩绝对是有这个缘的。

丁广泉很遗憾地错失了追随侯宝林大师的机会,但是俗话说"塞翁失马,焉知非福",对于丁广泉来说,人生总会有起有落,而在起起落落中,丁广泉也磨炼出了积极乐观的精神。来到部队文工团之后,他始终坚持相声演出和创作,并两次荣立三等功。同时他也收获了他的爱情,与妻子杨家音相识、相爱,并结为夫妻。但是后来随着文工团的解散,丁广泉回到了地方,做了一名工人。后来他又成了毛泽东思想文艺宣传队的一员。1973年,在几位文艺前辈的引荐之下,丁广泉第三次见到了侯宝林大师,并且如愿以偿拜在了侯宝林门下,成为大师的第七位嫡传弟子。

小　超:三次见面。

丁广泉:我三见大师。可能也就是因为从心里面,我太喜爱相声了。我希望得到愉快,但是从什么地方去获得呢?我选择了相声。

小　超:您拜了侯宝林为师,他给您带来的提升与变化有多大?

丁广泉:太多了,太大了。虽然我以前在文化馆学过相声,在部队也表演了这么多年，但是我真的不够理解什么叫相声。大师就讲过：你自己心里边觉得好吗？你说过的每一句话，你觉得有滋味吗？你怎么样才能当一个好的相声演员呢？学识渊博，知识丰富，见解独到，善于表达，有一个快乐的人生观。实际上对于这种笑的艺术来说，能够给亿万观众带去欢乐，那么这就是这种艺术上的魅力，而且也是一辈又一辈笑的使者，努力克服自己，努力磨炼自己，才能够制造出一种笑的产品给大家。

小　超：很多观众朋友也是喜欢听相声，但是都知道相声是门艺术，却很少有人像您一样去研究相声到底是一种什么样的艺术？今天能不能给我们说一说，在您的眼里，相声的魅力到底在哪里？

丁广泉：我现在给学生们讲课当中，我一再给大家讲，不要认为相声就是说学逗唱。说学逗唱，这只是一种方法。你得先认识什么叫相声？相声就是汉语言文化的一种表演方式，你要深深地记住，这里面是文化，这是中华上下五千年文化的一种表现。在这里面有深厚的知识，你得从这里面去提炼，然后通俗地讲给大家，这才是相声，这才是一门真正的艺术。

小　超：您在和侯宝林老师进行艺术学习和交流的过程中，哪一段相声对您的印象特别深刻？

丁广泉：一个是传统的段子，另一个是新的段子。传统的段子是《五宏图》，阴阳五行，金木水火土。因为我写了一个作品，专门写煤的，我那一天特别兴奋，演出效果也特别好，我就找师父去了。我说师父您看，我们这个段子特别火，观众特别喜欢，我觉得我演的时候特别像您的《五宏图》。他当时就绷起了脸，你说什么？《五宏图》？你能跟那个《五宏图》比？你知道这《五宏图》

他容易让别人笑，自己也很喜欢笑

是什么人写的？然后就开始跟我讲这个段子的由来。你想一想什么人才能总结出这种理论？这里面阴阳贯穿始终，五行相行，五行相克，演变出了多少东西？这里面一共有多少知识？你想一个说相声的人在台上去说这些个东西，还得让大家相信，你要没这个知识，你想想这个人应该是个什么人？他怎么说出来的这些话？所以说，今后无论你是写相声，还是说相声，你必须要做出一个人物小传。什么人在说什么话？你找到了这个人之后，你再把他说出来，才会让人可信。

小　超：这是那个时候学到的真理吗？

丁广泉：真理，真的东西。这个真理贯穿了我的一辈子。在每一个作品当中，我都想这话应该谁说？是不是应该说？合理不合理？此外，还有一个段子让我收获很深，叫做《保卫西沙》。这在当时是一个新段子，我和侯老师一起演过。侯老在我家里，基本上每个星期得来一次，一共给我排了半年。

小　超：这半年之内就没上过舞台？

丁广泉：没上舞台，这个节目一直没拿台上去。排到最后我已经傻了，我都不会说人话了，我不知道该怎么说。

小　超：晚上说梦话都是《保卫西沙》。

丁广泉：怎么说都不对。半年来，我就琢磨了这么一段相声。

小　超：排练了半年，这段相声登台之后，观众的反响如何？

丁广泉：那是太不一样了，跟以前说的相声就完全不一个效果。

在相声大师侯宝林的身边学习，让丁广泉受益良多，无论是基本功，还是搞创作，侯宝林全部倾囊相授，这也让丁广泉有机会对相声艺术进行深入研究。对相声发展做出了很多有益的尝试。他曾经尝试着创作男女对口相声，节目出来后受到侯宝林大师的高度认可；他也曾经尝试着创作相声小品和多种新形式的相声。随着改革开放的到来，相声行业又迎来了一个发展高峰，涌现出了一大批新时代的相声演员，而此时的丁广泉在相声方面的造诣日渐深厚，知名度日渐提高，同时他的作品也受到越来越多人的欢迎，而他对相声事业如何传承与发展的思考始终没有停止过。

小　超：您在相声大师的身边一路走来，如今也成了相声的大师。

丁广泉:不敢说,不能说大师。当之无愧地来说,我应该算是个能教相声的老师。

小　超:现如今,在相声的发展过程中,您觉得瓶颈又是在哪里?

丁广泉:这个问题是比较严肃的一个问题,因为现在研究的人太少了,有点青黄不接,老一辈在艺术上的东西没有传下来。我觉得就目前来说,第一是缺老师,第二是缺作品,第三是年轻人把它看得太简单了,随便拿起来就这么说。现在的相声处在一种比较浮躁的阶段,不那么踏实。我说一句话,你肯定会同意,我们很多的观众也会同意:听一些以前的老段子,你听几次都不烦。为什么现在一个新人出来之后,一个新相声或许听一两次觉得还不错,但是听上几遍之后,你就不乐意再接着听了呢?这就是一个需要探讨的问题。

小　超:结合我们身边发生的故事,进行新的创作,这是不是相声的一个发展方向?

丁广泉:现在的关键问题是缺少基础。为什么我觉得青黄不接呢?作为我们这些老演员来说,我们有一些老的基础,但是作为一些新的东西,我们接触的比较少,可能年轻人接触的新东西特别多。那么在表现的过程中,实际上有的时候它又违背相声创作的规律。所以说,像我们原来的那种结合就比较少,比较难。

小　超:您说到了青黄不接,那么要打破青黄不接的这种现状,应该怎么做呢?是不是应该多教些徒弟?我觉得单就这一点来讲,您做得非常好,不但教了中国的学生,而且教了许多外国的学生。通过您的努力把中国的这门艺术,传播到了世界的各地。话说回来,您当初怎么会想到了去教洋学生?

丁广泉:这其实不是我的想法。刚开始的时候,中央电视台找到我,问我能不能给外国留学生写一个段子。我就到了北大,在八百多名外国留学生中我选了几个人,这里面就包括大山。这几个学生都是比较活泼的,而且汉语说得也不错。北大的老师已经按照课堂剧的模本,写出了让大山出名的那部作品,叫做《夜归》,就是“开门哪,玉兰”。

丁广泉:他这一句话说出来,大家笑得了不得,所以那时候让我再做一个节目。根据他们课堂当中学的《新编孔乙己》,我就想把它荒诞一下,我就

丁广泉与大山合作相声

给他们编了一个《孔乙己新编》，给他们做了一个相声小品。节目演出后，特别火。他们也很高兴，观众也高兴，媒体也喜欢。这些学生就跟我建立了特别密切的联系，而且觉得跟着丁老师学这些个东西，太好了。而且还能够帮助他们提高汉语的水平。大山就曾提出：丁老师，我能不能上您家里去，专门跟您学相声，学习汉语？

小　超：后来大山真就到您家里去学习了吗？

丁广泉：对，就到我家里来了。后来姜昆听说大山这么喜欢说相声，也跟着一块儿合作过几次，觉得不错。姜昆说：大山，干脆我收你当徒弟吧。大山问我：我要拜姜昆为师，行吗？我说行啊，没关系，你拜他，我照样教你，我们就是爷孙搭档了。

1988年的一个小品让大山成了中国的名人，之后大山拜师在姜昆的门下，也让他成了相声“家谱”中的第一位外国人。而通过相声小品《孔乙己新编》，丁广泉在留学生当中的影响力也越来越大。许多洋学生慕名而来，主动找到丁广泉学习相声，而他也逐渐开始接受这些来自于异国他乡的洋学生，正式开始了他的“京城洋教头”的生涯。如今的丁广泉已是桃李满天下，跟他学习过相声的洋学生不计其数，登上过舞台的已经有来自八十多个国家的二百多人。丁广泉通过与这些洋学生的接触，大大激发了他的创作灵感，二十多年来他创作出了一大批展现中外文化碰撞的优秀相声作品，丁广泉的相声作品成了相声领域里的一种全新形态。

小　超：面对着世界上八十多个国家的学生，您的心里边是个什么滋味？

丁广泉：我很自豪，而且我觉得还有一个感受，那就是欣慰。我把老辈艺人心中的一种意愿，给完成了。并不是说我有多么的伟大，而是因为他们没有赶上这么一个好时机。恰巧我赶上这机会了，如果我再把它丢掉，我是不是对不起相声？对不起我的老师了？

丁广泉与他的洋弟子

小　超：相声的发展，它的根源在于每一个相声从业人员努力地去传承。

丁广泉：对，我觉得这是一个很重要的责任。再一个就是说，大家可能问了，你招了这么多学生，你挣了多少钱？我一分钱没挣着。直到现在，我还是每个礼拜六在这所大学里给这些在京的学生们上课，免费的。

小　超：您今年多大了？

丁广泉：我还小着呢，才六十八岁。

小　超：六十八岁，有很多人选择了休息，但是您还在继续努力着。

丁广泉：我真的很羡慕那些选择了休息的老人。因为我曾经差点死了。吓了我一大跳，不能说我差点死了，而是说我死过一回了。

小　超：这个事听上去比较传奇，是怎么个过程？

丁广泉：这跟讲故事一样，就是因为我的工作太累了。2007年，正好是5月底，天气突然一热，我已经连续工作十来个小时了。工作结束后，连夜从天津赶回北京。第二天早晨，我接了一部片子，就等我的镜头了。当天深夜，回家之后就发烧了，有四十度。赶快到协和医院打了退烧针。打完之后走了，早晨起来感觉好一点了，就赶到片场，连续工作。晚上又开始发烧，发烧又去打点滴，打完了点滴，早晨起来又去拍片，拍完片之后，回来又发高烧，发完高烧之后，又去拍，拍到第三天，终于到最后一个镜头，这回总算可以休息了，我当时就躺下了，什么都不知道了，立刻就昏了。他们马上把我送到了医院，高烧不退，各种各样的针给我打，上吐下泻，我只能靠呼吸机维持生命，插的全身都是管子。一直就这么连续抢救，随后又把我送到了重症室，总算是抢救过来了。

2007年的这一次起死回生，让丁广泉对生命的意义有了全新的领悟，也让他更加珍惜他所热爱的相声事业。对丁广泉来说，相声是他酷爱的事业，把相声这一门儿笑的艺术传播得远些、更远些，这是他的愿望，让外国人更多的了解中国文化也是他的使命，他希望能够通过自己的努力，用相声给更多的人带去快乐，也要把自己积极乐观的心态带给所有人，让大家能够获得更多的生活感悟。

小　超：经历了这样一个归去来兮的过程，丁老师您对人生是不是有了新的认识和感触？

丁广泉：我觉得真是这样的，已经死过一回的人，真是开阔了很多很多，非常非常的坦然。你活一天，这就是幸福的一天，生活的时候，无论如何都得一天一天地过，你高兴也是一天，你不高兴也是一天。当遇到各种各样事情的时候，你一定要乐观地对待。如果你的笑神经永远调动了起来，你将拥有一辈子的快乐。那次如果我死了，世界上少了什么？就少了一个丁广泉，社会上没有少什么更多的东西。对你自己来说，无外乎就是赤赤裸裸地来了，又赤赤裸裸地走了。所以说，我们要活一天，享受一天，把自己的身体搞好，精神也搞好，多听一些愉快的事情，高兴的事情，实在不行了，你就多听点儿相声。

小　超：我觉得您说的这个观点，不仅仅适合于年龄大的人，对于年轻人也很合适。你看看现在的年轻人工作压力比较大，也比较繁忙，有时候忙得连回家吃饭的时间都没有。很多人的心情、心态都不对劲儿。

丁广泉：我建议现在的白领，你们是中坚力量。有这样一句话：当你关心别人的时候，你也应该关心一下你自己；当你爱护你父母的时候，你也要想到爱护自己；当你给别人提出建议的时候，你也要提醒自己。说句老实话，你应该利用好休息时间。因为你艰苦工作了，一周的七天中，你已经工作了五天，休息的两天，你就别再糟践自己了。现在很多年轻人得了病，我觉得那是自己造成的。工作的压力大，这两天的时间你就应该放松，别再那么紧张了。

小　超：丁老师，您觉得如今的年轻人在面对名和利的时候，应该抱有

与丁广泉的合作很快乐，他就是一个带给大家快乐的人

一个怎样的心态？

丁广泉：说句老实话，这是最害人的。过分地追求这些东西，你就变成了它的奴隶。争来争去，争到最后，什么东西都不是你的，你都带不走。

小　超：不能让自己太累，平时不管是工作，还是生活，要让自己快乐起来。时刻让自己的笑神经伴随着自己度过每一天。

丁广泉：有一个对联我觉得特别的好：常笑，常笑，常常笑，笑里酬趣；多思，多思，多多思，思中智来。

小　超：今天就在丁广泉老师的对联里结束《小超访谈录》。节目的最后，您能不能给咱山东的父老乡亲，送上几句祝福，说上几句心里话。

丁广泉：山东的观众朋友们，说句心里话，我是特别特别地喜欢你们。今天我能跟大家这么畅所欲言地聊天，我也是非常地愉快，我希望乡亲们活得别那么累，大家愉愉快快的，幸福地过好属于自己的每一天。

【节目结束语】

丁广泉用他独特的笑声，给我们留下了深刻的印象，八十多个国家、二百多个洋弟子,也让他有了“京城洋教头”的美誉。他告诉我们,现如今大家的工作和生活的节奏越来越快,所以就更需要有快乐的心态。更多的人们为了向前奔,工作和应酬越来越多,有的时候忙得连回家吃饭的时间都没有,多了工作、少了快乐,时间长了就会影响心情、影响健康,所以《小超访谈录》告诉大家,即便我们平常工作再忙,也要懂得调整,放慢脚步,多加进一些快乐的元素。抽空咱可以听几段相声,笑一笑,十年少。感谢您收看本期的《小超访谈录》,我们力争通过每一个不同的人生故事,来寻找向上的力量。新农百味,耕耘人生,下周同一时间,再见!

小超与捷盖

【小超印象】

* 我觉得自己够黑，没想到这哥们儿比我更黑。黑黑的喀麦隆人捷盖具备超强的语言天赋，他一年之内便完成很多中国人都难完成的相声四门课：说、学、逗、唱。采访时我眼睁睁看着他只用几分钟就学会了一段山东吕剧《马大宝喝醉了酒》，这哥们儿厉害啊！

非洲哥们儿的中国情

——访捷盖

【节目开场语】

观众朋友们大家好,欢迎来到《小超访谈录》。

《小超访谈录》采访过不少的嘉宾,无论是科学界的精英,还是文艺界的明星,他们都有一个共同点:黄皮肤的中国人。今天的嘉宾就是有点儿特别,小超给您请来了一位外国朋友。他来自喀麦隆,长着黑黑的皮肤,还有着一个非常好听的名字——捷盖。

捷盖,来自非洲的喀麦隆,博士学位。1996年至2002年在喀麦隆国家电视台做节目主持。2003年在联合国交流部门主持电台节目。2003年年底,一个可以来中国工作、学习的机会降临到了捷盖面前。能够来中国,这可是捷盖儿时的梦想!所以他放弃了在联合国就职的机会,远渡重洋来到了中国。并且拜了著名相声艺术家丁广泉为师,开始学习相声。随着对相声的学习,捷盖慢慢喜欢上了中国的艺术和文化。如今,捷盖已经成为传播中国文化的使者,将中国的传统文化传递给了身边更多的人。

小　超:捷盖你好,欢迎来到《小超访谈录》。文化是没有国界的,不会因为肤色的不同而有所隔阂。您先来一段中国的曲艺表演怎么样?

捷　盖:我不知道应该唱什么,因为京剧、黄梅戏、花鼓戏我都会一点儿。

小　超:既然来到了山东,那就唱段吕剧吧。

捷　盖:我听说过吕剧,但没有正式学过。要不您现场教我一句,我跟

与捷盖曾经一起主持晚会，由此也结下了这非洲哥们儿来《小超访谈录》做节目的缘分

着学学。

小　超:“马大保喝醉了酒,忙把家还,只觉得天也转来那个地也转。”

捷　盖:“马大保喝醉了酒,忙把家还,只觉得天也转来那个地也转。”

小　超:原来没有学过,第一次就能唱到这个水平,非常佩服您。刚才我教您唱了中国的吕剧,接下来您再教我唱两句非洲歌曲吧。

捷　盖:那我就教您几句我们家乡的歌曲。

“zsamina mina eh eh waka waka eh eh(来吧!来吧!去做吧!去做吧!)

zsamina mina zangalewa zsamina mina zangalewa anawa aa(等待吧!来吧!这就是要做的事!)”

小　超:“zsamina mina eh eh waka waka eh eh(来吧!来吧!去做吧!去做吧!)”

捷　盖:不错,不错。

喀麦隆,这是捷盖出生的地方。一个美丽的滨海国家,位于非洲的中西部,地处中非和西非的“十字路口”,是非洲中部与西部政治、经济、文化交流的枢纽地带,素有“小非洲”、“非洲缩影”之称。喀麦隆有着悠久的历史和古老的文化,捷盖一首《Waka Waka》仿佛把我们带到了那片神秘的非洲大陆。当初捷盖为何会离开喀麦隆来到了遥远的中国，这还得从他的童年说起。

小　超：非洲是一个美丽的地方，也是很多人梦想要去的地方，能不能给我们讲一讲你出生的地方、你的家庭和成长的环境是怎样的？

捷　盖：我父母住在喀麦隆的一个小城市——曼州，我在那里出生，在那里上的小学。那个年代，中国的电影在喀麦隆非常受欢迎，小时候我经常跟着爸爸一起去看电影，比如李小龙、成龙的电影。那个时候我爸爸是个中国功夫迷，功夫练得很厉害。我也特别想学，就偷着练，模仿电影上的一些动作。在小区里面，我是功夫最厉害的。那个时候我就有一个梦想：找机会到中国看一看，学两招中国功夫。

小　超：通过电影对中国文化有了初步了解，那么您的家里人有没有对您说过：捷盖，等你长大了，送你到中国去。

捷　盖：我小时候对中国文化谈不上了解，就是通过看电影接触了一些中国文化的元素。那个时候我们家庭也不是很富裕，父母就是一般的职员，所以不敢说把我送到中国这种话。他们要是这样说了，大家肯定会笑话他们，而且那个年代在喀麦隆一说到出国，大家马上想到的是欧洲的一些国家。因为喀麦隆以前是法国的殖民地，所以在我们的概念中出国就是去法国，或者去欧洲，可能还会想到美国，没有人会想到去中国。只有我们这些小孩，想去中国，就是为了学功夫，就这么简单的想法。

捷盖的父亲是个电影迷，年轻时经常带捷盖到电影院看中国电影，电影中李小龙的形象让他深深地迷恋上了中国功夫，从小就对中国产生了一份特殊的情感，开始向往着中国。后来在广播电台和电视台五年的工作经历，让捷盖对中国文化有了进一步的了解。但是受家庭条件的限制，捷盖渴望来中国的梦想未能马上实现。

小　超：什么样的机会，让您能够来到中国？

捷　盖：2002年到2003年，我在联合国沟通部工作，主持一个节目。主持一段时间之后，联合国准备派我到澳大利亚实习。按照行程，在澳大利亚实习三个月以后，回来就会成为正式的联合国官员。就在那个时候，我遇到了一个能够来中国的机会，那便是中国和喀麦隆之间的一种政府奖学金，派一批学生到中国来学习。我知道了这个消息之后，非常兴奋。能够来中国，这是我童年的梦想。你想一想，这个世界上能有多少人实现自己的童年梦想呢？

小　超：从澳大利亚回去以后就可以成为联合国的官员，以后还是有机会来到中国，比如出差，到中国待上几个月也有可能，但是你却放弃了这样的机会。对你来说，当初的这个决定有没有难度？

捷　盖：有，相当有难度，但是我并不想和中国擦肩而过，我要和中国永远在一起，所以我就报名参加了考试。考试通过后，我跟家人说："爸爸妈妈，我要去中国。"我的这个决定遭到了全家人的反对，父亲对我说："你在这里生活条件已经不错了，去中国一切得重新开始，你会说中国话吗？你连最基本的'你好'都不会说，你到了中国能做什么呢？"我当时就跟他们说，这是我儿时的梦想，你把中国换成十个法国或者十个美国我都不会去，我一定要去中国。

年少的梦想和青春的激情成就了捷盖的中国情

小　超：当时抱着激动和兴奋的心情来到中国，来了以后是不是遇到了不少的困难，比如语言不通，生活习惯的差异等等？

捷　盖：这肯定有，而且非常多。当然最主要的困难还是语言方面。我们去西方任何国家，就算你不会说当地话，但一般都可以说英文，因为在西方的一些国家，英文是通用语言。在中国不一样，大家都是说汉语。

小　超:你是怎么解决的这个问题?

捷　盖:我把这个问题当做很好玩的一个挑战。当时就想,我就不信学不会这门语言。所以一到中国,我就来到了北京语言大学学习汉语。因为那个时候刚来中国,我真的一句汉语都不会说,连最简单的“你好”都不知道怎么说,更别说复杂的对话了。在北京语言大学学习汉语的一年时间里,语言大学的老师一个字一个字教我,就像戏曲里说的,一招一式,从汉语拼音b、p、m、f起步。

小　超:你当时觉着中国话好学吗?

捷　盖:别说当时,就是现在我也感觉汉语不好学。来中国之前,我会说十种语言,比如法语、英语、德语、西班牙语、意大利语、俄语等等,这些语言都是西方国家的语言,比较接近,都是由二十六个字母组成。有些词语念法虽然不一样,但是拼法却是一样的。这些国家的语言,对于我们西方人来说是比较好学的。可是汉语不同,它和西方国家的那些语言完全不一样。真正开始学汉语了才发现,天哪,我简直是到了外星球,中国话简直太难学了。但是在我看来,中国话难学是有理由的,那是因为中国的文化是很深厚的,语言就是一个国家的文化底蕴,学语言必须要学习它的文化。

小　超:在你看来,语言也应该是一种文化。

捷　盖:对,学一门语言,绝对离不开它的文化背景。

小　超:开始的时候一句汉语不会说,到后来可以用汉语交流,这之间用了多少时间?

捷　盖:半个学期,也就是三四个月之后,我就可以自己到学校对面的小卖部去买东西了。我自己可以表达想买什么东西、什么颜色的等等。当然那个时候,我说的汉语还不是很熟练,经常犯一些错误,一些发音或者声调上的错误。

不顾家人反对,只为实现梦想,捷盖来到了中国。虽然捷盖通晓十种语言,但是来到了中国,捷盖却发现他的语言学习技巧在学习汉语上派不上太多用场。为了学好汉语,他到北京语言大学学习,同时更加注重学习语言背后的中国文化。当捷盖听到大山说相声时,他被大山流利的中文震住了,

“同为外国人,我为什么不能说得这样流利?”捷盖发现相声可以提高自己的汉语水平,于是他开始向许多中国朋友打听,终于认识了相声表演艺术家丁广泉,从此便与相声结下了缘分。

小　超:在我印象里,一个外国人来到中国能学会中国话,可以和中国人交流,这样已经很不容易了。您却奔着相声进发,这可是一门对于语言要求很高的艺术。

捷　盖:北京语言大学毕业之后,我来到北京航空航天大学继续学习。虽然我从未放弃过学习汉语,但那时候我是这么想的:中国话,外国人肯定学不好。因为我在北京语言大学算是比较优秀的外国学生,学起汉语来还是很费劲。当时我就安慰自己,这不是我的问题,身边很多外国人也在抱怨说中国话太难学了。所以我对自己说:能用汉语和别人交流就可以了。直到有一天,我在电视上看到了加拿大的大山,他在表演一段相声,说得那是又快又清楚。当时我就惊呆了,他也是外国人,汉语怎么会说得如此流畅?我就问身边的中国朋友,大山是不是在中国出生长大的。朋友却告诉我:大山和你一样,都是从外国来中国的留学生。那一刻起,我就知道了,其实外国人同样可以把汉语学得很好,所以我想和大山一样,去学说相声。

小　超:看到大山用流利的汉语说相声,让你产生了学相声的想法,为什么要拜丁广泉老师为师呢?

捷　盖:在电视中看到大山说的相声,正好是他和丁广泉老师一起表演的。朋友告诉我,丁广泉是大山的老师,大山的相声就是跟着他学的,而且他还有很多外国学生,都可以说相声。就在那一刻,我决定去找丁广泉老师,我想知道他是怎么教外国学生学汉语的。我要向丁广泉老师学习,我也要像大山一样把汉语说流利。我当时的想法很简单,就是想提高我的汉语水平。说起来也算机缘巧合,有一天我去参加中央电视台的一个节目《同乐五洲》,丁广泉老师也在现场,我一眼就认出了他,马上就冲过去向丁广泉老师问好,并做了自我介绍,表达了想跟丁广泉老师学说相声的意愿。

小　超:丁广泉老师当时是什么反应,有没有立刻收下你做学生?

捷　盖:没有,丁广泉老师听到我要拜他为师学习相声,就问我来中国多久了,我告诉他只有一年。一个外国人来中国一年就敢学相声,丁老师有点不敢相信。他说这个事以后慢慢再说，当时并没有答应拜师的请求，只是给我留了电话。后来我也经常给他打电话，他都说在忙，或者是在外地出差。

小　超：听你所说，这拜师的过程还挺艰难。面对困难，你有没有想过：算了吧，不学了，就此放弃吧。

捷　盖：没有，这个真没有想过，这可能与我的性格有关。我只要认为这件事没有错，没有得罪别人，值得我去追求，我肯定会坚持到底，不会放弃。但当时丁老师的态度不是很明确，他没说不收我做徒弟，也没说收，就那样来回绕，说他很忙、没时间见我之类的话，说得很含蓄。我当时就想这个老头子很坏，怎么能这样？我就是想跟你学相声，能够像大山一样说一口流利的汉语，又没有别的想法，你要是不想收我做徒弟，直接说就可以了，不用每次都找借口说最近很忙，过两天吧。

小　超：最终丁广泉老师还是收你做了徒弟，你是怎么让丁老师改变主意的？

捷　盖：丁老师看我很诚恳地拜他为师，他给我留了一段非常难的贯口相声叫《八扇屏》。丁老师说你把这个背一下，背好了之后再来找我，你要是把它背下来，我可以考虑收你当徒弟。我一看，认识的字不到十分之一，更不明白说的是什么意思。我带回去以后，怎么背都背不下来。我找到了很多中国朋友，让他们帮我念，我来背，但是每个人看了之后，都问我学这个干什么，这段贯口太难了。那一天我更加确定：丁广泉老师真坏。这个连中国人都不敢背的贯口，却让一个来中国不到一年的外国人来背。但是转念一想，既然大山可以说得很好，我也一定可以，就算不吃饭、不睡觉，我也一定要背下来，看看丁老师还有什么借口拒绝我。后来我想到了一个办法，在丁老师给我这段贯口之后的第三天，我给他打了个电话说：丁老师，我正在背您留给我的贯口，您能帮我示范一下吗？趁着丁老师在电话里念的时候，我偷偷地录音了。录完之后，我就反复地听，吃饭也听，上厕所也听，干什么事都在听。四五天之后，觉着自己可以背这段贯口了，我就去找丁老师，结果去了好几次，他都没在家。后来我去北京电视台参加了《梦想星空》，节目中要说出自己的梦想是什么。我当时毫不犹豫地说：我现在最大的梦想就是拜丁广泉老师为师，跟他学相声。当时丁老师也在现场，他没想到我会这么说，就问我那段贯口《八扇屏》背得怎么样了，我就毫不犹豫地从头到尾背了一遍。丁老师当时就愣了，他之前认为我肯定背不下来，因为《八扇屏》是专业相声演员经常背诵的贯口，难度不小。看到丁老师愣在那不说话，我心里很紧张，害怕没背好。突然，丁老师站起身来，拍拍我的肩膀说：捷盖，好样的，我可以教你说相声。在节目现场就举办了简单的拜师仪式。

小　超：《八扇屏》改变了你在中国生活的轨迹，我很想知道，你征服丁广泉老师的这个贯口到底有多难？

捷　盖：这是我一生都忘不了的一段贯口，我说一段，你听听：

"想当初，大宋朝文彦博，幼儿倒有浮球之智。司马温公，倒有破瓮救儿之谋；汉孔融，四岁让梨，懂得谦逊之礼；十三郎五岁朝天，唐刘晏七岁举翰林，汉黄香九岁温席奉亲；秦甘罗，一十二岁身为宰相；吴周瑜，一十三岁拜为水军都督，执掌六郡八十一州之兵权，施苦肉、献连环、借东风、借雕翎、火烧战船，使曹操望风鼠窜，险些命丧江南。虽有卧龙、凤雏之相帮，那周瑜也算小孩子当中之魁首。"

《八扇屏》作为一个传统的相声贯口，难度比较高，它要求说唱者不仅要说得流畅，而且要理解每个人物的历史故事，捷盖对此却一无所知。凭借着

跟着老师丁广泉学习的瞬间

自己的死记硬背,捷盖终于完成了这个看似不可能完成的任务。正是这种坚持不懈的精神打动了丁广泉,捷盖终于如愿:拜丁广泉为师学相声。捷盖起初学相声的目的只是为了学好汉语,但随着学习的深入,他却慢慢喜欢上了这门艺术。而且捷盖发现,要想说好相声,除了学好汉语,需要学的东西还有很多。

小　超:在学习相声的过程中,你又学了哪些东西?

捷　盖:太多了。尤其是像贯口之类的东西我学了很多,大家都管我叫“贯口大王”。

小　超:今天我就考考你这个大王,到底是不是“贯口大王”,你得拿出些真本事来。

捷　盖:我给你出一个简单的数学题吧!

“九十九头牛,驮着九十九个篓。每篓装着九十九斤油。牛背油篓扭着走,油篓磨坏篓漏油,九十九斤一个篓,还剩六十六斤油。你说漏了几十几斤油?”

小　超:我还真就说不清楚到底漏了几十几斤牛!其他比较拿手的贯口,你还会哪些?

捷　盖:我还会《报菜名》,这段贯口对于中国人来说很熟悉,但对于我们外国人来说,很有难度。下面我给大家送上《报菜名》,我请您吃:

“蒸羊羔,蒸熊掌,蒸鹿尾儿,

烧花鸭,烧雏鸡儿,烧子鹅,

卤煮咸鸭,酱鸡,腊肉,松花,小肚儿,

晾肉,香肠,什锦苏盘,

……

红丸子,白丸子,熘丸子,炸丸子,三鲜丸子,四喜丸子,汆丸子,葵花丸子,饹炸丸子,豆腐丸子,

红炖肉,白炖肉,松肉,扣肉,烤肉,酱肉,荷叶卤,一品肉,樱桃肉,马牙肉,酱豆腐肉,坛子肉,罐儿肉,元宝肉,福禄肉,

红肘子,白肘子,水晶肘子,蜜蜡肘子,烧烀肘子,扒肘条儿,

蒸羊肉,烧羊肉,五香羊肉,酱羊肉,汆三样儿,爆三样儿,

烧紫盖儿,炖鸭杂儿,熘白杂碎,三鲜鱼翅,栗子鸡,尖氽活鲤鱼,板鸭,筒子鸡。”

小　超:捷盖,你觉得对于一个外国人来说,学习这么多的中国文化,会产生哪些意义?

捷　盖:在中国学了很多东西,我并不是为了说明我有多厉害,而是让其他生活在中国的外国人知道:中国文化博大精深,值得我们每一个人去学习。一个外国人在中国无论是生活,还是学习,不去了解中国文化,我觉得有点遗憾。也许过几年我回国了,有人会问我:捷盖,你从中国带回来了什么?我就可以和他们说中国的“满汉全席”,给他们介绍中国菜,一开口噼里啪啦背给他们听,我觉着这个挺有意思,也挺伟大的。

小　超:你是什么时候登上《星光大道》的舞台,为什么想到去那里展示呢?

捷　盖:我是在2006年登上的《星光大道》。《星光大道》在中国被称为百姓舞台,影响力非常大。我当时学了一些小才艺,我想在《星光大道》上展示展示,没想到获得了一个周冠军。

小　超:在《星光大道》的舞台上,你都表演了哪些节目?

捷　盖:第一个节目,我是唱了一首民歌:

“太阳下山明朝依旧爬上来,花儿谢了明年还是一样地开,我的青春一去无影踪,我的青春小鸟一去不回来,别的那样哟别的那样哟,我的青春小鸟一去不回来……”

小　超:你对京剧是不是也有一定的研究?听说还扮演过诸葛亮?

捷　盖:对,研究谈不上,但非常喜欢。我在中央电视台的“戏曲春晚”上扮演过诸葛亮,之前还扮演过包大人。

小　超:听说你唱现代京剧《沙家浜》也不错。

捷　盖:《沙家浜》是个样板戏,我在里面经常扮演两个角色。一个是刁德一,再就是最适合我的角色——胡传魁。说到中国戏剧,我觉得有一个不得不提,那就是川剧中的变脸。

小　超:你学过变脸吗?

捷　盖:我学过。变脸并不是谁都能学到的。说起来,这也算是我在中国很大的一个收获。

小　超：你是不是觉得变脸也非常富有文化内涵，你是怎么学到变脸的呢？

捷　盖：对，变脸的确有丰富的文化内涵，也很复杂。我拜师的过程也是挺复杂的。当时我找了一位老师，和丁广泉老师一样，一开始他也不愿意教我。直到后来他在电视上看到了我的节目，觉得我很尊重中国的文化，这一点让他很感动，于是，同意教我变脸。我记得他和我说过，之所以答应教我变脸，原因有两个：第一，他发现我尊重中国文化；第二，他知道我不会随便教给别人。在他心里，我是中国人的朋友，这让我非常感动。你可以换个角度去想，一个人出门在外不容易，但是在中国，大家对你那么好，也让我对中国人更加尊重了。我喜欢这里的人，喜欢这里的景，喜欢这个国家，也喜欢这里的文化。

通过相声，捷盖开始了解中国的戏曲，而且能够学习川剧中的绝技——变脸，这让捷盖备感荣幸。经过勤学苦练，半年之后的捷盖终于学会了变脸，这也成了捷盖献给中国观众的另一个拿手节目，然而在2007年中央电视台举办的外国友人才艺大赛上，捷盖的变脸表演却出现了失误，更让观众意想不到的是捷盖再次走上了舞台，面朝观众跪了下来！“对不起观众，实在对不起，刚才是太不尊重大家了，我觉着这样的事情不可能发生，尤其是在表演这么一个宝贵的艺术。我对中国文化是非常非常尊重的，对不起！”

捷盖的这一跪，既是变脸失败之后对观众表达歉意，也是对中国文化的一种尊重，他的这个举动赢得了大家的尊重。

真诚与尊重

小　超:听得出,你非常喜欢中国的文化,那么你觉着中国文化的魅力在哪里?

捷　盖:中国文化的魅力,首先在于它的深度。中国茶文化也好,中国饮食文化也好,它们都有着悠久的历史。再说曲艺,我们在国外接触的戏曲,大部分都是京剧。可是中国的戏曲不只是京剧,各个地区都有自己的地方戏,一个比一个丰富,一个比一个更有魅力。

小　超:在你看来,中国的文化除了深度之外还有别的吗?

捷　盖:有,它的独特性,与众不同的独特性。一个南方人,比如说广东人,他演当地的某一个艺术,北方人不一定能懂,这也是一种魅力,一种独特。此外,中国文化是博大精深的,它很难用一两句话概括出来。

我发现中国文化现在在国外也越来越流行了。很多外国人,就算没来过中国,也开始慢慢地关注起了中国文化。这些年,中国在国外开设了不少孔子学院,这给当地喜欢中国文化、想学习汉语的人提供了在本国学习的机会。在国外,越来越多的人开始学习汉语,也开始影响身边的外国人学习汉语,传播中国文化。我也在不断地宣传中国文化,让更多的外国人接受中国的文化。

小　超:在你的眼里,如今在世界范围内,中国的文化是不是非常的流行。

捷　盖:没错,中国文化在国外正在流行。说到这里,我有一些体会,也有一些很感人的故事。我有一个法国朋友来中国的时间比我还长,但是他没有接触过中国戏曲,他不接受京剧,他说听到京剧,感觉就像猫叫。但他每次来我家的时候,我都会让他听一段京剧,他听的时候,我会在旁边给他解释:你看,这个人物,他脸上为什么画得那么复杂?每一张脸谱是代表一种人物,一般白脸的为奸,黑脸的为忠。告诉他之后,他每次看戏的时候就会格外注意脸谱,看到脸上画的黑色比白色多一点的,就知道是个好人,这样他会慢慢听下去,慢慢地接受了京剧。有一天,我接到了这个法国朋友的电话,他在电话里很着急地和我说:捷盖,帮我个忙,我想买一张光碟,就是那天在你家看的那部戏,但是具体的名字我忘记了,你跟售货员说一下。原来他回去之后,回味起京剧,他感觉很好听,就想买一张光碟反复听。我就告诉售货员,他想买的是《空城计》。从一点都不接受京剧,后来主动到音像

捷盖和他的俄罗斯媳妇

店里去购买京剧光碟，这反映了中国文化独特的魅力。这件事情让我感觉很高兴，也很骄傲，这也是一种中国文化的延伸和传播。

相声帮助捷盖练就了一口流利的汉语，也为捷盖搭建起了了解中国文化、展现中国文化的戏台。通过相声，捷盖了解到中国的戏曲，通过戏曲又痴迷上了中国的历史和文化。现在的捷盖已经完全适应并融入了中国生活，而且在中国结识了他的俄罗斯女友，并结婚生子。随着演出的不断增多，捷盖的名气也越来越大，可在他看来，文化的传播和交流才是最重要的。

【节目结束语】

因儿时的一个梦想，捷盖放弃了联合国工作，他毅然寻梦到中国。中国文化没有令捷盖失望。从最初他对功夫的好奇到最后成为中国文化的粉丝，这其中果然有中国文化本身魅力的作用，但不得不提一个追梦人为此付出的努力。我想每一位中国人都应该像这位非洲哥们一样，对我们自己的文化多了解、多学习、多创造、多传承，把我们中国文化传播得远点，远点，再远点。与此同时，从捷盖身上我们看到：没有梦想到达不了的地方，也没有克服不了的困难。为梦想而努力，其甘如饴。

感谢收看本期的《小超访谈录》，我们力争通过每个人不同的人生故事，来寻找向上的力量。新农百味，耕耘人生，《小超访谈录》下周同一时间再见。

小超与薛群基

【小超印象】

* 他是工程院院士，从沂蒙山里走出来的国际摩擦学权威人物，中国材料化学领域的学术带头人，他主导研制的材料被带上太空。坐在我身边的他稳得像一座泰山。这位“摩擦院士”坦诚、谦虚，但气场很强，这种气场的底蕴是他的修养与学识。

摩擦与润滑的人生

——访薛群基

【节目开场语】

观众朋友们大家好,欢迎收看《小超访谈录》。

在咱们中国有八个字说得比较多:“好好学习,天天向上”,意思是说咱们天天要学习,多学习知识,人生才会走得更精彩。可是现在也有人说:这年头学什么习啊,有本事挣钱就行。不过也有很多人说:人少不了知识,有知识才会路更长。那么到底谁对谁错? 今天我们邀请了一位嘉宾,他会给您正确的答案。这就是今天《小超访谈录》的嘉宾——中国工程院院士薛群基。

薛群基,1942年11月出生于山东省沂南县。材料化学和润滑材料专家,中国工程院院士,研究员,博士研究生导师。1965年毕业于山东大学化学系,1967年中国科学院兰州化学物理研究所研究生毕业。1967年至今在中国科学院兰州化学物理研究所工作,先后任课题组长、研究室主任、副所长、所长。1997年当选为中国工程院院士,享受国务院特殊津贴。

小　超:薛老师,您好! 欢迎您来到《小超访谈录》。

薛群基:谢谢!

小　超:从甘肃来到山东有什么感觉吗?

薛群基:实际上我是回到老家了。这次正值山东大学一百一十年校庆,我回母校祝贺生日。再说我本身也是从沂蒙山区走出来的农家子弟。四十六年前我从山东大学毕业,然后一直在中国科学院兰州化学物理研究所工作,到现在已经四十六年了。这次回到山东,回到母校,我的第一个感觉就是学校发展得很快;第二个感觉是山东的社会经济发展很快。我觉得是博大精深的齐鲁文化滋润了这块大地,所以她人杰地灵。

在兰州工作了四十六年,可以说,薛群基把自己更多的足迹印在了兰州。但生在山东,自己的学生时代更是在山东度过,他对山东老家始终有着一份割舍不掉的亲情。

小　超:您眼中的山东变化大吗?

薛群基:应该说山东的变化还是非常大的。山东在社会发展、经济发展上应该说走在了全国前列。农村的变化非常大,城市的变化就不用说了,大家也是有目共睹的,由原来的不堵车到今天的开始堵车等等。当然了,现在大家关心的房价也都涨得比较快。当时我毕业的时候是在山东大学洪家楼校区,现在山东大学的变化也是非常大。

小　超:薛老师,刚才您说到了一个话题叫“堵车”,我发现堵车和您现在研究的摩擦学是不是有异曲同工之妙呢?

薛群基:有点关系。堵得越厉害摩擦就越厉害,耗能也多。说起来,我最近几年的研究工作其中一部分就是汽车用的新材料,就是希望能降低摩擦,减少能耗。我和第一汽车制造厂等汽车企业都有密切的合作。另外我还担任通用汽车和中国一个摩擦学联合实验室的中方主席。做这些工作是希望为汽车发展做出一定的贡献。

小　超:我也希望更多的人能开上薛院士创造出来的这种汽车,那便是可以减少摩擦的新材料汽车。行驶在马路上,堵车也不怕了。薛老师,说到摩擦,我有个问题。在我们的日常生活中每时每刻都离不开摩擦这两个字,但是却很少有人去研究。摩擦学到底是怎样的一门科学呢?

薛群基:实际上摩擦是一个很古老的课题,但是它又充满了前沿的挑战。从科学技术的角度来说,摩擦学研究的就是相互接触,又相对运动,是两个表面的科学和技术,这是国际上公认的科学定义。而我研究的主要是摩擦学两个表面之间接触的时候,材料的结构和性能的变化。希望通过这方面的研究能发展新的润滑材料,新的耐磨材料,提高先进制造设备的性能。从空间到地面,从地面到海洋,都存在着摩擦的问题。包括我们日常生活当中如果没有摩擦,我们就不可能在地上行走,否则那就是一走一滑,就像在冰面上行走一样,但是如果摩擦太大,这就是耗能太多了。为什么要研究摩擦呢?像材料和一些设备的损失,国际上公认的是由三大原因引起的。一个是腐蚀,一个是磨损,再一个就是断裂。断裂是比较少的,主要是腐蚀和磨损。摩擦学研究很重要的方面就是磨损是如何产生的,怎么样避免磨损,以及如何减少材料的损耗,提高设备的可靠性。

小　超:没想到我们平常接触不多的摩擦学,和我们的生活还是息息相关的。

小　超:薛老师,咱从您小时候说起吧。有很多人说过这样的话:你看看,生在村里的孩子怎样才能走上人生的至高点?那么薛老师您的老家在山东哪里?

薛群基:我的老家是沂南县,典型的沂蒙山区。从沂蒙山走出来的,而且就是农村出来的。我的父母都不在了,他们不识字,但是我非常感谢他们很重视对子女的教育。我兄弟姐妹几个,当然大学毕业的就我一个,但是我的哥哥姐姐都受过比较好的教育,在农村算是中等教育了。他们灌输的思想就要好好学习、报效国家。这在当时,尤其是我到了兰州以后感触特别深。因为我的哥哥很早就是军人了,现在也已经不在了。当时两个儿子都不在家,父母两个老人就觉得没人照顾,但是忠孝不能两全。当时解放以后,社会的环境都要求我们这些老解放区的子弟一定要能够为国家多做贡献。这个朴素的认识就是必须要有知识。当然在家里种地也是可以,对国家也有贡献。但是希望贡献更大就必须学习。从小不论家庭、学校、社会都在鼓励农村的子弟、城市的子弟要好好上学,好好学习,学到知识武装自己,然后为国家做更大的贡献。

小　超:薛老师,那您当时家庭条件怎么样?

薛群基:家庭条件不太好。我上学是在1950年初,当时我的大哥还在朝鲜,他给家里适当补贴一些钱。但实际上依靠的主要还是国家,依靠国家的资助来上学的,从中学到大学基本都是这样。那个年代国家对教育是非常重视的,虽然五十年代初百业待兴,但国家还是投入了很大的精力发展教育。我记得当时县里开运动会,当中主席台坐的是中学校长,他旁边才是县委书记和县长，从这一点可以看出当时对学校是非常尊重的。那个时候校长是坐在最关键的位置，当时家里叫小学老师还叫先生呢。

由于国家对教育的重视以及父母对读书的支持，薛群基从小就接受到了良好的教育。加之自己对知识的渴求和不懈的努力，从小学到初中再到高中，薛群基一直保持着优异的学习成绩。

小　超：在小学、初中和高中期间，薛老师有没有一些难忘的事？

薛群基：考高中的时候沂河发洪水。从我家到临沂有一百华里，因为公路都被冲坏了，坐不上汽车，我和邻村的一个同学再加上我父亲，我们三人步行走到了临沂，走了两天。其中有一段路完全被淹没了，只能坐船。但是船很少，只接送考试的学生，我父亲要上船，人家还不让上。后来父亲给他们说这两个孩子还很小，我得过去照顾他们，要不然吃饭都成问题，就这样，才让我们三人一起上了船。我印象特别深，因为一百多华里的路，我拉着老父亲的手足足走了两天。

薛院士回忆父亲带自己去考试的往事

小　超:那个时候您的学习成绩怎么样?

薛群基:我也不谦虚,我的学习成绩还是属于非常好的。

小　超:那个时候就看到了是院士的苗子。村里的乡亲是不是都说这个孩子行,将来能成才?

薛群基:这还谈不到,那个时候也不知道什么叫院士。邻居的大爷大娘都说,这孩子学习不错,也挺聪明。就是这么夸两句吧,实际上就是鼓励一下,没想到将来。

现在大学生的人数多了,包括硕士研究生、博士研究生。但是质量呢?我认为这两年有下滑的趋势。下滑主要有这么几方面的体现:第一,学生的刻苦精神不够;第二,老师带的学生太多,照顾不过来,对学生的关心指导不够。同时老师也受市场经济的影响,要去争取经费就得花费大量的时间,真正从事科学研究和指导学生的时间相对少了。此外,我感觉现在的学生对物质的追求多了。虽然生活水平提高了,但是刻苦学习的精神不能少。

物质与金钱是现代社会不得不面对的诱惑,随着我国经济的飞速发展,或许就像薛群基所说的那样:有不少年轻人面对种种诱惑,对学习的重视程度和刻苦精神在发生着一些改变。而我们相信,重视教育或许是解决这些问题的重要手段。

小　超:国家发展基础性的建设很关键,比如水利建设、铁路建设等等,我觉得这些建设是看得见、摸得着的,而教育的建设应该也是国家基础建设的一方面吧?

薛群基:这是肯定的。胡锦涛总书记明确提出"人才资源是第一资源"。小平同志很早就提出来"科学技术是第一生产力"。当然,毛主席那一代老革命家从革命时期就非常重视科学技术和教育,毛主席曾说过:任何一个国家,只有教育发达了,竞争力才能上去,创新力才强。

小　超:您有没有研究或者调查过这样的一个典型案例?其它的国家因为教育的发展,随之经济等也加快发展。

薛群基:最典型的就是美国。在林肯时期,他就开始支持美国的教育和科研。现在的奥巴马总统在聘用总统科学顾问的演讲中,也提到科学技术和人才的重要性。再加上美国是个移民国家,可以说全世界的优秀人才都聚在这里。所以说他们这个国家有了人才的储备,发展才有了后劲。包括今天的诺贝尔奖、医学生物奖、物理学奖,美国人在其中都占有很大的份额。

我觉得“十二五”期间,国家要在教育上投入更大的力量。因为我们国家人口多,教育的压力也大,但是我们人口的潜力也大,所以说,国家的未来就是要依靠教育。

教育是一种有目的、有组织、有计划、系统传授知识和技术规范等的社会活动。教育的根本价值就是给国家提供具有崇高信仰、道德高尚、诚实守法、技艺精湛、博学多才、多专多能的人才,推动民族兴旺、世界和平和人类发展。教育在社会中起着相当重要的作用,对于教育,薛群基有着自己的建议,在他看来只有拥有良好的教育,个人、社会以及国家才能得到更好更快的发展。

小　超:薛老师,咱把接下来的话题分成两个部分来探讨。第一部分就是由小学开始,一直到高中结束;第二部分就是谈一谈大学。先谈第一个部分,从小学到高中结束,您认为出现在家长身上的问题有哪些?

薛群基:现在教育的积极性在慢慢地降低。

小　超:那您有什么好的建议吗?

薛群基:首先要重视教育,但是不要给孩子太多的压力,要给孩子一个比较宽松的环境。现在有些父母,特别是城里的父母,给孩子报这种学习班、那种学习班,孩子没有一点休息时间,要让孩子多接触自然。

我觉得到中学阶段要引导学习思想、培养孩子的兴趣和爱好,不要给孩子太大的压力。如今家长给孩子的压力太大了,当然这说明他们注重教育,但是不利于孩子的健康成长。另外也不能期望孩子过早地去挣钱。

小　超:再说大学部分,刚才薛老师您也说到了,现在大学存在一些问题,比如说大学生的数量在增加,但是大学教育的质量在下降等。针对这种情况,您有什么样的好建议吗?

薛群基:我觉得大学教育非常重要,希望学校和老师们继续发扬教书育人的精神,除了创造良好的学习环境和学习条件之外,还要严格要求学生。

我说的严格要求学生，并不是整天压着学生喘不过气，而是一种文武之道，一张一弛。

作为学生，第一，要学会学习。很多学生有这样的疑问，老师，您给我选的课题和大学学的不一样，有区别。我总是跟他们说，大学只是入门，学了一些怎么学习的方法，所以说，在大学里要学会怎样学习。第二，要学会怎么做科学研究。因为我在科研部门，这一切都要靠你继续地学习，光靠大学里学的知识还不足以解决面临的新问题，尤其是要在科研上创新那是不可能的，所以要不断地学习。学习不要只依靠书本，社会实践同样重要。还要有悟性，学习和悟性是相关的。要有创新能力，必须要学会思考，光照搬别人的你只能是follow me(跟我学)。你要搞创新的话，没有科学的想象力，没有悟性，这都是不行的。

从薛群基的话中我们不难发现，家庭要培养学生积极的心态和良好习惯，学校则应传授系统的文化知识，同时加上自己坚定的信念和不懈努力，以及社会的共同支持，这样才能使教育得到更加健康、稳步的发展。从小在沂蒙山区长大的薛群基，由于国家和家庭对教育的重视，加上自己的努力，高中毕业后顺利考上了高等学府——山东大学。依照自己的兴趣，薛群基在山东大学选择了看似与日常生活相隔较远的化学专业。

小　超：薛老师，您在大学里学的是化学专业。我觉得在那个时代，化学距离日常的生活还是比较遥远的，您怎么就选择了这个专业呢？

薛群基：应该说中学老师给我的影响很大。我在上高中的时候，有一位化学老师研究无机合成，合成的几种化合物在国内都是领先的，当时还拿到北京去展览。那会儿去看老师做实验，千变万化很有意思。这种东西和那种东西一起倒到烧杯里，一反应就不一样了，感觉很神奇。所以高中毕业就报考了山东大学化学系，也没有更多的想法，就是爱好。

小　超：爱好或者兴趣，它对于教育的切入点是不是起到关键的作用？

薛群基：非常关键。大家都有这个经验，上小学哪个老师讲课好，哪个老师喜欢你，你哪一门功课学得也就好。这说明了学习还要看兴趣，尤其是自然科学。所以从小学开始包括幼儿园，家长也要多带孩子接触大自然，培养兴趣,因为科学问题就是我们发现自然当中能被发展的规律。工程就是我们利用这些规律解决生活、生产当中的很多需求。科学技术的推动力,一个是国家的需求,再就是好奇心和爱好给自己带来的探索科学奥秘的力量。

小　超:您在山东大学读了五年书,和山东大学是不是建立了很深的感情?

薛群基:当然。一百年校庆的时候,我记得我写了几个字:师恩难忘。有很多的情感在里面。洪家楼的那个老校区也留下了自己人生五年的一个美好回忆。

小　超:毕业后,怎么有机会去了兰州?

薛群基:我大学学的是交替渐变化学。当时这个学科每年北京大学毕业十多个人,再就是山东大学毕业十多个人。那一年兰州化物所一共招三个人。当时我连兰州是什么地方都不知道就报考了,后来就被录取了。

小　超:您还记得第一次到兰州对这个城市的印象吗?

薛群基:那天是1965年9月15日,我记得很清楚。我从非常漂亮的济南火车站到了兰州火车站。火车站南面是个大山,叫皋栏山。现在看起来不太高,在地面看七百米,但是它海拔两千二百多米,比泰山还要高。火车站是几根棍子搭起来的油毛毡棚子,和济南站根本不能比。这个地方怎么这样?怎么到这个地方来了?这就是第一印象。走出火车站,看到马路都是土路,感觉那个时候的兰州和山东比起来还是有相当的差距。但对这个事情没有太多的在意,毕竟自己是来工作学习的,然后就到所里报到了,开始了自己的摩擦人生。

兰州,这是薛群基工作和生活的地方,从踏上兰州这片土地到现在,薛群基一待就是四十六年,可以说兰州早已成了他的第二故乡。也正如他所说,兰州的中国科学院兰州化学物理研究所,培养了他,并影响了他的这一生。

小　超:薛老师,您在兰州化物所这些年,哪些体会是比较深刻的?

薛群基:中国科学院兰州化学物理研究所是我的老师陈绍澧等老一辈科学家奠定下的基础。后来党鸿辛老师继承和发扬了这一领域,他在“文化大革命”期间仍坚持发展。1982年我从美国回来,党先生对我说:这个学科的担子,我得交给你了。从上世纪80年代初期一直到本世纪初期,近三十年的时间,我和我的同事、学生,一直在担当着这份责任。

1980年代我们组建了一个国家实验室。在这个领域我们主要承担着研究国家高技术使用的材料和摩擦、磨损有关的特种润滑材料。从上世纪60年代开始,我们国家的第一颗运载火箭,一直到神州七号、天宫一号,这其中都有我们研究的材料在上面得到了应用。

小　超:我们国家第一颗飞上太空的人造卫星"东方红",这其中也有您的贡献?

薛群基:那会儿我只是参与,起主导作用的还是老前辈们。当然后来他们不在了以后,我起到主要担当、带头的作用。

小　超:中国第一颗运载火箭,兰州化物所都贡献了哪些?

薛群基:比如火箭燃料泵的轴承润滑问题,因为这个地方它是高氧化还原性的,一般的润滑材料,像润滑油、润滑脂在这种环境下要发生爆炸,必须提供特殊的材料。像在"东方红"一号卫星上,我们当时用的还是拉杆天线,就是播出《东方红》乐曲用到的天线。这个拉杆天线发射的时候必须收起来,上天以后必须打开。如果不用特种润滑材料,天线就打不开,从而导致没有信号,发射这颗卫星就没有什么意义了。别看元件小,但是很关键,包括卫星的温度控制,它有一个窗口是要打开的,也是需要这个特种润滑材料。

小　超:飞向太空的东西,它在摩擦学方面一定很精尖吧?

薛群基:确实比较难。第一,这个方面所用的材料,国外对我们是完全保密的;第二,太空的条件和地面的条件是完全不一样的。像探月的时候,在阳面和阴面的温差就有150度到200多度,对于材料来说忽冷忽热,它也像人一样受不了。

2008年9月25日21点10分04秒,神舟七号飞船载着三名宇航员从中国酒泉卫星发射中心载人航天发射场成功发射,这让中国人的飞天梦再一次实现了飞越。而在神舟七号载人飞船中就有部分特种润滑材料出自薛群基之手。

薛群基：神舟七号的翟志刚在太空出舱活动时，手里拿的那个箱子就是我们实验室提供的，有八十多个材料的试样在里面。把这些材料拿到太空上，看看在三百四十三公里的太空轨道上，在那种环境下材料之间的原子压、原子氧，还有紫外线对材料的损伤和辐照的状况。尽管我们在地面用价值几千万的模拟设备实验，但是毕竟和太空是不一样的。

2008年9月27日，神舟七号载人飞船进入预定轨道，16点51分宇航员翟志刚在舱外回收了一个装置，并将它交给了轨道舱内的刘伯明，而这个装置便是薛群基提到的那个“小箱子”。

小　超：“小箱子”从开始设计到飞向太空，这是一个怎样的过程？

薛群基：舱外的实验还从来没有人做过。我们在实验室做了近八十种材料的试验，最后经过专家讨论，选定了一种材料。这个箱子不大，但两面都是把材料做成模块固定在上头。做好了以后就决定要放在舱外。当时翟志刚出舱活动，一是为了试验我们的航天服，二是把红旗打上去，最后一个动作就是拿回箱子：这几个动作意义非凡。

小　超：材料化学这一领域是否联系着日常生活的很多方面？

薛群基：对。我过去研究陶瓷材料的摩擦化学。1994年美国高尔登会议邀请我去做了大会报告，这个会议是国际最高层次的学术会议。我在报告中就写道：研究材料最终是要用在经济和民生领域的。科学研究只有应用在这两个领域之后，才能发挥它最大的价值。当然了，高技术领域牵扯到国家安全问题，这也是重大的贡献。

薛群基院士发表演讲

小　超：科学研究以

创新为目的，但要循序渐进地往上走。在这个过程之中，做实验也好，搞学术研究也罢，会不会很枯燥、很寂寞？

薛群基：对于我来说，我是乐在其中。我常给学生说：做实验，首先要学会孤独、享受孤独。思考的过程是一个很繁重的劳动，但也是一个享受的过程。有时候豁然开朗，有时候一筹莫展。

小　超：您有没有遇到过发愁的时候？

薛群基：有发愁的时候。前期做了一些实验，结果正常，但到了现场一做，实验却不灵验了。白天、黑夜地发愁，一旦想出了措施，那种快乐又是无与伦比的，它和物质的享受不大一样。

小　超：这些年在材料化学的研究领域，您觉得自己最大的贡献是什么？最高兴的事情又是什么？

薛群基：首先，国家交给我们的几十项工程配套任务都完成了，没有一项失败。第二，我培养了五六十个博士生，他们都非常有成就，这让我感觉更加高兴。第三，无论是在国内，还是在国际社会中都获得了不少的荣誉。这些年从国家级奖到省部级奖拿了几十项。

国际上有一个摩擦学学会，他们在前两年颁发了一个最高成就奖，我也拿到了。我没有辜负山东父老的培养，没有辜负老父亲牵着我的手，步行两天去中考的经历。

小　超：您怎么看待“院士”这两个字，它代表了某个学术领域的最高端吗？

薛群基：我认为院士是一个最高的荣誉性学术称号。在1997年我当选院士的时候，那时候我有这样的一个感觉：当了院士和没当院士也没有多大区别。我还是一个继续从事科研工作的人，只有一颗平凡心，更是一个平凡人。如果说有变化，那就是责任感更强了。你在这个学科里，无论你是做学问，还是带学生，必须要更加地努力了。

小　超：我听说您把获得的一些奖金捐出来培养人才，为何会这么做？

薛群基：青年人需要支持。我们的研究所在兰州，相对于沿海城市来说，吸引力相对弱一些。我想用这些钱鼓励一下青年人，随后就在研究所设立了一个青年科技奖。这个奖项不写我的名字，我也不参与评审。希望这二十万港币能给更多的年轻人带来进步和发展的动力。

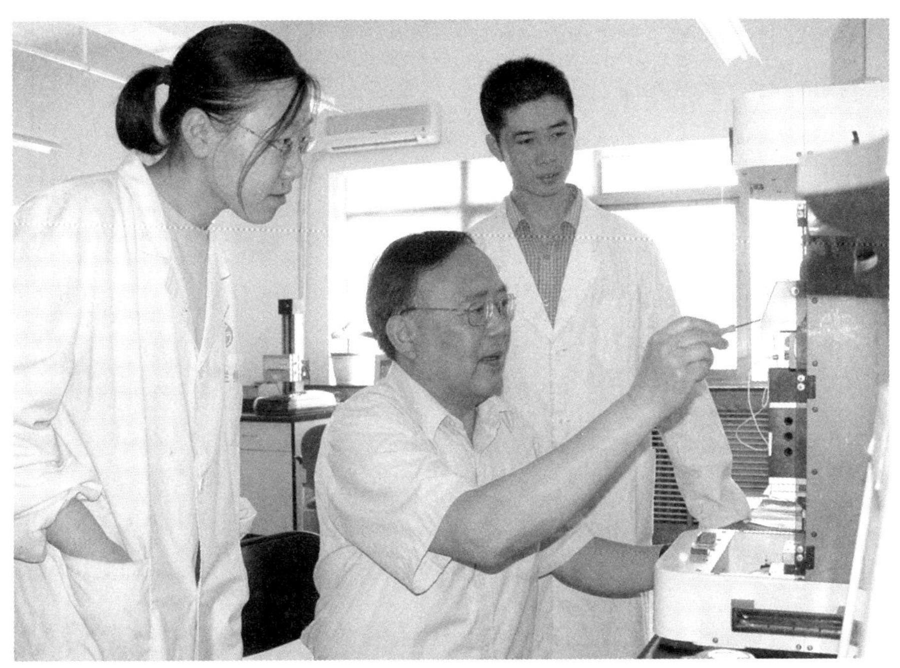

薛群基带领学生科研瞬间

小　超：谈到了奖金，那就牵扯到了金钱。当今，人们对于金钱的看法有不少偏激的地方，薛老师，您怎么看待这个现象？

薛群基：人活着不能只追求金钱，其实可以追求的东西还很多。不管是在精神上、学问上，还是在交朋友上，这些都可以有很多作为。物质生活只是为幸福做的一种铺垫，不是幸福的全部。到底应该如何衡量财富的多少呢？我认为能保证基本的生活就可以了，钱多了，整天惦记着，睡觉都不踏实。

金钱能买到补药，却买不到健康；金钱能买到书籍，却买不到知识；金钱能买到钟表，却买不到时间。在薛群基看来，人生的追求应丰富多彩，物质生活的满足固然重要，但崇高的理想、事业的成功、家庭的幸福等等，应是人生更大的追求。

小　超：一个沂蒙山山村里的孩子，一路走到今天，您觉得要拥有哪些品质才能把人生的道路走得更好呢？

薛群基：第一，我们要能够吃苦，这是我们山东人的特点；第二，不管在任何环境下都要有一个平常心，要努力工作；第三，不管做什么事情都要力争做到最好。我常给学生说，杜甫老先生说泰山“会当凌绝顶，一览众山小”，我们要有“一览众山小”的决心。时刻都要有对社会、对人民、对国家的一份责任心，不能忘记这一点。一定要活到老，学到老，新的东西无穷无尽。哪怕一天不学习，你就会落后。你想搞创新，不去学习，只用自己的老经验、老一套，不可能有所创新。

小　超：在今天的节目中，不仅了解了薛老师的人生轨迹，还希望能从薛老师这收获更多的人生哲理。比如说，您如何理解人际关系中的“摩擦”？

薛群基：不管是在学术上，还是在人际交往中，我一直强调要讲究诚信、以诚待人。另外，心胸要开阔，要有颗包容心。做学问也是这样，人家对你的学术观点有不同意见，你就火冒三丈，那你绝对不是一个科学家。你可以用正当的方式论证自己的观点，一旦发现自己的观点不对，你应该尽快地改正。

小　超：对自己要严谨，对别人要宽容，还要坚持诚信，这便是人与人之间发生摩擦后的润滑剂。除此之外，还有一个非常好的润滑动作，那就是微笑与握手。

【节目结束语】

一加一等于二，多数人都在这最简单的数学题中开始了自己的学习之路。薛群基也是这样，走过了六十八载的春夏秋冬，学习从未间断过。他告诉大家，想要搞好科研，你就得耐住寂寞和享受孤独。其实做其他的事情又何尝不是如此！知识是整个人类和社会发展进步的保障，只有好好学习，才能天天向上。

所以《小超访谈录》要告诉大家：学习和教育都很重要。即便这个社会有很多的诱惑，也请你一定要坚持学习。磨刀不误砍柴工，知识可以改变命运，坚持每天的一加一等于二，相信自己的人生一定会一加一大于二。新农百味，耕耘人生，《小超访谈录》下周同一时间再见。

* 陈良全一身黄装，留着一个小辫子。当年他骑着摩托走世界，也是这个样子。这期节目是他在英国遇到车祸回国休养时录制的，他说走世界遇到很多事，都没死，或许是小辫子给他带来的幸运。

* 在和嘉宾吉米交流的时候，我会告诉他“别看我没你高，但我很有劲儿，老老实实地回答我的问题”，呵。

* 莫言老师用左手写的这幅字很珍贵，如果您在这张照片中看不清楚到底写了什么内容，那就看看书的封面，字就在那里。

* 新农百味，耕耘人生。杜萌若是中国第一批书法博士，这是他赠予节目组的墨宝。

* 潘倩倩头上的花环来自高山，由观众在清晨四点起床爬山采摘，精心编制而成。别说，这小丫头带上还真漂亮。另有号外：花环的制作者是一位男士。

* 潘倩倩这期节目是《小超访谈录》第一次走出演播室外景拍摄，同时也是第一次有观众在场互动。于是节目完毕之后我们拍摄了这么一张全家福，留作纪念。

* 敲鼓的是山东垦利的一位农民，一个人同时能打九种乐器，这是他的绝活。采访的是《小超访谈录》节目组的我们，细看才发现，两个人同一种姿势，前提是“没商量”。

* 每次节目录制，大家都要忙活一阵子，看那眼神，多么认真！

* 每个人都有童年的校园时光。在马耳山艾东小学的教室里录制这期节目，孩子们是我们的观众。因录制节目，耽误了他们一个下午的音乐课，心里一直觉得亏欠，这张合影会是最好的纪念。

* 照片的右上角是我们访谈的两个嘉宾，来自青岛的小两口，他们是山东诸城马耳山艾东小学的志愿者何静和毕艺，因为他们的爱心，这些山村孩子变化很大，节目快结束的时候，孩子们上台和他们有了一个大大的拥抱。

* 中间三个是嘉宾，一个是从澳洲留学归来养海参的老板、一个是黄河边大闸蟹的主人、一个是背着饭锅种大米的村支书，都抢着先上镜。没辙，最终他们使用古老的方式剪子、包袱、锤定输赢，成了节目的笑点。

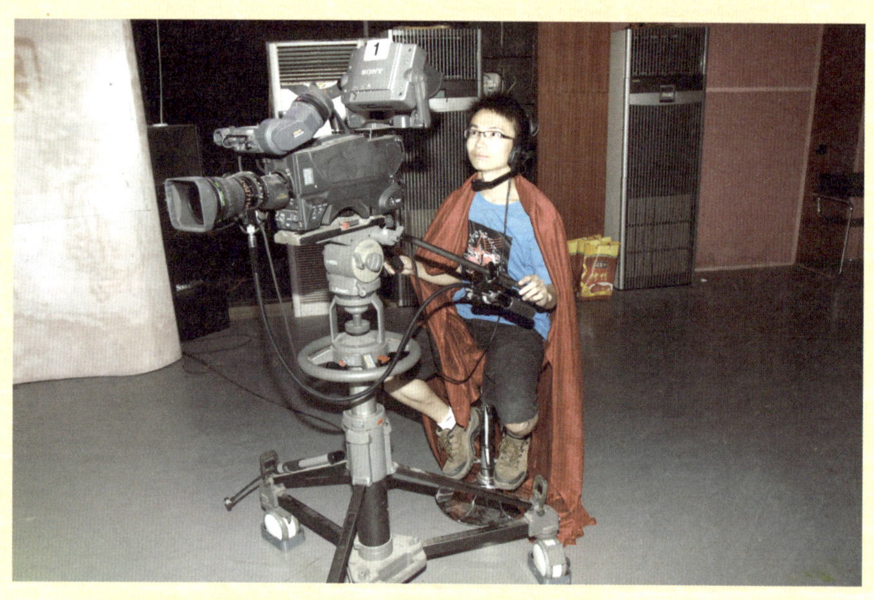

* 身上的红布原本是摄像机的“衣裳”，如今披在摄像师身上别有一番滋味：像不像刚出道的孙猴子？

小超与郎咸芬

【小超印象】

* 初次见到郎咸芬，我喊她“吕剧大师”，她告诉我不能这么叫，七十七岁的老太太低调依然。郎咸芬，我小时候就经常听到的名字，谈吕剧时绕不开的人物。与戏相伴六十年，从小到大、从无到有的吕剧一直是她的生活主线。真是：霓裳平生吕剧梦，乡风戏韵郎咸芬。

演绎吕剧的华彩乐章

——访郎咸芬

【节目开场语】

观众朋友们大家好，欢迎收看《小超访谈录》。

说起吕剧很多人会想起吕剧之中的一个代表作——《李二嫂改嫁》。今天我们就带您走近山东吕剧的代表人物、《李二嫂改嫁》中的李二嫂——郎咸芬老师！

小　超：郎老师您好！

郎咸芬：你好！我想借这次机会，向亲爱的观众朋友们问声好！因为山东观众非常热爱吕剧，因此我们和观众们很亲切，借此机会向你们表示问候，并祝你们身体健康、家庭幸福！

小　超：我们知道有很多观众朋友们都想听您唱几句《李二嫂改嫁》！

郎咸芬：我唱段《前方上好消息》吧。

“前方上好消息连连不断，真叫我一阵阵喜在心间，盼只盼把敌人消灭干净，刘兄弟立大功早把家来还！眼看着秋风起天气要变，做一件新夹袄等他来穿，猛听到天井院脚步儿响，想必是刘兄弟来到门前。”

每一个剧种，都有它的经典曲目和代表人物，五十多年前，一曲《李二嫂改嫁》蜚声大江南北，而“李二嫂”的扮演者——郎咸芬，也迅速为全国人民所熟悉，1957的电影《李二嫂改嫁》更是让她红遍了全国。之后的数十年，郎咸芬演绎了许多令人难忘的艺术形象。如《蔡文姬》中的蔡文姬、《穆桂英》中的穆桂英、《丰收之后》中的赵五婶等。她的表演朴实稳健，大气厚重，唱腔委婉深沉，注重以情带声、声情并茂。郎咸芬成了新中国成立以来对吕剧事业贡献最卓著的人民艺术家之一。

小　超：您今年高寿啊？

郎咸芬：我今年应当说是古稀之年，七十六岁了。到现在我还是每天早上五点钟就起床，起床以后我先到后院走走，然后压压腿、踢踢腿、甩甩腰，主要是为了锻炼身体。我觉着现在我们国家发生了天翻地覆的变化，日子越来越好，说实在的，我还想着多活几年！

小　超：每天早晨练功，同时还练声吗？

郎咸芬：吃完早饭之后稍微休息一下我就开始练声，每天我都要练四十分钟。因为我时刻准备为观众演唱，如果有机会我就可以唱，这是其一。其二我还带学生，我得给他们示范，我必须要练声。另外的原因是我有高血压和高血压引起的冠心病，据说练唱对身体有好处，所以我就每天坚持练唱，我现在唱四十分钟没问题！

小　超：或许现在有很多的年轻人还不知道《李二嫂改嫁》的故事，《李二嫂改嫁》说的是个什么样的事情？

郎咸芬：建国以后，国家颁布了《婚姻法》，为了宣传《婚姻法》，根据王安友同志的一部小说改编成了《李二嫂改嫁》，这本小说写的是真人真事。我们1952年下乡演出的时候，演完散场之后，好多寡妇就在我们搭的台子后边走来走去，她们说："你们是个工作队吗？"我们说："不是，我们就是一个剧团，我们演出这个戏，就是为了就宣传《婚姻法》的。"她说："我们能不能也走这一步啊？""完全可以！"所以说这个戏在当时起的作用是相当大的。

1951年为了配合公布施行的《中华人民共和国婚姻法》，由山东省文联戏曲研究室首演。1954年山东省吕剧团重排上演。通过李二嫂这一艺术形象，反映了在政治上翻身解放的农村妇女要求婚姻自由的强烈愿望，也反映了妇

郎咸芬演出现场

女解放中所遇到的自身的思想斗争,及与外部世界的冲突。《李二嫂改嫁》1954年参加华东区戏曲观摩演出大会,一举囊获了包括剧本一等奖、导演奖、演员一等奖在内的全部大奖,1956年又获文化部颁发的全国戏曲剧本奖。1957年由长春电影制片厂摄制成戏曲艺术片。

小　超:您小的时候家庭、父母是个什么样子?

郎咸芬:我有六姊妹,我是老大。我的家庭中,之前没有一个是干文艺工作的。我上小学的时候,每一周要升国旗,老师让我领着唱国歌,因为我爱唱。

小　超:是不是家里边的父母也比较喜欢唱?

郎咸芬:不喜欢!我的父亲给人家打工,我的母亲就是个家庭妇女,我的祖父是个中医,就我自己喜欢唱!我在初中时,那时候叫新华中学,现在叫潍坊市三中,我们学校里排了《张秀兰购买公债》,再就是《买卖婚姻》,我就在街头上唱。当时我们的尚之四团长和一帮演员去看,演完之后,尚团长就把我叫过去:“你过来,小姑娘,你愿意不愿意参加文工团?”我说:“文工团是干什么的?”“文工团扭秧歌、打腰鼓,配合宣传重心。”我说:“我得回去问问俺娘。”后来我就跑回家去问俺娘,俺娘说:“你问人家管饭吧。”我就赶紧又跑回来说:“领导,俺娘说只要管饭俺同意!”他说:“不但管饭,一年还发两套衣服!”

小　超:那个时候管饭是不是很重要?

郎咸芬:很重要!现在我们这一代人还是习惯问:“你吃饭了吗?”吃饭在当时来说真的很重要!

一次意外的相逢,让郎咸芬遇到了对她人生轨迹产生重大影响的人——著名戏剧导演尚之四,从此也打开了郎咸芬艺术道路的大门。尚之四作为郎咸芬真正意义上的启蒙老师,平日里亲自帮她排戏,手把手教她演出,为她的艺术生涯奠定了良好的基础。郎咸芬也始终念念不忘老师的恩情,一有时间或者逢年过节都会去看望老师。在尚之四晚年因病卧床的时候,有一次郎咸芬到医院去探望,临别之际,当时已经全身不能行动的尚之四竟然奇迹般的抬手相送。

郎咸芬:我很珍惜能够参加文工团,天不亮我就起床,爬到城墙上练唱,我想我既然不如人家,我就要比人家多练,人家练五遍我练十遍！我当时就是勤奋,不停地练。

小　超:这是让您在艺术生涯里边走得越来越高的一个非常核心的因素?

郎咸芬:对!

小　超:您是如何走上吕剧表演之路的?

郎咸芬:最初我在益都(现青州市)电影院里边写看板,再就是在街上拿着个大话筒给观众做宣传。在那里不到两个月,突然有一天我的谭队长告诉我:"紧急通知,已经给你买好了火车票,我来送你马上到济南去报到!"我当时很发蒙,她一直把我送到济南,尚团长就在门口等着我,他说:"调你来唱吕剧了。"从那时我开始真正从事吕剧工作,那一年我十七岁。

小　超:那个时候来到济南得知自己要唱吕剧的时候,您对吕剧熟悉吗?

郎咸芬:那时候还是一个门外人！我是在实践当中慢慢地摸索,看到老同志演出慢慢地学习,再就是我经常请教,比如说林建华同志唱得非常美,很有韵味,我就经常听、经常学。说句实在话,我年轻的时候都不知道逛马路是个什么滋味,除了陪外宾去过大明湖一次,我从来没去过趵突泉!

小　超:这几十年没去过趵突泉?

郎咸芬:没有,在马路上见不到我!

小　超:郎老师您在济南生活多少年了?

郎咸芬:我是1952年调来的,到现在已经五十九年了。这五十九年我一直感谢党对我的培养,感谢各级领导对我的关爱,感谢观众、感谢我的老同志和我同台！没有他们就没有我的今天!

十八岁的郎咸芬

郎咸芬非常珍惜来济南的机会，自知天赋不是很好的她开始认真钻研吕剧。吕剧曾经叫做“化装扬琴”、“琴戏”，是由民间说唱艺术“山东琴书”发展演变而来的，起源于山东以北的黄河三角洲，至今有一百多年的历史。1910年前后吕剧被搬上舞台，1953年戏曲改革中正式定名为吕剧，同年山东省吕剧院成立，随后吕剧逐渐成为遍及山东、享誉全国的剧种。

小　超：是什么机缘让您遇见“李二嫂”的？

郎咸芬：我记得1951年4月，召开第一次全省文联代表大会，尚之四团长也来参加这个会议。在会上省文联地方戏曲研究室演出了《李二嫂改嫁》，当时尚团长感到这个戏真好，他就把剧本带回去了，另外开完这个会议之后马上就派我和另外一个老演员到济南来，到地方戏曲研究室学习《李二嫂改嫁》这出戏，学习完了回去后尚团长就给我们排。

我们首次演出《李二嫂改嫁》是在大观电影院。当时的情景我还记忆犹新，观众拿着马扎在那排队买票，观众的那个喜爱我没法用语言来形容，那时候是林建华老师演的李二嫂，以后才是我演李二嫂。我第一次演了以后，作者说：“不行，得换演员，她不像个农村妇女，更不像个寡妇！”因为我从小在城市长大。文化局常务副局长丁治刚说：“不要换，这个演员素质挺好，她主要是缺乏生活，叫她到农村去体验一下生活！”当时村里领导就给我找了一个类似像李二嫂这样的寡妇——刘大嫂。一开始她并不欢迎我，我和她睡一个土炕，她的土炕只铺了一面席，盖着一床被子，那时是冬天，我说：“大嫂，我把我的这床被子当褥子，咱俩盖一床被行不行？”“不用，你在那边睡，我在这边，我不冷！”她不让我靠近她，我就给她挑水、扫院子，她做饭的时候我帮着拉风箱。后来刘大嫂慢慢地就愿意和我靠近了，逐渐地把她的身世和我说了，她边说边哭，我边听边流泪。我感受到了寡妇的心情，回来以后演出效果大不一样！

一个一直生活在城市的十七岁年轻姑娘，演一个二十一岁的农村寡妇，困难可想而知。1952年冬天，郎咸芬和她的同事们来到了博兴县阎家坊村体验生活。通过与刘大嫂三个月的接触，让郎咸芬对戏中人物的生活和内心有了全新的体会，比如，剧中李二嫂“上鞋”的动作，是刘大嫂手把手教的；“拉碌碡”也是跟着刘大嫂一遍一遍学会的。从此以后郎咸芬也养成了一个习惯，那就是只要有条件，她一定要亲自去体验生活。

小　超：这次体验生活让您找到了感觉，之后您是不是经常体验生活？

郎咸芬：每逢演现代戏我都是先下去体验生活，比如演《山高水长》时，我演的是薛逢春，要从六十多岁演到九十岁。我为了演好这个角色，我三下沂蒙去体验生活，因为这个老人的原型就是王换于。我们去的时候她已经过世了，她大儿媳妇给我们讲了许许多多她的事情，她说：“当时有好多首长的孩子留在沂蒙山，他们去打日本鬼子，我婆婆就跟我们说：‘不要把奶给你们孩子吃，都给首长这些孩子吃，你们的孩子饿死还可以再生，首长到前线去还不一定能回来！’为了给首长的孩子吃奶，我的大儿子活活地饿死了！但是我一点也不后悔，我婆婆说的完全对！”她大儿媳妇边说边流泪，我听了以后很受感动。这也为我演薛逢春，也就是演王换于这个人物打下了深厚的基础。演《苦菜花》中的冯大娘时，我得肺炎住院，《苦菜花》这个小说我早就拜读过好几次，但是我得再重新来阅读，这也是间接体验生活。后来我觉着这样也不行，又到了乳山市冯家镇，听当年和冯大娘接触过的一些老人给我们讲冯大娘怎么爱兵如子，把自己舍不得吃、舍不得穿的留给八路军。像这类现代戏我必须要去深入生活，体验以后才能演得出人物当时的感觉来。

郎咸芬剧照

小　超：是不是说一切的艺术都来源于生活？

郎咸芬：体验生活为表演提供了丰厚的基础，不体验生活我演不出来。

小　超：《李二嫂改嫁》是不是

也给您带来了很多荣誉？

郎咸芬：那个时候也没得什么奖，就是华东汇演的时候我得了个演员一等奖。《李二嫂改嫁》是在开幕式演出的，应该说轰动了整个华东，这是我们没想到的效果，所有的一等奖项都被我们囊括了，而且闭幕式那天还让我代表演员上去讲话，我当时都颤颤抖抖的，我那时候才十九岁，获得这个殊荣我觉得承担不起似的。我还要提尚之四导演，这是我的恩师，他一招一式来教我，他就告诉我：李二嫂虽然是个年轻寡妇，这虽然是个现代戏，但是她的动作都得是规范的。他教我走台步，台步又不能像传统戏那样，你像什么圆场、云手、探海，这一些都用上。这都是尚团长设计的，一招一式都非常规范，都在节奏之中，他给我们的成功奠定了一个良好的基础。

小　超：从那之后《李二嫂改嫁》这出戏是不是开始在全国演出？

郎咸芬：大部分省份我们都去过，特别是东北三省。因为东北三省有很多老祖宗辈的都是山东人，他们特别喜欢吕剧，我们在那演出一个月，每次都是满场。思想性、艺术性、观赏性，这三性必须要结合好，只有思想性，没有艺术性也不行！

小　超：《李二嫂改嫁》从那时候开始一直到现在，您演了多少场？

郎咸芬：恐怕有一千多场吧，我到五十岁才不演的。

小　超：这一千多场之中您印象比较深刻的演出在哪？

郎咸芬：在朝鲜为志愿军演出。1955年的时候已经停战，但是志愿军还没撤，当时我们去了几个剧团，那时是冬天，在朝鲜很冷，我们在上甘岭演出的时候，零下三十八度，战士们都是皮帽子、皮靴、皮大衣。我们在广场上演《李二嫂改嫁》，不能穿这么厚的皮大衣，有一场戏是抢完了场之后张小六要脱衣服，那个首长一下子跑上来了，用皮大衣一下子把他蒙起来了："不行！不行！不行！不演了！不演了！不演了！"演张小六的演员说："首长，这是戏的需要，我不冷！"当时我们不演出的时候砸开河里厚厚的冰块，偷着给战士去洗衣服。在演出的时候那些没有事的群众演员，就扎小灯笼，因为上甘岭是山地，演出完了战士可以拎着小灯笼照着走。我们在拥军这方面还是有一定的传统的。

郎咸芬与人民子弟兵有着深厚的感情。为了慰问人民子弟兵，她的足迹踏遍了祖国的山南海北。1955年山东省吕剧团曾作为第三分团赴朝鲜慰问志愿军，在朝鲜，二十岁的郎咸芬和慰问团的同志们在零下三十多度的冰天雪地里演出，在演出的同时帮助战士做好后勤工作，官兵们深受感动。在朝鲜的几个月里，山东吕剧团以精湛的演技和良好的作风，成为慰问演出团体中最受官兵们欢迎和喜爱的剧团。

小　超：还有在哪儿的演出令您难以忘怀？

郎咸芬：1985年在云南老山前线，67军在那轮战，他们给我来了很多信，因为大多数战士都是山东人，向我要《李二嫂改嫁》的磁带，来一封信我就寄、来一封信我就寄，我印象很深，我寄了八十多盒磁带。后来我产生一个念头："我为什么不去呢？"后来我们组织十八个思想好、作风好、一人能演好几个角色的演员，而且告诉他们："这是炮火纷飞的战场，正在打仗，炮弹不会长眼，不会因为你是个演员就不打你！"这十八人都写了保证书。我们去了以后效果非常好，在猫耳洞我蹲着唱，战士边听边流泪，然后我们到地洞里去唱、在电话里给他们唱。为他们服务是我们的光荣，而且也感到很自豪！特别是他们跟我们说："你们带来了乡音、乡情、战斗力！你们在此时来了，对我们鼓舞太大了！"这是在我一生当中难以忘怀的！

时任陆军第67军政委的姜福堂回忆这段经历的时候说："他们在战场上的十八天，和战场上的干部战士一样，是在艰苦的环境下，是在有流血、牺牲、危险的可能下，进行慰问演出的。整个十八天演出接近六十场，昼夜演出，那就是露天演出、猫耳洞里演出。看完他们的演出，一位战士含泪叫了郎咸芬一声'妈妈'。当时郎咸芬已经接近五十岁了，打电话往一线不能去的阵地上在话筒里唱，把它唱到前线最难去的那个班，慰问团的声音传遍了我们整个阵地！"

小　超：我听说您还曾经和周总理见过面？

郎咸芬：是的，那年开全国人大代表会第一届第四次会议，中间休息十五分钟，周总理从主席台走了下来，他说："没想到山东还有这么好的剧种，还有这么好的戏,你们要好好地发展这个戏,好好地保留这个戏,非常好,而且观众非常喜爱!”我说:“总理,我一定记住您的教诲,我们一定好好把它发展起来!”这是第一次和周总理见面,第二次是在1956年年底,全国人大代表团首次出访东欧六国。我们在莫斯科演出,当时周总理和王稼祥也在莫斯科。那天晚上已经快12点了,电话铃突然响起来了:“赶紧穿衣服,整装,到会议室去!”我们一进会议室,看到总理坐在那,我们都很高兴,也很兴奋。总理就跟我们讲了当时苏联的形势。讲完以后总理说:“大家回去休息吧,小郎和程先生你们两个留下来。”总理就给我讲:“小郎你还年轻,我给你提三点要求:第一,演好戏首先要做好人,要向程先生学习;第二,你要多读书、多学习,演员没有文化是不行的;第三个要求,我知道戏曲演员要练功,而且一天不练手生,一天不唱也不行,所以你要常练功,要晚结婚少生孩子!”那时候还没有晚婚节育的说法。总理问:“能做到吗?”我就站起来说:“总理,我一定要做到!”所以我是二十七岁结的婚,至今只生了一个孩子,像我个年龄的人应该有好几个孩子。总理的教诲我铭刻在心怀,永远不能忘记!总理是为了事业,为了让我更好地对吕剧的发展做点工作,所以我也是

那一年与总理的见面成为郎咸芬一生重要的记忆

按照总理的要求做的。

两次与周总理的相逢,对郎咸芬的人生轨迹产生了重要影响,也更加坚定了她将吕剧发展好的决心。郎咸芬先后当选为第一、二、三、四、五、七届全国人大代表,也曾经数次作为文艺界的代表到国外进行文化交流活动。1957年7月24日,在《人民日报》上有七位戏曲艺术家向戏曲界一起发出提高戏曲质量、不演坏戏的倡议书,梅兰芳、周信芳、程砚秋、袁雪芬、常香玉、陈书舫,在这些德高望重的大师后面,还有一位二十二岁的姑娘——郎咸芬。无论是在舞台上还是在舞台下,她一直在为吕剧事业的发展做着努力。2007年郎咸芬被山东省委省政府授予"终身成就奖"。

小　超:郎老师,还想请教请教您,吕剧作为一种艺术,您觉得它最大的魅力在哪里?

郎咸芬:它最大的特点就是贴近生活、贴近人物、贴近角色的感情,它和观众非常容易沟通,容易拉近距离,更容易让观众接受。它演的是剧中人,不是那种形式的东西,比如说哭吧,我们是真哭。你像李二嫂被婆婆指鸡骂狗地骂了一顿,自己把门推开以后:"亲娘啊,这日子可叫我怎么过啊!"李二嫂含泪关上房门以后慢慢走到灯前:"对孤灯想往事暗暗伤心……"它非常贴近人物,合情合理,观众很同情。这个戏曲,唱得是刻画人物、塑造人物一个魂,没有这个魂你嗓音再好也不行,唱不出味道、唱不出感觉来,也唱不到观众心坎里。你得和观众沟通,才能走进观众心里边去,这是我这几十年来的感觉。

小　超:最后一次演李二嫂是在哪里?

郎咸芬:青岛。1990年我们到香港演出,回来以后我们又到青岛去演出,在青岛演出以后我就不再演了。

小　超:不再继续演李二嫂是经过深思熟虑之后做出的决定吗?

郎咸芬:那时候已经有第三代"李二嫂"了,吴萍也开始演李二嫂了。我觉着应该让她们多演,让她们多锻炼。现在有六代"李二嫂"了,一到春节时我们分成两个团下去演出,人家要求说:"能不能演出《李二嫂改嫁》啊?"我们在台上演唱，观众在下边也唱，这说明大家非常喜爱这个戏！

吕剧一直深受群众的喜爱，作为非物质文化遗产山东吕剧的传承人，对郎咸芬来说，继承、保护和发展吕剧，是她义不容辞的责任。几十年来，郎咸芬培养了众多的吕剧优秀人才，大多都已成为各地吕剧院团的骨干力量，其中有三位学生高静、李萍、胡静华成为国家一级演员。许多学生也不负众望，捷报频传，先后获得“梅花奖”、“白玉兰奖”、“文华奖”等国内大奖以及省内奖项无数。看到吕剧事业后继有人，也让郎咸芬备感欣慰。

小　超：《李二嫂改嫁》是吕剧的一个代表作，现在您觉着吕剧的发展状况怎么样？

郎咸芬：我觉着改革开放以来，各种艺术门类都开放了，现在艺术门类多了，吕剧必然受到一定影响，但是这个影响我觉着是好的，但是有一定的压力。原来全省有二十三个专业吕剧团，现在只剩十几个了。要想把吕剧发展好，应当多培养青年演员，这个非常重要！

我到了古稀之年了，现在唯一的希望就是希望下一代的吕剧演员能超过我们，吕剧需要他们发展、提高。我这三个学生(国家一级演员高静、李萍、胡静华)也快到中年了，下一代再下一代，把他们培养得超越我们，是我这一生最大的愿望！

小　超：您现在还教学生吗？

郎咸芬：教。我觉得党培养我几十年，我要感恩，我觉得只有把吕剧传承下去，才能报答党对我的培养。

如今郎咸芬以旺盛的精力和对艺术高度负责的精神，投身到了吕剧队伍建设和新人的培养上。只要条件允许，每一次的吕剧表演培训班郎咸芬都一定要亲自到场，对学生进行辅导，唱念做打，一招一式，也一定亲力亲为，恨不得把毕生所有功夫全部传授给学生们。让郎咸芬高兴的是，现在热爱吕剧事业的年轻人越来越多，从他们身上也能感受到吕剧事业发展的未来。

小　超：您觉着吕剧作为一门艺术，在创新方面是不是还应该有更大的空间？

郎咸芬：对，我们现在排的几个戏，我认为比原来的传统戏都有发展。

小　超：那您觉着现在的吕剧是不是应该结合当下的一些话题，来重新制作剧本和时代接轨？

郎咸芬：我们也这样做了，像最近我们排了一个《百姓书记》，说的是王伯祥。他为老百姓做的好事太多，是一个非常优秀的党员，遗憾的是由于当时赶时间，在艺术性上还欠缺一点，我们要在艺术上再加工。我们还排了一个戏《乱世鲁商》，这个戏是抗日战争时期的故事。另外我们的《补天》曾经获精品奖，我们吸收了很多好的东西，从作曲一直到表演、舞台灯光。另外我觉得在人物、在唱腔上都有突破，同时也符合人物的感情。人民的欣赏水平在不断地提高，我们的艺术创作也要不断提高，吕剧发展必须要有创新，任何事情没有创新都不行，但是创新不能离开生活、不能离开剧种的特色。

郎威芬演出剧照

如今的山东省吕剧院始终没有停下创新与排练新戏的脚步， 2004年，大型现代吕剧《补天》一经上演便在全国迅速走红，该剧以史诗般的气魄、酣畅的叙事结构和精巧的选材，生动再现了建国初期八千名山东籍赴疆垦荒女兵，为改造西北荒原奉献青春、汗水和泪水的悲壮经历，弘扬了人性的宽容、坚忍、和谐之美。2005年《补天》入选“国家十大舞台艺术精品剧目”，在全国掀起了一股吕剧热潮。

小　超：这几十年以来您一直在唱戏，是不是通过唱戏也找到了自己的另一半，找到了自己的家庭？

郎咸芬：说起家庭我很遗憾，我的女儿生下来一百天，我就把她送到潍坊去了，让我母亲和妹妹照看她，因为我要到福建前线去慰问解放军。在这期间我的老伴经常回潍坊看孩子，给孩子送钱。孩子十来岁的时候到我身边来了，但是她从来不叫我妈，她也不认我，直到她结婚了，有了孩子她才理解。当时我问她：“你为什么不叫我妈？虽然我当时很对不起你，生了你没有抚养你，但是因为我的工作需要，你应当理解！”“我不理解！当时不理解！说实在的，那时候我都恨你！现在我理解了，你是为了事业，你是为了工作！”现在我们感情很好，她给我打电话时一口一个妈叫着，我感觉比较亲切。

小　超：因为工作太忙，所以对孩子少了一些照顾。

郎咸芬：对，少了一些抚爱。

郎咸芬几十年来一点一滴兑现着对总理的承诺，和同龄人相比她不仅成家晚，而且也只要了一个孩子。为了干好工作，郎咸芬没能尽到一个母亲的责任，这让她始终对女儿有着深深的愧疚。对郎咸芬来说，事业与家庭有时是两难的选择，为了广大吕剧爱好者，为了她热爱的吕剧事业，选择吕剧她无怨无悔。而对于家庭，更多的重担落在了郎咸芬的丈夫杨瑞卿的身上。

郎咸芬：我的老伴为我做了不少牺牲！他为了我早离休，他1986年离休，1987年开始评职称，他错过了，就没有职称！另外我母亲因为患肺气肿早走了，我应该在母亲走之前回去，但是我正要去开会，回不去，老伴就说：“你不用管，我回去。”我母亲告诉他：“我就要咽气了，我咽气以后，先不要马上火化，让她再回到家待一宿！”说完她就走了，这一宿是我老伴在那守着。我父亲九十二岁走的，每个月往家寄钱的都是老伴，这些事都是他替我着

郎咸芬《穆桂英》剧照

想。老伴给了我很大的支持,也为我付出了很多!

小　超:家庭成员之间要相互包容、相互支持、相互关爱!

郎咸芬:这个社会提倡和谐,家庭也要提倡和谐,互相理解、互相支持、互相帮助!

郎咸芬与丈夫杨瑞卿的结缘,是吕剧做的媒,从《李二嫂改嫁》中杨瑞卿饰演张小六开始,两人搭档多年。由于郎咸芬对吕剧的责任感和使命感,使得她无法分身顾及自己的家庭,老伴杨瑞卿就默默地承担起全部的家务劳动。这位因扮演《李二嫂改嫁》中的"张小六"和《姊妹易嫁》中的"张有旺"而享誉剧坛的优秀演员,为支持妻子吕剧事业的发展,过早地退出了舞台。如今郎咸芬与老伴相濡以沫已经整整五十年,对于家庭,无论遇到再大的困难,相互理解互相支持是他们多年来形成的默契。如同剧中一样,"李二嫂"与"张小六"相约携手共白头。

小　超:在节目即将结束的时候,我想有很多的年轻朋友们还想聆听一下优美的吕剧唱腔,能不能来上几句《穆桂英》选段?

郎咸芬:当时让我演《穆桂英》是为了扩大行当,要演武戏,后来我选择了《穆桂英》,它和马金凤演的那个豫剧《穆桂英挂帅》不同,我们是把所有剧种的《穆桂英》剧本重新整合,其中最好的一段是《责保》。《责保》讲的是杨宗保不服从军令,私自出去和萧天佐作战,结果大败而归,我就唱前边穆桂英那几句。

"南征北战数十冬,绣绒宝刀神鬼惊,破天门一百单八阵,谁人不知我穆桂英?"

【节目结束语】

郎咸芬在吕剧界的地位很高，她从十七岁开始唱戏，一直到现在接近六十个年头了，她在济南生活了几十年却很少逛街，从来没去过趵突泉，她把更多的时间用到了艺术创作和天天练功当中。她一直这样说：自己的天赋并不高，要想比别人做得更好，别人做“五”，自己一定要做到“十”。其实这个道理又何尝不适合我们更多的人呢？“人生如戏，戏如人生”，我们也是戏中之人，要想把自己这出戏唱得更加精彩，就需要我们天天坚持不断地练功！感谢您收看本期的《小超访谈录》，我们希望通过每一个不同的人生故事，寻找向上的力量，下周同一时间再见。

小超与刘大成

【小超印象】

* 和大成聊天才知道他做过酒店服务员，当过棉纺工人，卖过冰棍，开过饭店。农民也有梦想，农民也有才华，农民也能用歌声歌唱自己的未来和力量。为了爱，梦一生；为了梦，追一生。这哥们儿追梦到《星光大道》时，一下子火了！

乡间的音乐之声

——访刘大成

【节目开场语】

观众朋友们大家好,欢迎来到《小超访谈录》。

他是山东的一位普通农民,从小在庄户地里长大的他梳了一个齐刘海儿的发型,形象很可爱。同时,他也有一副好嗓子,他喜欢唱歌,能唱中国民歌,能唱英文歌,还能唱歌剧,模仿更是不差。他在《星光大道》的舞台上打拼一年,由此成名。他就是今天《小超访谈录》为您请到的嘉宾,农村小伙——刘大成。

小　超:大成你好,欢迎来到《小超访谈录》。一喊你的名字,作为山东的主持人、山东的观众都会感到非常亲切,因为我们都是山东人,是老乡。我现在手里边拿着你的一本书——《星光大成》,这本书是什么时候出版的?

刘大成:昨天在西单图书大厦举行的新闻发布会,这本书刚刚上架,是毕福剑老师提的词、写的序。

小　超:我感觉"毕姥爷"字写得不错。这本书的主要内容说的是什么?

刘大成:主要是讲我的成长历程。

小　超:小超在这替大成做个广告,这本书挺好看! 你可以通过这本书,更多的了解刘大成。我想观众朋友们不仅想看你的书,还想听你唱歌,能不能给大家唱两句。

刘大成:回家了嘛,我就唱一首《想家的时候》吧。

"夜深人静的时候,是想家的时候',想家的时候很甜蜜,家乡月抚摸我的头;想家的时候很美好,家乡柳就拉着我的手;想家的时候有泪水,泪水却伴

节目现场农家小伙卖起萌来也是有一套

着那微笑流，想家的时候啊更想为家做点事，哪怕离家这么遥远这么久，想家的时候啊更想为家做点事，哪怕离家这么遥远这么久。”

小　超：这是第一次面对面听大成唱歌，我觉得唱得真不错。我替山东老家所有的观众朋友们，拥抱你一个，欢迎回家！

说起刘大成，不得不提他最近表演的节目，2012年央视元宵晚会上与周炜、石头一同合作的小品《小合唱2》。节目中刘大成就地取材，用不同的器物即兴演奏，给观众留下了深刻的印象。刘大成生长在古运河畔，这里人杰地灵，是孔孟之乡。在这片温暖的土地上，到处都有灿烂的阳光。而生长在这块土地上的人们，同样有着一份与众不同的善良、淳朴与知礼。

小　超：一首《想家的时候》，也让我不由自主地想到了我的老家，今天的节目我们就从老家开始谈起。大成，你的老家在哪？现在出名之后还经常回去吗？

刘大成：我出生在济宁市安居镇南刘村，现在也经常回老家住上几天，因为那里是我的根。

小　超:村里主要种什么作物?

刘大成:村里主要是种小麦、玉米。我小的时候也帮家里人种过小麦、玉米,而且还扬过场。

小　超:扬场有什么技术要领?

刘大成:首先得看风向。假设现在是南风,你站在西侧,一锨下去,扬起来,撇一个四十五度角,麦粒落下来。

小　超:你觉着出名前和出名后,村里的父老乡亲对你的看法变化大吗?

刘大成:我感觉不是很大。我还是和以前一样,到街上搬个凳子,跟爷爷奶奶聊天。村里人都说:出了名的大成还是咱家的大成!

小　超:为什么从小就开始喜欢唱歌?

刘大成:那时家庭条件不好,没有条件买录音机,就在村里大喇叭下听歌。大喇叭是我的音乐启蒙老师。

小　超:你上学时身边的小伙伴,有没有和你一样坐在大喇叭下边听歌?

刘大成:没有,就我自己。

小　超:村里的大喇叭就是为你准备的,那时候主要听什么歌?

刘大成:我记得非常清楚,刚开始是播报新闻,然后是"每周一歌时间"。那个时代比较火的一首歌是李谷一的《乡恋》:"你的身影、你的眉毛,永远映在我的心中……"

刘大成家庭并不富裕,父亲刘元才除了种地就是开着家里仅有的农用三轮车卖煤球。刘大成说,他的祖上从没一人能吼上一嗓子、唱上一小曲。但刘大成从小却痴迷唱歌唱戏,家里没有录音机,他就坐在村头大喇叭下认真地听。

小　超:小时候有没有想过自己将来可以唱出名气来?

刘大成:没有想过,那时只是喜欢。我上小学三四年级的时候,家里才有了电视机。我经常因为看电视入迷忘了写作业,经常挨骂。我爸爸还因为这个后悔买了电视。

小　超:那时你在电视里面看什么节目?

刘大成:那时只能收三个台,是中央一台和二台,还有济宁电视台。济宁电视台常播戏曲,中央台有时播歌。

小　超:上学的时候,在班里经常唱歌吗?

刘大成:一到开联欢会或者六一儿童节的时候,我就去唱歌,三年级的时候我就唱董文华的《血染的风采》:

“也许我告别将不再回来,你是否记得我永久的情怀。也许我倒下将不再起来,你是否相信我化作了山脉……”

小　超:周围的小朋友是不是特别羡慕你?他们怎么评价你?

刘大成:他们一致选我当三道杠的文艺大队长。后来我不光唱歌,还学了点快板书,有一段说计划生育的,是这样唱的:

“阳春三月的好天气。哟喝!瞧那边来了一位小嫂子,挑着个小挑子。挑子上插着那糖唐老鸭、糖米老鼠、糖八戒背着个糖媳妇……”

在刘大成看来,童年的记忆,无论是否美好,都是一生的财富。刘大成说那是纯真的年代,玩乐简单却乐趣无穷。上学后刘大成对歌唱的热爱变得愈加浓厚。

小　超:你小时候是不是谁家有喜事,你就爱往那儿窜?

刘大成:经常的事。那里有戏班和唢呐班,我就听人家吹。济宁是唢呐之乡,也是著名的唢呐表演艺术家任同祥的老家。唢呐曲《百鸟朝凤》就出自济宁。

小　超:你是不是受这个影响开始学乡村里鸡叫、鸟叫等等?

刘大成:对,那时我经常到池塘边,到芦苇荡里找鸟。有时为了听鸟怎么叫,我会在芦苇荡里蹲一下午。“啾啾啾”,这是翠鸟叫。

小　超:这个声音怎么出来的?我根本找不到发音方式。你还会学其它的鸟叫吗?

刘大成:再就是鸭子叫,“嘎嘎嘎”。除了能模仿动物叫,我还能用很多东西吹出动静来,比如树叶、梳子、鸡蛋壳、花生壳、水管、牙膏、注射器、药瓶、吊瓶等,凡是能看见的,我都能想办法用它吹音乐,这是源于对生活的体验。我认为只要仔细观察,就能从生活中找出美的东西,找到跟音乐相关的东西。有人愿意在城市里,其实春江水暖鸭先知的地方在乡村。

小　超:你怎么看现在老家的发展现状?

刘大成:我们那儿现在生活越来越好,但没以前好玩了。以前到沟里抓鱼、逮螃蟹,现在找不到了;小时候村里的水很多,现在没水了。这种情况不只我们村存在,全国很多地方都是这样。有一首歌《吉祥》,唱的就是鸟语花香,唱的就是向往美好春天,向往大自然:"天暖了,云开了,南归的大雁飞回来了,叫醒你,叫醒他,春天的脸像一朵花,太阳花,呀啦嗦,春来了……"

小　超:你是怎样走上专业的音乐之路?

刘大成:十五岁那年,我看到一个招生简章,有个职业中专的艺术班可以学音乐,我就报名了。

小　超:1993年的时候,正值青春年少,梦想蓬勃的阶段,你再也不用到别人的喜事上跟着锣鼓班子学了,现在要到专业的地方去学音乐,你家里人同意吗?

别说了,接着唱

刘大成:家里不同意,特别是我爸爸。他说:"学音乐不是正当职业,还不如学电焊、学修车、厨师什么的,音乐不能当饭吃。"最后是我妈偷偷给我拿了一半学费。当时的学费是三千元,我妈从三姑家拿了一千五先交上,开了学以后又交了第二笔钱。

小　超:学了声乐后,父亲还继续反对吗?

刘大成:反对,一直到前两年他还是不支持,觉得我是不务正业。

小　超:老爷子还是比较坚定,不过我想他现在看到儿子这么出名,应该会比较高兴。

刘大成:他希望我平平安安就好。

1993年,读初二的刘大成辍学了。虽然父亲不支持自己学音乐,但心中有梦的刘大成始终没有放弃对音乐的追求。通过借钱和自己努力,他顺利考上了济宁市第一职业中学的声乐班。此时刘大成梦想中的音乐之花就快绽放了。就在正式进入学习前的考试中,一位老师的话却给了他当头一棒。

小　超:学习音乐的过程中,是不是有的老师认为您的天赋不高?让你别唱歌了,改学乐器?

刘大成:是。有位器乐老师觉得我唱歌不好听,让我学小号。我为此挺苦恼、伤心,因为那时候我根本不懂唱歌的方法,哑嗓子特别厉害。后来我的第一位声乐老师,毕业于山东艺术学院、当时在济宁市第一职业中专幼师班任教的缪月玲老师给了我很大帮助。她教我音乐理论,还有发声技巧。后来缪月玲老师又给了我很多她珍藏的资料,其中就有金铁霖老师的教课磁带。这些资料是艺术学院的内部资料,在市面上根本买不到。我拿着录音机翻录了一遍,之后反复地听。金铁霖老师讲的是声乐辩证理论法,这里面也有哲学。有一个大师讲过:“小时候看山是山,看水是水。长大以后,看山不是山,看水也不是水。但再到另一个境界,看山还是山,看水还是水。”我觉得第一个阶段和第二个阶段是比较容易达到的,第三个阶段则是很难达到的境界。学习声乐也一样,本来唱得很好,学了声乐后感觉自己不会唱歌了,找不到合适的发声位置和方法,从而达不到最后的一个阶段。

培养过彭丽媛、宋祖英、张也、阎维文等歌唱家的我国老歌唱家金铁霖是刘大成一直崇拜的偶像。很早他就通过磁带学习金铁霖讲的音乐知识。2011年7月15日这一天,刘大成终于达成了平生最大夙愿:正式拜金铁霖为师。

小　超:你感觉自己达到了最高的境界了吗?

刘大成:还没有完全达到,但我觉得声乐上通俗、民族、美声这些我都能掌握。通俗唱法比如孙楠的《拯救》:

“灯火辉煌的街头,突然袭来了一阵寒流,遥远的温柔,解不了近愁是否,再随波逐流……”

民族唱法的比如我偶像阎维文老师的代表作《小白杨》。

“一棵呀小白杨,长在哨所旁,根儿深,干儿壮,守望着北疆,微风吹,吹得绿叶沙沙响,太阳照得绿叶闪银光……”

小　超:还有美声唱法的歌剧。

刘大成:我觉得意大利美声的代表就是帕瓦罗蒂,他的声音比较统一。“啊,多么辉煌灿烂的阳光,还有个太阳比这更美。”

小　超:毕业以后,拿着毕业证好找工作吗?

刘大成:我是找着工作之后才拿的毕业证。当时菏泽曹县棉纺织厂一个工会主席到我们学校去了,我正好在教室里弹着琴唱歌,那个工会主席听了以后说我不错,想让我到他们工厂上班。我当时就想,能有工作多好啊!所以我就跟着去了。在棉纺织厂上班时,我都是一边干活,一边唱歌,业余时间也给工友们唱歌听。

小　超:那时常唱什么歌?

刘大成:《乌苏里船歌》。

“乌苏里江来,长又长,蓝蓝的江水起波浪,菏泽人撒开千张网,船儿满江鱼满仓……”

如今的刘大成,民族、美声、通俗唱法皆能歌唱。他的歌声高亢浑厚、高音通透嘹亮。而在当初,刘大成还未达到现在的成就时,职业中学没毕业,他就来到菏泽曹县做起了临时工。在棉纺织厂忙碌的工作之余,一有时间他就会用来学音乐。他说这都是属于他的美妙时光。

刘大成:我在曹县待了十年。1996年在棉纺织厂工作,1997年就下岗,我们工会做了一个第三产,开了个冰糕厂,我就到那边去了。在那个时间里,我认识了现在的老婆王敏。那个时候她也送雪糕,所以我每天送完雪糕之后,也帮她去送。那段时光我们虽然很累,但是很快乐,我老婆也是我的初恋。

小　超：您觉着这十年对你的人生很重要吗？

刘大成：我感觉非常重要，这十年让我经历了很多。我在国营工厂里上过班，卖过冰糕，开过饭店，打过小工，还在王光烧牛肉集团上过班。在王光集团，老板王光对我非常好，我也在酒店里给客人唱歌。我每天中午给客人唱两首歌，晚上唱两首歌。中午唱完歌，人家走了以后，我就吃点剩菜，然后整个下午都在包厢里面练习唱歌。那段时间我学习了很多知识，也奠定了我的演唱基础。

小　超：那段时间你一边给别人表演，一边自己练习，你的生活天天伴随着音乐？

刘大成：天天和音乐在一起。我不仅跟着卡拉OK唱，而且还买了很多的教材。当时教科带子价格都很高，我一个月的工资只有四百元，一盘教科带就得花去一两百元。为了学习音乐，我必须舍得。

小　超：在王光大厦唱歌的那段时间，大家最喜欢听你唱的是哪一首歌？

刘大成：满文军献给母亲的那首《懂你》。

“把爱全给了我，把世界给了我，从此不知你心中苦与乐，多想靠近你，告诉你我心里一直都懂你……”

小　超：后来你是不是参加了菏泽的一些歌唱比赛？成绩怎么样？

刘大成：我记得在菏泽拿的最高奖是二等奖，在山东省拿的最高奖是山东省第七届全国青年歌手电视大奖赛铜奖。

小　超：拿了这些奖之后你是不是感觉自己可以出去打拼了，我听说你去了北京？

投入时刻总是如此深情

刘大成：我跟王光说要

去北京,他一直在挽留我。王光对我非常好,我在曹县结婚,是他来给我们主持的。但是为了自己的梦想,我还是放弃了这份稳定的工作。到了北京以后,我和妻子就在亚运村租了一个地下室,一个月二百六十元。我白天骑着自行车到中国音乐学院蹭课,老师给学生上课,我坐在旁边听。我妻子则到动物园附近批发点衣服,发到曹县去卖。那时候我们两人就这样苦苦地维持着。我跑了北京很多歌厅都被拒绝,他们说只要女孩,不要男孩,你唱得再好也不行。就这样坚持了不到一年,我们就打道回府,回到了王光大厦。

小　超:回到老家以后,你有没有想过换个职业,不唱歌了?

刘大成:那个时候也想,不能老这样漂着。不能为了自己的爱好,而不去想生活上的事。

再次回到山东的刘大成,为了维持生活,他不得不暂时搁浅对音乐的追求。他做过建筑工、当过服务员、在酒店唱过歌,此时的他不由自主想起父亲对他说过的话。

小　超:回到曹县之后,你是不是会想起父亲对你说过的话,应该去学电焊工?

刘大成:我回来以后去学了两个月的厨师。因为我岳父就是开饭店的,我在他的饭店里学炒菜,我基本上学会了岳父的拿手菜。后来我和老婆开了个饭店,因为没有经验,没过几个月就经营不下去了。无奈之下,我把饭店交给了岳父经营。2002年有了孩子之后,我回到了济宁。

小　超:你有了孩子之后感觉和没有孩子时变化大吗?

刘大成:很大,有了孩子就有责任了。当孩子出生的那一刻,我想我必须得做点事,不能这样下去了。当时一个和我从小一起长大的朋友,在济宁开了一个演艺厅,让我去试试。我到那儿一唱,他感觉我唱得还不错。于是就让我到他的演艺厅唱歌,一天八十块钱,一个月就是两千四百元。我在演艺厅唱了三四个月,越来越受大家的欢迎。这段给观众唱歌的经历对我是有益的锻炼。

小　超:你能有今天的成绩和你一路走来所遇到的坎坷有很大的关系?

刘大成:唱歌是我最大的爱好,我最初也没有想到,唱歌能够成为我谋生的职业。就算再累,我只要一听到音乐就有精神,就感觉很舒服。

刘大成说,始终坚持对音乐追求是他不变的梦想。虽然已过而立之年,但他还有一些不甘,难道农民就不能有音乐梦?刘大成始终这样追问自己。一次偶然的机会,他给央视《星光大道》栏目寄去了自己的资料,没想到不久之后,他就接到了前往北京参加《星光大道》的通知。

小　超:大成,你怎么想到去参加《星光大道》呢?

刘大成:我有一个朋友,他叫张地,知道我唱得不错。有一次我在徐州演出,中央电视台的导演到徐州录制别的节目。张地就把我介绍给了导演:"这个小兄弟,唱歌不错,你可以听一下。"导演听了之后感觉不错,就让我给《星光大道》的导演寄一份资料。回家之后我把唱过的歌寄给了《星光大道》栏目。没想到两个月之后,他们就给我通知,让我去趟北京。

小　超:你是哪一年去参加的《星光大道》?

刘大成:2010年3月。当时导演问我准备用什么才艺参加《星光大道》的周赛。我说我是农民,我说我会吹树叶之类的,不知道这算不算才艺?导演说那绝对是才艺。第二关的"才艺大比拼",我是把鸟叫、树叶结合在一起展示的。第三关的"家乡美",我认为劳动最美!我就把农民劳作的场景搬到舞台上表演。我和弟弟、父亲还有侄女拉着耧上了台,我就想展现现代农民的新风貌。我当时选了一首阎维文老师唱的《父亲对我说》,是唱给农民的一首歌。

"父亲对我说,为咱农民唱首歌,他们的四季好辛劳,在土里刨生活……"

刘大成参加的是2010年6月12日中央电视台《星光大道》第20期周赛节目,他的节目新颖,富有创意,而选择演唱《父亲对我说》这首歌,则是因为在他心里劳动最美。他与父亲、弟弟一起拉着耧走上舞台展现的场景,感动了所有观众,同时也圆了父亲进北京的梦。

小　超:当你唱完之后,现场观众是什么反应?

刘大成《星光大道》的晋级瞬间

刘大成：我记得有一位白发苍苍的老人围着耧来回看，他老家也是山东的，他说这个工具，他小时候就用过，已经很多年没见过了，感情特别深。后来毕老师也跟我说过，有一位部队的老将军看了周赛以后，想要收藏这个耧。

小　超：我们的祖辈都是从村里出来的，这首歌引起了很多人内心的共鸣，也让你获得了周赛的冠军。

刘大成：周赛的时候我是最紧张的，因为没有参加过《星光大道》，觉着《星光大道》的舞台太大，但是参加完周赛后我就有信心了。到了月赛，导演问我还有什么才艺，我说除了叶子、鸟叫，我还会吹梳子、吹用水管做的笛子。到了月赛的现场，我上场的时候拿着一个化肥袋子，梳子、水管等这些道具都放在里面。最后老毕问我，你还会什么？我说我还有一袋子才艺，我就提起袋子一个个地表演。

2010年6月26日《星光大道》第22期月赛里，在欢快的伴奏声中，鸟儿欢叫着从刘大成的嘴中飞出。刘大成的母亲也到了现场，这也给刘大成带来了更多激励。

刘大成：月赛到了最后一关，我准备的歌是《想家的时候》。我想这首歌表达的不仅是战士想家，在外漂泊的人都想家，特别是在外面打工的进城务工人员，我想为他们唱首歌。于是我准备了几身衣服，来到《星光大道》录制现场旁边的一个工地，找了几个工人。我和他们说：“我在《星光大道》上想为你们唱首歌，你们坐在舞台上听就行。”我把从家里带来的将军烟分给他们一人一颗,给他们点上,他们也就答应我去了。当我唱《想家的时候》,他们很感动,现场观众也非常感动。

小　超:这一下就唱出了不同的感觉、不同的意境,也能给人带来不同的思考,有互动、有共鸣,你又当选了月赛的冠军。

小　超:年赛的时候是个什么情况?

刘大成:那时就更紧张了,特别是年赛分赛的时候。我想能进总决赛就行,所以分赛的节目一定得好。第一首歌我就选了《西部放歌》。我还是一身农民打扮,拿着家里带来的锄头,往旁边一竖,就开始唱:

"哗啦啦的黄河水日夜向东流,黄土地的儿女哟,跟着那太阳走……"唱完《西部放歌》以后,老毕又让我模仿张学友、殷秀梅。我模仿张学友时唱的是《想和你吹吹风》。

"想和你再去吹吹风,虽然已是不同时空,还是可以迎着风,随意说说心里的梦……"

我也非常喜欢殷秀梅老师,她的声音特别浑厚。

"我爱你塞北的雪,飘飘洒洒,满天遍野,你的舞姿是那样的轻盈,你的心田是那样的纯洁,你是春雨的亲姐妹哟,你是春天派出的使节,春天的使节……"

2010年《星光大道》总决赛分赛中,通过紧张学习与排练,刘大成再次丰富了自己的表演节目,在歌唱《西部放歌》和模仿张学友及殷秀梅后,他的另一段模仿阅兵式上礼炮、直升机、正步走的口技表演也是深入人心。

刘大成:第三关我带着村里的留守儿童唱了一首《中国的年》。那个时候马上就要过年了,一谈到过年,最想回家过年的就是进城务工人员,最盼望爸爸妈妈回家的就是进城务工人员的孩子。我就让他们一人朗诵一段。有个孩子说:"作文课上老师问我,你长大后想做什么?有的同学说想当科学家,有的同学说要当大明星。轮到我时,我没有犹豫,我说我要当城管,当爸爸摆小摊的时候,我追赶他不会那么用力。"这个孩子朗诵的时候,下面人都掉下了眼泪。然后我就唱了《中国的年》:

"奶奶的皱纹里呀,隐藏着年的故事,妈妈的歌声里,饱含着年的概念,年啊年,中国的年。年年穿新衣,年年贴对联……"

小　超:进入了总决赛,你的对手有谁?你认为这里边谁最有竞争力?

刘大成:当时有“旭日阳刚”、石头、苏丹、苏比、庞红朵、吉米。我觉得最有竞争力的是石头,他能模仿太多的歌星。

小　超:最后让你一举夺冠的是哪首歌?

刘大成:茶花女的选段《饮酒歌》。我之所以选这首歌,是因为第一它是意大利歌,第二是男女声都由我一个人来唱,这种形式没有过,比较新鲜。

小　超:唱完这首歌之后,你是不是觉得一定能拿冠军?

刘大成:没有。到了总决赛压力反而没了,我进了前七名就很知足了,我的想法就是把自己的才艺表现出来就行了,不一定非得拿冠军。就是这种心态,也让我有了更好的发挥,最后获得了总冠军。

进入2010年《星光大道》总决赛的刘大成,在面对年度前七甲时,能否夺冠,他的心里没有一点底。在他看来,作为一名普通的农民选手,能走到这一步,登上最后的舞台,他已感到很幸运了。但由于刘大成的坚持与努力,最终问鼎2010年度的总冠军。

小　超:《星光大道》夺冠后,你觉得你的生活发生变化了吗?

刘大成:我比赛完回到村里时,村里的乡亲们打着条幅、敲锣打鼓、舞狮迎接我。他们说我给家乡争得了荣誉。我们村里本来没多少人,我回去的那天却来了两三千人,附近几个村的百姓也都来了。

小　超:这样一路走来,在很多人看来你是成功的,你如何理解“成功”这两个字?

刘大成:我觉得成功有两点:一点就是把我自己会的东西在《星光大道》上展示出来了,大家认识了我,认为拿了冠军就成功了。还有一点就是我认为我成功了。但是我感觉现在的压力越来越大,因为大家对我的期待越来越高,也希望我能拿出更精彩的节目。所以我现在把全部心思都用到创新上,再找专业老师学习,让自己一层一层地不断蜕变,那时才是真正的成功。

小　超:很多人看到你成功时光鲜的一面,却不知道你曾走过的艰辛,你怎么看待以前遇到的困难?

刘大成：困难总是暂时的，天无绝人之路，就是再大的困难，只要想办法克服，总会有解决的那一天。

一位普通农民，在央视舞台上激情放歌，最终夺魁，这一切在刘大成看来，源于一点一滴的艺术积累。一位农民，如果没有积蓄多年的艺术能量，就不可能有舞台上的一鸣惊人。所以面对这一切，我们也在深深思考，只有不断坚持与努力，才能让大家认识到更多有梦想、孜孜以求的新农民。

小　超：唱歌是你的爱好，这些年一直坚持了下来。那么更多的年轻人，当自己有爱好的时候，是不是也要坚持不放弃？

刘大成：特别是像我这个年龄段的人，现在正是成家立业的时候，要想追逐心中的梦想确实面临现实考验。我的梦想曾在现实的厚土里埋了十多年，经历了一些困难，打败了困难之后，梦想就开始生根发芽，开花结果。

小　超：在别人眼里你成了明星，可以走上红地毯，可以离开村庄，不再当农民了。

刘大成：永远不会这样。我虽然取得了一点成绩，但是我还是离不开生我养我的那片土地。我觉得离开了那片土地，心里就没有底。每次回老家的时候，我心里特别踏实，特别安宁。农村老家还是我最热爱的窝。

小　超：回去以后，村里的老少爷们见了你还是那样亲切吗？他们把你当成明星对待吗？

刘大成：原来什么样现在还是什么样。他们见了我就说“大成回来了，到俺家里吃个饭吧。”都很亲切。我现在过年还要回家挨家挨户地拜年，因为这是我们村的传统。

如今刘大成经常参加一些活动，像《快乐大本营》、《欢乐英雄》等节目的舞台都有过他的身影。各种演出、公益活动、记者采访等日程安排得满满当当。同时他还出版了自己的书，并出演了《山东小伙刘大成》的电影，但在这些辉煌背后，刘大成说，他从没忘记父亲对自己的教诲。

小　超：你从来没有把自己当过明星吗？

刘大成:从来没有把自己当做明星。

小　超:你有一首歌,名字叫《父亲我记住了》。这首歌里面写的,就是你刚才谈到的感受?

刘大成:对,这是我父亲交代我的几句话,我把它变成了一首歌。当时的情况是这样的:比赛完拿了冠军以后,我父亲就对我说:"你现在没什么了不得,家乡的父老乡亲对咱帮助很大,以后人家求你办什么事儿,不能忘了家乡的父老乡亲。"

小　超:老父亲一直怀着朴实的心态面对所有人,这首歌也说出了他的心里话,今天能不能就以《父亲我记住了》这首歌结束今天的采访?

刘大成:"望着我的眼,父亲对我说,出了点名没啥了不得,没啥了不得。临村的大娘给你打招呼,你别假装不认得。我说父亲,我记住了。啊,父亲,孩儿我记住了。你总在讲,你总在说,这世界离不开庄稼人,离开庄稼人谁也没法活,谁也没法活……"

"离开庄稼人,谁也没法活",这是刘大成父亲对他的教诲,其实这也告诉他,告诉我们一个道理,走到哪里,都别忘了自己的根。在刘大成老家大门上的对联写着:一个农民一个梦想独闯星光大道,十分才气十分努力自有大成乾坤。只要坚持自己的梦想,刻苦探索,乐观生活,执着追求,善于创新,有梦想谁都了不起,有梦想就会有奇迹。

【节目结束语】

刘大成,一个生在农村、长在农村、一直保持自我本色的山东农民现在成了明星。中国有句俗话"宝剑锋从磨砺出,梅花香自苦寒来",出名的背后也有很多别人看不到的困难和艰辛,就像歌词里唱的那样:"不经历风雨怎么见彩虹。"怀抱理想的人,在挫折面前不会灰心,他们心里有照亮前程的火光。尽管理想不能吃不能喝,但理想又使一个人具有越过世俗的勇气和精神。刘大成的梦想曾在现实的厚土里埋藏十多年,因为他选择了对梦想的追逐;刘大成又因胸怀理想而有了今天的成功,理想是这个农村小伙身上的翅膀。人,总是要有一点精神的。《小超访谈录》力争通过每一个不同的人生故事,来为您寻找向上的力量,下期节目再见。

小超与莫言

【小超印象】

*今年，莫言老师获得了诺贝尔文学奖。水有源，树有根。谈他作品中“魔幻”的源，不可忽视蒲松龄；谈他作品中“现实”的根，不得不把目光投向那片“红高粱地”。采访间隙，我惊叹：作家的长项是写文章，真没想到研究农村莫言也是高手，而且超过我这个搞了十年农业采访的人。采访莫言老师很快乐，遗憾只有一个，那就是：时间太短还没聊够！

剪不断的高粱情

——访莫言

【节目开场语】

观众朋友们大家好,欢迎来到《小超访谈录》。

在山东有一个地名叫潍坊,在潍坊有一个地名叫高密,在高密有一个地方被大家形容为“高密的东北乡”。在高密的东北乡有一片令人向往的红高粱。在那片高粱地里,我们认识了“咱爷爷”,认识了“咱奶奶”。他写的《蛙》在2011年获得了中国文学奖的最高奖——第八届茅盾文学奖。他就是今天《小超访谈录》请到的嘉宾——著名作家莫言。

莫言,原名管谟业,1955年出生于山东省高密市,中国当代著名作家。在上世纪80年代,他以一系列乡土作品崛起于文坛,充满着“恋乡”以及“怨乡”的复杂情感,曾被归类为“寻根文学”作家。

小　超:莫言老师您好,非常感谢来到《小超访谈录》。现在外边正下着2012年的第一场雪,您怎么看这一场雪?

莫　言:“瑞雪兆丰年”是我们常说的一句话,它跟农业生产密切相关,我也特别关心气侯的变化,下雪以后我很兴奋。

小　超:您一直在创作,您觉着现在老百姓的精神需求比温饱需求更重要吗?

莫　言:改革开放之初,国家提出的最现实的一个目标就是解决老百姓的温饱问题。物质的温饱还是比较好解决的,现在农业大发展,农业科技日新月异,粮食产量也大幅度提高,大棚技术的普及和推广,实际上已经解决

与大师面对面,机会难得

了老百姓的物质需要。我觉得怎么满足老百姓日益增长的精神方面的追求是一个巨大的课题。精神需求也包括了多种层面,一个是娱乐,业余时间的生活,当然还有更高的精神方面的追求。一个人要追求道德方面的完善,也要追求一种更高品质的精神生活,包括我们春节看春节联欢晚会,也是一种精神的追求。

小　超:春节联欢晚会,它已经诞生了三十年,您觉得它是否已经成为中国过年的一种民俗?

莫　言:前几年就有人说过,春晚实际上变成了一种新民俗。我们现在回头来看第一届春晚、第二届春晚,那个时候很多节目实际上是很简单、很朴素的,但是它的简单朴素符合了当时老百姓的需求。现在的春晚美轮美奂、声光化电、五光十色,极具炫人眼目之能事,但是内容方面、思想方面、文化方面的内容却在降低。所以说,一方面我们要继承过去的东西,另一方面要有新的发扬、新的发明、新的创造。

小　超:我们也曾经学习过,说生产力必须符合社会发展的规律。那么从您刚才的角度来讲,一个文艺工作者的追求和老百姓的需求之间应该保持什么样的关系,才能满足老百姓娱乐需求的一种要求?

莫　言:艺术创作应该是一个非常复杂的精神劳动。在创作中要保持两点合一,一方面要有高度的个性、独立性、创造性。另外一方面它必须跟老百姓的生活密切相关,也就是说作家的个人追求跟老百姓的需求,个人的情感跟老百姓的情感、跟欣赏者的情感要寻找到一个共鸣点,只有这样才可能雅俗共赏,才可能把个人的创作变成一种满足老百姓的普遍需求,才能使自己的作品既是个人化的,又是群众化的。这个点是很难找的,怎么样去找?只能是要作家和艺术家深入下去。

小　超:您刚才说的这种理念,是不是也一直在指导着自己写小说?

莫　言:我的创作之初,可能没有想这样的一些普遍性的问题。80年代初期思想解放、个性解放,很多作家、艺术家在个人精神生活方面的追求跟老百姓精神方面的追求是一致的。你按照自己最想写的写出来,按照自己最想唱的唱出来,也恰好跟老百姓的内心是相吻合的,这是一种千载难逢的良机。现在很多作家、艺术家的生活跟老百姓的物质生活、精神生活脱节了,也就变成了艺术家跟时代的脱节,我觉得这种隔膜是一个艺术家最大的困境。

随着时代的变迁,农村的面貌、农民的生活也在悄悄地发生转变。莫言认为农民在物质生活质量提高的同时,精神生活质量也要提高。他说作家在创作过程中保持个性、创造性的同时,也必须跟老百姓的生活密切相关,不能与时代脱节,否则将会是当代作家的最大困境。

小　超:你认为应该怎样解决这个困境?

莫　言:还是前面的老话,要走出象牙之塔,深入到这个火热的时代中去,要看到老百姓在干什么?在想什么?尤其是当下的年轻人在干什么?在想什么?年轻人是这个时代最活跃的一个群体。如果不能准确把握这个最活跃群体的所思所想、精神追求,我们所有的创造都是跟这个时代最活跃的一批人相隔膜的,这样的艺术是没有生命力的,也不可能引发广泛的阅读、广泛的欣赏。

小　超:农民工的出现不仅改变了城市的面貌,也改变了农村的面貌,您是如何看待这个群体的?

莫　言:我是一个从农村出来的人,我觉得我最熟悉的就是农村,我觉得我的成名之本、我艺术的立身之本也是农村和农业生产。我们当年面朝黄土背朝天的劳作方式,现在已经基本被农业机械所代替。过去认为只有在百亩千亩的土地上才可以实现的机械化,如今在一亩半亩的地上照样可以实现。这样的一种变化解放了大量的农村劳动力,解放的劳动力进入城市,就变成了农民工进城的巨大群体,这个群体是改变了中国的。最近三十年来中国的快速发展是建立在大量农民工所创造的剩余价值之上的。农民工用自己的奉献改变了中国的面貌。不管深圳也好,广州也好,全国各大城市如果没有成千上万的农民工群体的劳动,怎么可能会发展?这两年国家也意识到了这个问题,也在千方百计地呼吁为农民工创造更好的劳动条件、就业条件、生活条件,提高农民工的待遇。

小　超:大量的农村劳动力进入城市,形成了我们现在看到的农民工群体,随着越来越多的农民工进入城市,农村和城市的差距是不是也在逐步地缩小?

莫　言:我去年回家的时候统计了一下,像我们这个一百多户的村子里面有三分之一家庭的孩子在城里买了房子。到了冬天天气冷的时候,农业比较闲的时候,他们的父母可以进城跟孩子一起享受城市的物质资源,享受城市的暖气、水电、文化,这又创造了一种新模式的农民进城。农忙的时候在乡下种地,农闲的时候到城里来住,实际上也部分地变成了城市人。这个意义是非常深远的,也是非常有意思的,是很值得研究的现象。这样的一种农民进城方式,改变了城乡对立的关系,而且带给农民的利益也是非常明显的。

莫言是善于观察与思考的,城市与乡村间的和谐之美是他理想中的追求。一批批农村的年轻人通过自己的努力,在城市打开一片天空,城市人也意识到乡村的商机,城市与乡村的发展都需要科学、理性。莫言觉得,在将来,农村人与城里人之间的距离会越来越短,无形的界限也会逐渐消除。

小　超:莫言老师,您有没有去思考或者想过,按照这种方式往前发展的话,将来会是个什么样子?城乡差距越来越小,或者更进一步说,多少年后就不分城市和农村了？

莫　言：我想将来这种融合的力度会越来越大，城乡之间的界限会越来越小，而且将来城市和乡村对立的状况也会在无形中逐渐地被瓦解掉。因为农民也不是像过去所理解的那样，就是想守在一亩三分地上永远不离开，尤其是当下农村的年轻人充满了进城的热望，他们不愿意像老一辈那样面朝黄土背朝天，永远被局限在那一亩三分地里。他们也想到外边看更广阔的世界，也想进城享受现代化的生活。他们跟城市的年轻人一样兜里装着手机，手里提着电脑，休闲的时候上网、KTV。这样一批年轻的农村人，让他们再像过去一样待在农村里显然是不对的。所以城市理性的、科学的发展确实是非常重要的，也是非常必要的，这也是我们国家今后长期的发展方向。将来就是要乡村之美跟城市之美相得益彰。

小　超：前些日子我关注过一个广州的记者，他用十年的时间去拍摄在火车站里农民工的形象。十年之前他发现，所拍摄的人群里谁是农民工一眼就能看得出来。十年之后的今天他发现，在人群里拍一张照片，已经不好分辨哪一个是到广州务工的农村人，就如同您刚才所说的，农民工的形象在发生着变化。现在为了让自己的孩子更早地进城打工，到城里买房，过上城里人的生活，不少农村家长过早让孩子离开了学校，你怎么看待这种现象？

莫　言：孩子过早地离开学校是一个社会现象。在80年代初，村子里面谁家有一个孩子考上了大学，会成为轰动全村的一件大事，这家甚至要花钱请乡亲们看电影、看戏、放鞭炮。现在随着大学不断扩招，上大学已经失去了当初那种轰动效应，现在左邻右舍几乎家家都有大学生。当然考上北大、清华还是不容易的，但是考一个一般的大学，应该不是很难。这就出现了一个问题，大学生的就业越来越困难。

小　超：大学毕业找不着工作是个问题。有很多家长说，与其这样还不如说上完了初中、高中就踏入社会，早挣钱、早替家里分担一些。

莫　言：从长远来看，这是一种比较短浅的目光。我想孩子还是应该尽量地接受好的教育、高等的教育，这对他将来的发展、对他眼界的开阔，是一件不可忽视的基础投资。

莫言觉得农村青年应该学以致用，每个人应该实事求是，根据家庭条

访谈现场除了摄像机还少不了拍摄留影的

件、自身条件理性选择学校。不管是否上大学都要从实际就业考虑，社会需要高学历的知识人才，同样也需要高水平的技工人才，图慕虚荣，不如脚踏实地，发挥自己的特长，迎合社会需求，只有这样才能找到人生成功的坐标。

莫　言：其实人生的路有很多种走法，不一定非要挤上大学的独木桥，但也不是说不学习、不深造，越早踏入社会越好。可以根据社会的需求，选择去专业技术学校学习，为将来踏入社会做准备。现在我觉着很多企业里面，最缺乏的不是学无专长的大学毕业生，而是学有专长的高级技工。去年春天我去高密豪迈科技做过几天采访，就发现有很多能工巧匠，包括获得过全国劳动奖章、五一劳动奖章的国家级劳模。虽然他的学历很低，只是初中生，但在工作实践过程当中，补上了大学所需要的课程，搞了很多的发明、创造。另外我老家有一个姓许的，他也是个能工巧匠，什么问题都可以在他手里得到解决。他尽管没有受过高等教育，但他能够根据在生产实践当中遇到的问题发挥聪明才智解决问题，创造出新的机器来，然后成倍地提高劳动生产力，成倍地节约原材料。您看像这样的工人，实际上很多大学生是比不了，做不到的。

小　超：这样的人恰好是企业里面最需要的，所以如果能够掌握一种劳动技能，并且能够向着自己的特长方面去发展、去创造，未必非要上大学。

这也为天下的父母为孩子选择学校提供了一个参考。

莫　言:农村青年应该在上学阶段就为自己将来设计方向、做个打算,未必非要图慕虚荣。农村也好,城市也罢,年轻人还是要发挥自己的专长,迎合社会的需求,才能找到自己人生中的一个坐标或者一个定位。

小　超:前些日子一直在探讨一个话题,就是有人提出来要改掉“农民工”的称谓,您怎么看这个问题?在您眼里“农民工”这三个字带有歧视的意思吗?如果不叫农民工,您觉得应该怎么称呼?

莫　言:当初给这个群体起了“农民工”这么一个名字,我想也是跟中国的历史和现状有关,当初应该是有歧视的。现在社会状况发生了变化,但是称谓没有变化。我认为“农民工”三个字,现在已不是身份的称谓,而是工作的称谓,是不应该有歧视的。我觉得农民工是中国新兴的工人阶级的一个主体。

小　超:莫言老师,我还想和您探讨另外一个话题:农民一直以来都是面朝黄土背朝天。在很久以前农民有贫农、中农、贫下中农等等。“农民”的称谓发展到今天您认为它是一种身份?还是一种工作?还是一种职业?

莫　言:在当时它就是一种身份。在封建社会是重农抑商的,我们过去的书也讲,“人生天地间,庄农最为先”,农业是基础。我想在50年代、60年代,农业始终是最重要的一个经济支柱。农业稳了国家才稳,现在依然是这样。农民不种粮食了,大家吃什么?农业解决了人类最基本的需求,这个时候农民仅仅是一个称谓而已。

小　超:您了解天达药业吗?

莫　言:天达药业是生产农业肥料的,天达2116也是个品牌了。这个企业已故的老总张世家是我多年的朋友。当年我们两个都在棉花加工厂里打工,我们当时都是临时工。

因同在棉花加工厂干临时工,让性格同样有点“叛逆”的两个年轻人相识。为了改变现状莫言后来当了兵,提了干,而张世家到乡里当了通讯报道员。年轻时的张世家,莫言曾这样形容,他瘦如猿猴,一双锐利的眼睛,深深嵌在眼窝里,嘴里两排漆黑的,被含氟水伤害过的牙齿,能说能写能喝酒能吸烟,邋遢不讲究,有济公风度挺可爱的。莫言形容张世家是一种家乡的植物，叫马齿苋，这种野菜就算连根拔起，扔到房上晒三天，以为不行了，可还顽强地活着。张世家就有这种性格，永不言败，永不屈服。

莫　言：后来我在部队提干了，每年都要回来探家，我们经常在一起。我当兵后改变了自己的命运，张世家没改变，还是一个农民。后来他在人民公社里当通讯员，身份地位也发生了改变。不管通过什么方式，农村青年还是希望能够改变自己的身份，希望能走出农村到城里看更广阔的世界，去开拓眼界改变生活。

小　超：在您看来，出去打工相当于一边在外面挣钱、一边接受培训。一些有理想的年轻人培训好了之后可以再次回到自己家乡创业。

莫　言：张世家最早也是个打工者。他当年在采暖机械厂打工，生产暖气片，后来他到北京出差推销货物，甚至去打官司和各种各样的人接触，结识了众多的朋友，在90年代创办天达药业。

小　超：您对老友创办企业这个事是怎么评价的？它是不是一个有理想的打工者，实现自我价值的过程。您现在是否建议，一些比较有理想并且有发展潜力的年轻的打工者，将来有机会也要自主创业。

莫　言：我想这是应该大力提倡、积极鼓励的，甚至要千方百计地创造条件帮打工者创业。张世家90年代创业的过程，给现在很多打工者创业起到了一个榜样的作用。在天达药业打工的很多人，后来也都出去创业了，有的人做得一点不比张世家差。

小　超：在您眼里，农村市场或者农村发展的机遇多不多？

莫　言：我想现在城市里的机遇当然比农村还是要多，但是农业、农村肯定是未来最大的市场。首先因为农村是中国最广阔的疆域，城市再怎么发展，也不如乡村辽阔。再一个尽管大量的农村人口出去了，但是还有很多的人仍然在农村，农村是最广大的潜在的市场。前几年国家大力推动电器下乡就是要刺激、促进、调动起农民的消费能力。农村本身产生了很多的需求，比如过去我们农村、农民是靠烧庄稼秸秆取暖、生火、做饭的，后来开始用煤炉，再后来发明了高效节能炉。农民家庭如果都用这样的采暖设备，市场是非常大的。再一个农村过去的卫生条件差，我们小时候只能夏天到河里去洗澡，冬天天气冷不能洗澡。现在有了太阳能，就解决了农民冬季洗澡难的问题。

小　超：农民也要讲卫生，这种适合农民家庭所用的太阳能设备有一个巨大的市场。农村市场需要培育，所以肯定会有很多企业家盯着这个市场。另一个角度来说，农村人需要享受的和城里人多少会有几年的差距。

莫　言：对。虽然有差距，但农村早晚会达到和城市一样的标准，将来农村产生的东西也会吸引城里人，培育出一种新兴的农村文化，让城里人羡慕不已。我想农村人生活得比城里人更美好的时候，城市疯狂扩展的欲望就会得到遏制。

小　超：莫言老师，今天我们谈了很多有关与农村发展、农民工以及农民生活相关的一些问题，现在再围绕这本书向您请教几个问题，这本书的名字为什么叫《蛙》？

莫　言：因为这个小说写到的是人类最基本的问题——繁衍后代的问题。我写了一个妇科医生一生的传奇经历。在高密有一种泥塑是非物质文化遗产。高密北部的乡村过年的时候就捏很多泥娃娃，泥娃娃抱着一个青蛙，这就是一种原始图腾崇拜的文化遗迹。这个小说的名字《蛙》就是写生育的，写孩子的，用"蛙"我觉得比较合适。另外"蛙"具有象征意义，女娲造人、团土造人，我们的小孩也叫娃，婴儿生下来哭声也是哇哇的，所以它是一个象征性的题目。

莫言和他的《蛙》

小说《蛙》，简单的一个字，里面却蕴含着很多不同的意义。小说结构新颖而缜密，由剧作家蝌蚪写给日本作家杉谷义人的五封信构成。前四封信附有当了五十多年妇科医生的姑姑的长篇叙事，当中也加入了蝌蚪本人的生活故事；第五封信则附有一部关于姑姑和蝌蚪自己的话剧。因此，这是一部将书信、原小说叙事和话剧巧妙地融合为一体、拓宽了小说艺术表现空间的作品。是莫言创作中的又一次具有开创意义的艺术尝试。

小　超:您能说说《蛙》中的主人公吗?

莫　言:这个小说里面有一个主人公妇科医生——姑姑,这个人物是以我生活当中真实的做妇科医生的姑姑作为原型的。我本人应该也是她接生到人间的,所以当我有了记忆的时候,我的姑姑就在我脑海中——一个很高大的形象。姑姑作为小说的主要人物,和我冥冥之中注定是有缘分的。

小　超:没想到,自己的姑姑变成了这部小说的创作原型。《蛙》这部小说还获得了中国文学最高奖——第八届茅盾文学奖。获得了最高奖对您来说重要吗?您怎么评价获奖这件事?

莫　言:这应该是很重要的一件事情,因为茅盾文学奖毕竟是国家的最高文学荣誉,而且我过去的作品也屡次进入过茅盾文学奖评选范围,《檀香刑》、《四十一炮》都是和大奖擦肩而过,这一次得奖我还是很高兴的。《蛙》之所以能获得这个奖,最大的优势是贴近百姓生活,来源于百姓生活。

小　超:除了《蛙》,您还有一本书被拍成了电影,就是《红高粱家族》。我读完了以后,觉得其中的一些语言非常跳跃,应该说是活蹦乱跳。我选了几段《红高粱家族》里的文字给观众朋友们读一下,说这"奶奶撕下轿帘,塞到轿子角落里,她呼吸着自由的空气,看着余占鳌的宽肩细腰,他离着轿子那么近,奶奶只要一翘脚,就能踢到他青白色的结实头皮。"短短的一段,语言非常跳跃,您觉着这本《红高粱家族》还有其它更多的作品,语言风格是什么样的?

莫　言:《红高粱》是我在年轻时代,三十岁左右的时候写

莫言获第八届茅盾文学奖的一个瞬间

的。《红高粱》的语言，第一是来自于高密老百姓鲜活的口头语言，有大量的口语、大量的乡间俚语。第二也是受到了当时大量西方翻译文学的影响，就是一种土洋结合的语言，既有非常洋的这种通感的、感觉化的描写，也有大量的高密方言的运用。

小　超：这里边也有很多高密老百姓经常说的话。比如这一段，“孙武干了那事，喊着，大哥大哥，太君让我干，我不敢不干，您死了后升了天，骑白马配雕鞍，穿蟒袍对金鞭。”

莫　言：这是来自高密的民间戏曲《茂腔》。这个戏曲是过去跟老百姓生活联系最密切的一种艺术形式。当初张艺谋把这部长篇小说改编成电影《红高粱》是1987年的秋天，有高粱的部分都是在高密拍的。其中一部分在我的老家，也就是我的老友张世家老家公婆庙村后面的小石桥上。

1938年当地游击队在公婆庙村后面的小石桥上打了一场伏击战，消灭了日本人一个成建制的小队，打死了三十九个日本士兵，据说还有一个少将。在抗战之初，这是一个很大的胜利，当时的国民政府通令嘉奖，把缴获的日本少将的指挥刀和战利品都在济南巡回展览，这是一场很大的胜利。不久后日本人开始报复，把公婆庙村整个村子三面包围，一面留个口子，埋伏了几挺机枪。一部分日本兵在村里烧、杀、抢、掠，村民就往外跑，守在出口的日本兵就机枪扫射，这场浩劫，使公婆庙村一百零八人丧生，七十多人受伤，八百多间房屋付之一炬。烧死、烧毁家禽、家畜、粮食、家具不计其数。现在那里还有一句歇后语“公婆庙上坟——齐出”，意思是到了清明全村一起上坟。公婆庙村惨案就是《红高粱》的中心事件。

小　超：在很多书里面也曾经看到不少对您的介绍或者评价，大概有四个字，恋乡、怨乡。前两个字“恋乡”好理解，热爱自己的家乡，离不开自己的家乡，但是后面两个字“怨乡”，又该怎么解释？

莫　言：这是指我创作之初的一种想法。90年代的时候我还是一个青年，千方百计想要离开农村。因为当时的农村是封闭的、愚昧的、落后的、贫困的。对我们这帮年轻人来讲，待在这个地方等于埋没了自己的青春，没有前途，看不到未来，所以带着这种对故乡的深深的不满离开了它，逃离了它，因此说怨乡。为什么怨，是因为爱。当出去以后发现，我跟这个地方的联系是割不断的，尽管我怨它甚至恨它，但我深深地怀念它，甚至做梦都在想这

莫言为栏目组留墨迹

个地方，因此说是恋乡。对于我来说那片生我、养我的高粱地是舍不掉、割不断的。

小　超：于是就诞生了“寻根文学”，您是怎么解释“寻根文学”的？

莫　言：寻根实际上就是从自己熟悉的生活里面，从自己的童年记忆、故乡生活里寻找文学的源头，寻找文学的素材，也就是说要写和你生命过程密切相连的地方。

小　超：家乡永远是一个舍不掉的词，永远是一个抹不去的印记，莫老师，您能否通过《小超访谈录》给山东的父老乡亲说几句心里话。

莫　言：别人问我您是哪里人？我会说我是山东人，别人对山东人的评价都很高，我也为自己是山东人而深深的自豪。借此机会，我祝愿山东的父老乡亲们，在龙年里开门大吉，在各自的岗位上干出最优异的成绩，祝愿每一个朋友都身体健康，家庭幸福，万事如意。谢谢。

【节目结束语】

少说多写，少说多做，可能是“莫言”这个笔名的意思。他是一个心里装着故乡和故土的人，他是一个心里装着农村、农民和百姓的作家。一个有根的作家，是一个优秀的作家。莫言无论走得多远，都离不开高密的东北乡，都离不开东北乡那一片一片的红高粱。今天《小超访谈录》就以《红高粱家族》最后的一段话作为我们本期节目的结尾语，大家一定能从中看出莫言对家乡的深挚情感。“谨以此书召唤那些游荡在我的故乡，无边无际的通红的高粱地里的英魂和冤魂，我是您的不孝子孙。我愿意扒出我被酱油腌透了的心，切碎，放在三个碗里，摆在高粱地里。”好的观众朋友们，感谢您收看本期的《小超访谈录》，咱们下周同一时间再见。

小超与林炳生

【小超印象】

*永和豆浆的创始人林炳生先生是个大老板。到机场接他，我看见他左手一只箱右手拿豆浆，连拉带拽拖着行李走出机场，他出门竟无随行人员。他穿一身中山装，手腕上佩戴深色亮眼的念珠，朴素的穿戴及谦和待人的态度让我感觉一见如故，这是林炳生给我的第一印象！

豆　魂

——访林炳生

【节目开场语】

观众朋友们大家好，欢迎来到《小超访谈录》。今天我们的节目形式有点特别，我要一边吃着油条喝着豆浆，一边和大伙儿共同走进《小超访谈录》。您一定有点奇怪为何要用这样的方式，其实是因为我手里的油条和豆浆都有一个共同的品牌——永和。我想您一定猜到了，今天我们邀请到的嘉宾就与这个品牌有关，他就是永和豆浆的创始人、董事长——林炳生。

林炳生出生于1957年，祖籍福州，永和豆浆创始人，现为台湾永和集团董事长、永和食品（中国）有限公司董事长。林炳生不喜欢穿西装打领带，他最合意的行头是一件深色中式上衣搭配西裤。他给人的感觉乐观、幽默、开朗、豁达。

小　超：林总，欢迎您来到《小超访谈录》，咱们先来干一杯豆浆。我是第一回喝着豆浆吃着油条做节目，您也是第一回吧？

林炳生：山东是我们永和豆浆门店开得最多的省份，也是我们的豆浆粉产品销售业绩最好的省份，今天来到《小超访谈录》，喝着豆浆吃着油条，这种感觉真的是难以形容，我这一辈子肯定是第一次。

小　超：还是从台湾说起吧，听说您的老家不是在台湾。

林炳生：我的祖籍是福建福州的马祖，小学和初中都是在那里度过的。初中毕业以后我去了台湾，那一年我应该是十六岁。

小　超：正值豆蔻年华，这样的年龄到异乡有没有什么打算？

从豆浆、油条的味道里体会了中华情

林炳生：做一名海员吧。因为从小就住在海岛上，加上那会儿觉得男儿志在四方，就应该遨游四海，所以在台湾就读了四年航海专业。本来就业应该是去跑船的，而且也已经通过了面试，不过就在等待拿护照的时候，我突然觉得惶恐了。因为每天都是吃饱了睡，睡好了吃，就好像是没有事情可以干，觉得这样的生活没有目标、没有方向，虽然是在等船，要等三个月，但我觉得我必须要充实自己，要锻炼自己。

小　超：可是现在对于很多人来讲，吃完了睡、睡完了吃，这是多么美好的一件事情。

林炳生：当时我二十二岁，觉得等待是浪费时间。为什么不用这个时间自我充实、锻炼呢？虽然我只有三个月，试着去创业，去磨炼，去学习，我想这都是好事情。

小　超：有了这样的想法，在当时那个年龄您做了怎样的尝试呢？

林炳生：当时在台湾有个世界知名的缝纫机品牌，叫做美商胜家，当时我就去面试了这家公司，而且成功了。

小　超：年轻，初次尝试，这样的经历一定会有挫折。

林炳生：对，这是我第一次工作，到了第三天我就打退堂鼓了。我觉得这不是人干的。胜家公司的外在形象给人感觉很好,但是当我去投入市场的时候,觉得很像大海捞针,那种感觉就像是一个乞丐在找对象。

小　超:当时到这个企业,您的任务是市场推广,也就是现在所说的市场营销吧?

林炳生:是的,就是业务员。我当时就想我该怎么跑业务呢?我决定挨家挨户去敲门,就像这样:"当当当,您家买缝纫机吗?"您想想看,有谁会让我进去推销呢?所以当时我要面对的很多都是闭门羹。

如今,永和豆浆这个品牌已经是家喻户晓,但它所蕴含的故事,却有着催人奋进的力量!林炳生从小长在海岛,天天面对大海,航海曾一度是他的人生梦想,但在大学毕业面试航海公司成功后,三个月的等待时间却改变了他的人生方向。销售缝纫机,是他的第一份正式工作,也正是这份在知名企业里的工作,给年轻的林炳生带来了不少困惑。

林炳生:我前半个月的业务基本上都是失败的。在这个过程中,我开始反省,我觉得这份工作涉及很多专业问题我都力不从心,所以我打算先强化自己的内功。包括如何维修缝纫机,校正它的穿针引线,这些我都要亲自动手练习。即使现在说起这些事情来,我都觉得很有成就感。为什么呢?当时到消费者那里去介绍产品的过程中,他们逐渐开始把钱掏出来了,这给我的感觉就很爽,有一种成功的喜悦。

小　超:不管买不买,闭门羹少了。

林炳生:是的,这样下去就很容易有好的战果,而一旦有好的战果,就会充实我的自信心。这样的良性循环,我的业务量就一路飙红了。业绩最好的时候,平均一个礼拜卖七台,也就是说每天都有成交量。

小　超:这样的战绩在公司里要名列前茅了吧?

林炳生:没错,我成了公司里的销售冠军。

小　超:取得了这样一个小小的成功后,面对原来的梦想怎样抉择呢?

林炳生:这个时候船运公司那边通知我去跑船。我当时考虑了两个因素:第一个因素是我既然在陆地上干得挺好的,那我还想继续挑战下去;另外一个因素是因为我的父亲身体不好,需要我在家照顾他。所以我决定放弃原来的航海梦想。而这份工作我一做就是三年。

小　超:当初三天就想走,后来却在这个企业里待了三年,业绩干得如此好,为什么还要选择离开?

林炳生:我想这是一种感觉,感觉到这个地方没有成长的空间了。往往很多人是因为干得不好才离开,人家会说这是生活不下去了。但那时我觉得我还年轻,还有希望,在那个公司里最多只是当一个部门的主管经理,但是如果我换个领域,又会是一个新的挑战,所以我选择归零,重头去跑新的业务。

小　超:当时选择了什么业务呢?

林炳生:房屋中介。当时台湾有一个比较知名的房屋中介公司,我就去报名做了业务员。当时我们那一批一共四十五个人,大家一起培训,半个月以后走了一部分人,一个月以后又走了一部分人,一直到两三个月以后,只剩下了两三个人,我就是其中之一。

小　超:那您在房屋中介这个新领域里干得怎样?

林炳生:我刚开始跑业务,就跑到前十强的行列里面了。不过,当时我做的比较成功的是顶让业务,这让我的很多同行望尘莫及。记得在台北的绍兴南街,有一个温州大馄饨的小店面,我当时签订的顶让合同是八十万,后来我以八十七万的价格顶让出去了,这样就赚了七万块的利润。

怀揣梦想的林炳生不满于现状,离开了缝纫机销售行业,转而做起房屋中介,在那里他依然取得了优异的业绩。1983年的台湾正处于经济低迷期,聪明的林炳生在原有业务的基础上,又做起了房屋顶让业务,没想到一桩成功的店面顶让买卖,却成了林炳生一生事业的转折。

小　超:后来您是怎样转行做豆浆的呢?

林炳生:当时有一个永和豆浆的店面顶让业务,老店主提出来的价格是六十五万,其实就是一个豆浆小作坊,优势是当时老店主把永和的品牌注册了,但是他并没有经营好,甚至已经转了两手了。

小　超:当时那个店面就叫永和豆浆吗?

林炳生:对,早期“永和”是一个地名,现在大家来台湾仍然可以看到很

林炳生的身上带有一种儒家之气

多地方都有“永和豆浆”，但是只有我这个店当时注册了“永和豆浆”的商标。

小　超：您看到这家店，怎么想的？

林炳生：我就想，既然这样我不顶让了，把它接手过来自己做。最后经过沟通，我用六十万的价格把它接了下来。其实从小我就喜欢喝豆浆，当然还有吃馒头。“永和豆浆”这个品牌在台湾是家喻户晓的，我觉得它就是我的梦想，我要把它发扬光大。

小　超：人因梦想而伟大，这样的梦想就在眼前，好不好实现？

林炳生：我当时很年轻，才二十五岁，自己真的没有钱，这是个大麻烦。当时我有一个正在跑船的同学，他遇到了船难，幸好大难不死。当时他决定不跑船了跟我合作，另外我还有一个在胜家公司的同事，他喜欢跟着我工作，这样我们三个人一合计，决定合伙开店。

小　超：当时那个店，面积有多大？

林炳生：一百平米左右，说起来也不算大。前边卖豆浆，后边生产。煮一锅豆浆大概灌装五百瓶，一瓶是三百毫升。一锅就要煮一个多小时，当时我们还是小作坊，用的是传统直火煮豆浆的方法，做得非常辛苦。因为豆浆需要边煮边搅拌，这样就会产生一些豆皮，沉积在锅的底部，形成厚厚的一层，很难处理。这种情形下，我那个同学合作了两个多月就不想干了，他的理由很经典，他说即使赚了钱也根本没时间去花掉，感觉实在是太累了。

如今的永和豆浆已经是大家熟知的品牌，但在当初林炳生刚刚接手第一家永和豆浆店面时，那还是个前店后工、手工制作的小作坊，虽然永和这个名字就像有种魔力似的深深吸引住了林炳生，但合伙开店的同学，却终因受不了苦而选择了退出。无独有偶，就在林炳生的豆浆事业刚刚起步半年之后，另一位曾追随他多年的伙伴也慢慢退缩了。

林炳生：那个追随我的同事也撑不住了。因为一直以来我们的店铺没有获利，所以我们三个人的薪水都很低，但是原来在胜家公司的时候收入是很高的，这就会有一个很大的心理落差。

小　超：三个合伙人有两个想退出了，您也有过放弃的念头吗？

林炳生：好几次都想不做了。我们生产线里那些半自动的设备经常会漏电，如果被电到就会全身发麻，每当这时我就会想，到底有没有成功的机会，真的是太辛苦了。

小　超：这样的艰苦奋斗，应该会有成就吧？

林炳生：我们的销量在慢慢地发生变化，从刚开始的七八百瓶，到后来卖两千多瓶，再后来三千瓶、五千瓶，直到一万多瓶，最后引进到台湾的各大卖场，那个时候我已经开始委托加工了。

小　超：到卖场里的也是这种熬制的豆浆？

林炳生：对，我先委托加工了十二瓶常温保存的豆浆，卖得很好，后来就直接引进到卖场里。

小　超：这下小作坊要变大工厂了吧？

林炳生：是的，后来我在台湾中部的北斗镇建了工厂，六百七十平的工业地，盖起了两条生产线，是一家专业豆浆工厂，到后来全台湾省的超市、便利店都有我的产品。

小　超：北斗镇这下要出名了。

林炳生：有一个很红的NBA篮球明星林书豪，他的家就在这个北斗镇，而且就在我的工厂附近。

小　超：那林书豪一定喝过您的豆浆吧？

林炳生：还真喝过，而且他喜欢喝我们的永和豆浆。

小　超：怪不得现在林书豪球打得这么好，原来是喝了永和豆浆以后有活力、有劲头。

林炳生：对。现在回想一下，当年的坚持是对的。所以我一直说，要傻傻地做。这也是我的座右铭——三分傻劲，七分干劲，永不放弃的决心。

执着而帅气的开拓者

小　超：为什么这么说呢？

林炳生：所谓的三分傻劲，为什么要傻？就是人不要太计较、太聪明。卖豆浆有什么好前途呢？还在那上边花那么多心血坚持着，看不到未来，所以他们都走了。但我觉得，立定志向之后就要勇往直前，在这个过程中不断去强化、去琢磨，当机遇来的时候，您一定会成功。

小　超：七分的干劲您怎么解释？

林炳生：就是要百分之百地努力去做，要专注本分不要分心。

小　超：一杯豆浆不仅熬制出了豆香，还熬制出了人生的感悟。

林炳生：还有乡愁。我的产品被销到很多国家，在那里喝到一杯香浓醇美的豆浆，我想每一个中国人都会体会到思乡的情怀，就像台湾作家余光中在《乡愁》里边说的一样："母亲在那头，我在这头。"

小　超：就像您说的，永和豆浆它串联起了台湾和大陆，当然还有在海外的中国游子，喝上一杯永和豆浆，尝到的是中国的味道。

创业是艰辛的。不言放弃的林炳生拉来了家人帮他完成自己的梦想，兄弟姐妹们咬紧牙关，凭借三分傻劲，七分干劲，和他们永不放弃的决心，带着对豆浆事业的信心与热忱，永和豆浆终于实现了从小作坊到半自动生产，再到全自动生产的三步走战略。从开始做豆浆到建立全自动工厂，这之间花了整整十年的时间。而十年后随着台湾豆浆市场的日趋成熟，林炳生又逐渐将发展目标瞄向了台湾之外。

林炳生：台湾市场发展到一定阶段，我觉得它已经是一个成熟的市场了。成熟市场的表现就是大家拼得头破血流，短兵相接，无利可图。所以这个时候我开始向往大陆市场，到我们祖国大陆来发展。

小　超：永和豆浆第一次走进大陆是哪一年？

林炳生：1995年。最早我还不是在门店发展，当时我去一个朋友的工厂做听装的产品。我委托他帮我代工做豆浆和米浆，然后卖到了武汉、长沙、成都和厦门。

小　超：那第一家永和豆浆店在大陆是哪一年开起来的？

林炳生：1996年在上海，我们建了第一家永和豆浆门店。开业之后非常火爆，买油条都要排队。当时我就考虑，在这种情形下我们要真正地本土化经营，要扎根。所以我在1999年派我的小弟在上海设立了永和豆浆总部，然后拓展直营店和加盟店的业务。

1995年，永和豆浆跨过了台湾海峡来到了故土祖国大陆，从此林炳生的豆浆连锁事业在这里扬帆起航。而随着品牌影响力的不断扩大，2009年永和食品(中国)有限公司正式成立，发展至今，永和豆浆的足迹已是遍布大江南北，全国各地拥有一千多名经销商，十万多个销售网点，五百多家门店，林炳生所坚持的永和梦从此越做越大。

小　超：在这里，我也真想替朋友们问一问，我们平常喝的永和豆浆，是怎么做出来的？

林炳生：我们在东北有一个生产豆浆粉的大豆基地，这里生产的豆浆粉产品在全国各大超市和卖场都在卖。目前我们的直营店基本上是用冲泡工艺服务消费者。不过在山东，我们还是延续原有现磨生产的工艺，也就是说目前大家在山东喝的豆浆基本上都是由门店现磨的。

小　超：您如何保证我们喝的每一杯永和豆浆都是安全的？

林炳生：工业化生产的豆浆在安全方面是没有问题的，我们很容易做到统一管理和控制。对门店来说，我们的要求很严谨，所有门店，不管直营店还是加盟店，都要按照我们的规定来操作。比如使用多少的豆，加多少的水，煮沸腾之后要花多长时间来慢火熬制，当然还有要在两个小时以内把它销售掉，超过这个时间的，我们就不再使用。

小　超：我注意到您在说冲泡工艺，那么冲泡的豆浆和现磨的豆浆哪个更好？

林炳生：过去大家说现磨的好，现在我们说现代工业加工而成的冲泡豆浆会更好。记得在世博联合国馆举办绿色食品论坛时，我提出要以人为本、返璞归真，但是人类不可能回到以前农村的时代了。现在是信息、科技的时代，我们的生产线采用了烘干、脱皮、去芽等等先进工艺，这样处理过的黄豆，经过八十五到九十度以上的热水煮一秒钟，就把它激活了，而过去我们要浸泡一个晚上，这就是一秒钟和一晚上的区别。同样我们的研磨也非常先进，需要经过粗磨、细磨，还有完全排渣，最后在抽真空的状态下密闭，萃取大豆的蛋白质以及它的精华。当然我们还有一个特制的过程，就是用高温瞬间把酶都化掉，以前很多胃不好的人，喝豆浆会拉肚子，有的还会胀气，喝我的豆浆不拉肚子不胀气，原因就在这里。

林炳生的永和豆浆在吉林省舒兰地区设立了专门的生产基地，通过多种先进的工艺进行加工和处理。这让平日想喝豆浆的朋友们，不仅可以在店面里点上一杯豆浆坐下来慢慢享受，还可以在超市随时购买到口味纯正、工艺精湛的豆浆粉。林炳生说现在永和豆浆就是以大豆为核心竞争力，作为豆制品专家，他还在不断深入探究大豆的营养价值，同时更要在健康、低碳方面大做文章。

小　超：您现在是不是又有了一些新的想法，比如说做豆浆的饮料、豆浆的补品等等之类的新领域、新产品？

林炳生：我想永和的目标就是专注，只做大豆。就是把大豆里面的精华和对人体有益的物质通过产业化的发展提炼出来，我想这是我的使命。我一直给自己一个定位，人生要有一个不断的挑战目标。

小　超：正是和这些小小黄豆之间这种默契的缘分，让您有了深刻的人生感悟。

林炳生：我觉得我的人生有三个阶段界。我刚进入社会的时候是第一个阶段，我借用一句词："昨夜西风凋碧树，独上高楼，望尽天涯路。"在天涯路漫漫的过程中我找出了一条我要走的成功之路，走过来我无怨无悔； 第二个阶段，我想是来祖国大陆发展，从1999年开始，包括我们济南朝山街第一家店到现在，也已经走了十年了，这个过程我叫做"衣带渐宽终不悔，为伊消得人憔悴"，为了豆浆我在坚持；第三个阶段就是"众里寻他千百度，蓦然回首，那人却在灯火阑珊处"，我相信十年后我们再相聚，再回首，一定会看到果实累累。

小　超：听您这一说，我能够感觉到"永和豆浆"这四个字，说起来虽少，但也是一篇大文章，一杯小小的豆浆，里边大有乾坤，这一粒小豆子，也是一个大事业。您觉着豆浆和养生健康，关系大吗？

林炳生：我想很大。要知道很多健康食品里面都是大豆蛋白做基底，大豆蛋白是一个很自然、很健康的材料。保健品很多都是起到一个保健的强

林炳生在校园与学生互动，他明白品牌的持久需要从孩子抓起

化功能，但是豆浆是基础的，从健康的角度出发，还是希望大家多喝点豆浆。艺人大S曾说过，豆浆养颜美容，她是美容天后，她天天喝永和豆浆，三餐都要喝。

小　超：为什么永和豆浆会选大S做形象代言？

林炳生：大S这个人形象很好，她吃素吃了十年，最喜欢喝永和豆浆，跟永和豆浆的缘分和情感都比较深。所以我们一拍即合，她做永和代言人，相比而言条件要好，所以我给她的优惠就是供应她喝一辈子豆浆。

被称为大S的台湾艺人徐熙媛，现在是永和豆浆的形象代言人，同时也是一位素食主义代表，“一杯豆浆知香浓”，大S的“美容秘笈”、“素食主义”的形象与豆浆的营养功效相得益彰。不仅关注健康与养生，林炳生还投身低碳建设、绿色公益事业，在很多运动现场、捐赠现场、敬老爱老的活动中都能发现他的身影。林炳生说此生他与豆浆算是结下了不解之缘，但他也说如要追溯豆浆的渊源，其实这里还有一段故事。

小　超：能否给大家说一说，我们平日里面经常喝的豆浆它起源于哪里？

林炳生：在我的门店里面和我豆浆粉的产品包装上面都会写九个字：“中国风、台湾味、两岸情”。永和豆浆是台湾来的，但是要追根溯源的话，是大陆来的。在西汉时期，淮南王刘安在练长生不老丹的过程中，发现长生不老丹的元素里面有一个重要的东西就是大豆。刘安是一个孝子，事母至孝，当时他的母亲身体不好，他觉得应该把大豆煮好了给她吃。可是年纪大的人牙口不好，不好咬，所以他就想办法，用石磨把黄豆磨成豆浆，喝豆浆、吃豆腐。这样一段时间以后，刘安母亲的身体就慢慢好起来了，容光焕发。所以就有了后来的豆浆。

小　超：咱们再说另一个起源——创业。我们把您卖缝纫机、卖房子和卖豆浆分成两类，缝纫机和房子是销售，而豆浆却是在创业，您觉着创业对您来讲或者说对更多人来讲，很重要吗？

林炳生：我觉得很重要，全世界最想创业的是我们中国人。大家不要妄自菲薄，“我家无财产，没有什么资本，只好认命打工吧”，不要有这样的想法。我经常跟我的同事讲:“你们都比我富有,当你们这个年纪的时候,你们已经有这么多条件;我在你们这个年龄的时候,真的是什么都没有。”要知道,我以前在就业的过程中都是身兼两份工作的,一个正职一个副职。比如说当时在胜家卖缝纫机,我白天卖缝纫机,晚上就去开出租车,既不浪费时间还能不断地充实自己,这样就会有充足的自信,然后选定自己的方向去努力发展。

小　超:也就是说,建议大家如果有机会就去创业,不要因为创业的风险而害怕。那么林总,能不能再跟我们分享一下,您做人的一些原则?

林炳生:有一个朋友送我一本书,这本书名叫《留余》,我很喜欢这本书。借用书名告诉大家,做人处事,不管在任何方面,要留一点弹性空间,留一点余地。我曾经有一个案例,就是在西安机场,由于工作人员的疏忽,导致我延误了航班。那天我是身有急事的,结果他们VIP的主管,很惶恐地来跟我道歉,我并没有责骂他,因为当不能亡羊补牢的时候,发再大脾气也是无济于事的,后来我提的要求他们很快办到了,因此我还与这位主管成了朋友,后来他还写诗给我,这就是人的一种情怀。

小　超:在您看来,不要得理不饶人。

林炳生:没错,做人要厚道,留一定余地。我父母常说“吃亏是福”,眼下吃一点亏,往往到头来却会有很大的福报,所以我也觉得吃亏是福。

“宁静的小巷,一杯永和豆浆,我在细细品尝,恬淡的家乡”,这是由蔡依林演唱的2010年上海世博会台湾馆主题曲《台湾的心跳声》的一段歌词。伴随着这首歌的旋律,我们仿佛能感受到为人处事应具有的那份豁达,不要得理不饶人。诚实、正直、公正、和善待人,这样会让更多的人才聚集,才会让自己的事业势如破竹地发展。

小　超:现在这个社会,我们的节奏越来越快,压力也越来越大、越来越多,这个时候人和人之间的真诚是不是越发显得重要。

林炳生:当然了,现在很多人都有很强的自我保护意识,他们会先把自己封闭起来保护起来。我觉得我就比较开放,我提倡真诚、实在待人。很多时候主动示好,主动给人们笑容,这些做法往往会换来丰厚的回报。我在台湾经常去爬山，特别是早上运动的时候，遇到不认识的人，我都会先主动问好。您讲一句早，对面一排的四五个人，不会只有一个人回应您，他们都会回应您的，这样得到的回报是多少？这就能够让人保持一个健康的心态，也能交到更多的朋友。其实创业最大的财富不是金钱是朋友，我的圈子里有很多朋友，与他们交往都是抱着无所求的心态。但是，往往只要有什么事情总会有人出来帮忙，我觉得这才是朋友们的评价和认可，尤其是现在这个微博时代，通过它大家可以互相进步、互相学习。

小　超：在这里，林总推广一下您的微博，为什么您微博上的名字叫“豆魂”？

林炳生：其实说起我的“豆魂”，我要感谢山东的一位朋友，在五年前他送给了我两个字——“豆魂”。他说：“您在卖豆浆，这么用心地做，是有魅力的，也是有灵魂的，您要把这个灵魂和魅力发扬光大。”我觉得这个魂也是中国魂，所以我愿意一辈子用豆魂把豆浆，把大豆事业发扬光大。

从最初的梦想到现在的梦想，一个人的梦想可以更改，但实现梦想的路却只有一条，那就是用艰辛，用汗水，用毅力铺成的路。创业阶段，退却的人总能讲出合理甚至经典的退却理由，但他们将来不见得会事业大成。有梦想，有行动，有毅力，有人格，这是一个生命超越平庸，走向平凡，攀登人生峰巅览胜的基本路径。

【节目结束语】

像许多普通人一样，林炳生也曾经为梦想而茫然，然而，在经历了一系列的挫折和拼搏以后，他最终坚定了自己的梦想之路——“让全球有华人的地方都能喝到永和豆浆”。这句永和豆浆的广告词，也正是林炳生胸怀的展现。三分天注定，七分靠打拼，林炳生也告诉我们，在创业的过程中，最大的财富不是金钱而是胸怀是朋友，请大家也记住这句话。《小超访谈录》期待每一个人都有自己的美丽梦想，让我们一起努力。感谢您收看本期的节目，我们下周同一时间再见。

小超与赵鹏

【小超印象】

初识赵鹏是在朋友的汽车里，不是见人而是听声。汽车里沉沉的音响发出一个男人沉沉的低音，这种声音透过耳朵直入人心。见到赵鹏有点惊讶：他扎着辫子，个头超过一米八，很瘦，脸庞白净，他很安静。他是一个懂得安静的演唱者，他的歌声不是唱给耳朵，而是唱给心……

低音里感悟人生

——访赵鹏

【节目开场语】

观众朋友们大家好,欢迎来到《小超访谈录》。

喜欢唱歌的人一不留神就能变成“明星”。特别是那些喜欢唱高音的,站在舞台上一亮嗓子,挺震人。但是今天小超为您请到的这位嘉宾,确实与众不同,人家的嗓子不以高见长,反而是低取胜,让我们有请今天《小超访谈录》的嘉宾——“人声低音炮”赵鹏。

赵鹏,被誉为“人声低音炮”,他那低沉且富有磁性的嗓音打动了很多人,赢得了不同年龄段歌迷的青睐。赵鹏出生于黑龙江省齐齐哈尔市,十六岁起学习声乐并开始词曲创作,1998年考入广州星海音乐学院学习声乐。自2004年发行个人第一张唱片至今,赵鹏已出过十三张个人唱片,受到了业内人士及国内发烧乐迷的广泛关注。

小　超:欢迎来到《小超访谈录》,刚才站起来一握手,吓我一跳,你个子有多高?

赵　鹏:一米八八。

小　超:一米八八。这个子挺高,为何声音却这么低呢?

赵　鹏:可能跟我的身高有关系,我发音的管子会比较长,有大管的感觉。脖子可能也会长一些,声带就会又长又厚。

小　超:大家都非常喜欢你的声音,今天的节目就先从你的低音里展开。

赵　鹏：我唱几句《被遗忘的时光》吧：

“是谁在敲打我窗，是谁在撩动琴弦，记忆中欢乐的情景，渐渐地浮现在我的脑海……”

小　超：我感觉在您的歌声里，聆听到了一种时光的印记，没有被遗忘，完全溶化在你的歌声里。好多人听过你的歌曲，但我想有很多人对你并不是很了解，比如你出生在哪里？

声音低，但个子高

赵　鹏：我出生在东北，黑龙江省齐齐哈尔市。

小　超：纯爷们儿。

赵　鹏：我出生的时候，爷爷就一直在产房门口等着。那个时候没有电子秤，爷爷拿着一个杆秤，要称称他的这个孙子有多重。我生下来是七斤八两。

小　超：七斤八两，不算轻。等自己的孩子出生后，拿着一杆秤去称重，看看福气大不大，这是不是咱东北的一种特色习俗？

赵　鹏：可能是吧。爷爷当时到底是什么想法，我长大了以后，他也没有告诉过我，我也没有问过他。

对于赵鹏的童年来说，爷爷给予的爱，这是他一生都难以忘记的回忆。虽说爷爷已经不在身边，但是一直到现在，老人家的一些生活习惯，还有一些教导仍然在影响着赵鹏。同样，赵鹏也在思念着爷爷，并用自己的方式表达了对爷爷的爱。

赵　鹏：我写过一首歌，名字叫做《啊，爷爷》。

小　超：那首歌是怎么唱的？

赵　鹏:"爷爷你听我说,我说是什么?啊,爷爷我看到你的笑了……"

小　超:这首歌是不是表达了自己对家乡、对亲人的一份感情。

赵　鹏:对,因为我写这首歌的时候,手中有一个日记本,那个日记本是爷爷送给我的。第一页上面写着:送给我的孙子——大鹏。然后有两句话就是:少壮不努力,老大徒伤悲。那个时候比较流行这句话,也是爷爷发自内心的一句话。

小　超:这句话也一直在激励着你是吗?

赵　鹏:对,现在感觉这句话说得很对。如果再让我回到以前,我会好好地去练琴,会去让自己在音乐上懂得更多。

小　超:家里面有几口人?

赵　鹏:小的时候是五口人,后来爷爷奶奶陆续离开了我们。

小　超:小时候,爷爷奶奶都在你身边,家里面有没有这种音乐的氛围?

赵　鹏:有。因为我爷爷是在教堂里工作,算是一个神职人员。爷爷在做礼拜、做弥撒的时候,会弹琴,也会带领大家唱一些歌。我今年翻录了他当年的一个磁带。有的时候会拿出来听听,我觉得风琴的音色和他的声音,听起来就像《被遗忘的时光》一样,感觉非常的古老,可以唤起一些记忆。

赵鹏是东北人,但却有南方人的风格,爽朗与安静相得益彰

小　超:在东北这个大环境中,家里面有没有唱二人转的?

赵　鹏:家里没有人会唱二人转。奶奶以前也是教音乐的,解放前是教高中的音乐老师。然后我父母属于那种音乐爱好者,非常喜欢唱歌。我爸爸还会弹奏一些乐器,仅仅属于票友级别的吧。

小　超:那个时候母亲、父亲经常唱什么歌?

赵　鹏:基本上是一些苏联歌曲,80年代的歌曲。我记得有个电影插曲就是:"啊,朋友再见,啊,朋友再见",这个歌他们唱得比较多。还有就是像《三套车》、《莫斯科郊外的晚上》。

小　超:你有没有想过用自己的低音去唱二人转这样的歌曲?

赵　鹏:大三、大四的时候,我写了一些类似的东西,也有二人转风格的,我记得还有什么天津快板,各种各样的风格吧。那时候非常喜欢一些比较诙谐的地方戏剧。

小　超:有没有赵鹏风格的二人转?

赵　鹏:我回想一下,太久远了,差不多快十年了。唱几句吧:

"我对你说,说,说,说什么都晚了,你那个他,和他的她,早已飞走了。"

小　超:经常听赵鹏用低音去演绎非常安静的歌曲,听见你用低音来演绎的二人转,还真是别有风味。

家庭良好的音乐氛围,培养了赵鹏从小对音乐的热爱。赵鹏现在回忆起儿时的情景,不由得感叹:亲人们的影响,对于他的成长是至关重要的。家庭气氛的熏陶、自己对音乐的喜爱,正是这些不可或缺的因素成就了今天的"人声低音炮"。殊不知,就是因为自己的低音,赵鹏曾经烦恼过。

赵　鹏:我小的时候模仿张雨生的声音非常像。后来到初中的时候,我的声音突然变得越来越低。当时我就觉得我一辈子都唱不了歌了。到高一的时候,父母送我去学声乐,老师告诉我,我是标准的男低音,不要害怕。当时我就非常开心。可是那个时候还是喜欢唱一些流行歌曲,跟着原调唱不上去。以至于心里比较郁闷:我为什么不是高音的嗓子。后来自己写了一些歌,唱自己写的歌,觉得还是游刃有余,后来我就开始喜欢我自己的声音了。我考上星海音乐学院以后，自己就开始组乐队。那个时候又开始唱零点、黑豹的歌。毕业以后签了一家音乐公司，开始有了自己的风格。可能就是因为生活阅历的积累吧，我写的歌越来越安静了。

小　超：刚才您说可以模仿张雨生，但是张雨生和你现在的嗓音相比，那是截然不同的。

赵　鹏：太不一样了。我小的时候唱张雨生的歌，可以按他的原调唱，还是觉得很轻松。变声了以后，那种落差非常的大，心里当时就有些承受不了。我从初二、初三一直到高中的那三年，每天晚上都会做同样的梦：自己站在舞台上，拿着吉他唱歌。所以现在爸妈总跟我说，你终于梦想成真了。你小的时候吹的牛，如今大部分都实现了。

小　超：小的时候还吹过什么牛？

赵　鹏：我上高中的时候对我母亲说：长大了我要当一个歌唱家，要给你买很大的房子住。后来我在广州给父母买了房子。我妈说：这个牛你又实现了。

小　超：当个歌唱家，买个很大的房子给父母住。不但完成了自己的梦想，还尽了一份孝心。

赵　鹏：对。还有一些比如说，我想组个乐队，上了大学以后就组了。我想唱自己的歌，出一张专辑，上面全是我自己写的歌，也实现了。唱歌成了我的职业，我觉得这是人生最大的幸福。

小　超：把自己最喜欢的变成一生的职业，这一点很重要吗？

赵　鹏：非常重要。小的时候，我的同学或者亲戚，本来是喜欢某个专业，然后到高考的时候，家里人不允许，并没有报考自己喜欢的专业。我觉得这可能会把他一辈子毁掉，或者会把他一些光辉的东西抹煞掉。我的父母就比较开明，常对我说：你喜欢音乐是吧，好好学，考上音乐学院，爸妈会全力支持你。我非常幸运有这样的父母。

小　超：如果说父母并没有让你去学音乐，而是让你去学医，你觉着你能行吗？

赵　鹏：应该不行，天生我材必有用吧。其实这个问题在几千年前孔子就告诉我们：因材施教。

小　超：你对音乐的喜爱到达了一种什么样的状态？

赵　鹏:音乐,它有的时候是我的朋友,有的时候它就是我的生命,有的时候还是我的孩子。

小　超:如何去理解这三个角色?

赵　鹏:我的作品,有的时候写出一些歌,那就是像是一个新生儿诞生的感觉。

小　超:就像自己的爷爷拿着个杆秤,去量一量自己的这个专辑,到底几斤几两。

赵　鹏:音乐还像一个朋友,天天都陪伴着我,开心和不开心的时候,我都会拿起吉他唱唱自己的歌。音乐还是我的生命,我真的不知道如果没有音乐,我还会去干什么。

小　超:每个人的生命不可能是一帆风顺的,在你音乐之路上有没有大的坎坷?

赵　鹏:这个真没有。

小　超:这个回答出乎我的预料。

赵　鹏:好好学习,天天向上,然后踏踏实实地唱歌,也没有遇到过什么。一直以来就像我的音乐一样,平平淡淡。不说一帆风顺吧,但是没有什么波浪。

小　超:平淡之中也有很多的精彩。但是在我看来你有这样的一个小坎坷,自己的嗓音变了,变得自己都不认识了,自己都不喜欢了,那个时候的音乐梦想是不是发生了动摇?

赵　鹏:没有动摇过。我记着上音乐课的时候唱《三套车》、《夕阳红》。下课一开门,门口围着一群老头、老太太,他们正在听我唱歌。当时我就感觉特自豪,赶快跑回去告诉我妈妈。

小　超:找到了明星的感觉。高音虽然震人,低音照样吸引人。

赵鹏凭借着出色的男低音,得到了业内人士,还有很多歌迷的关注。不少音乐发烧友痴迷于“人声低音炮”低沉且富有魅力的歌声。曾有歌迷说过:在忙碌的现代城市生活中,当你坐下来,倾听赵鹏的歌声时,你烦躁的心会随着其歌声,慢慢地沉静下来。赵鹏曾经唱过摇滚,在广州星海音乐学院读大学的时候,赵鹏曾带着自己的乐队四处演出。随着风格的转变,音乐对于赵鹏来说，也由当初的爱好变为职业。

小　超：后来报考音乐学院，这是家人的建议，还是你自己的想法？

赵　鹏：我母亲希望我能够留在东北考师范学院的音乐系，但是我想更系统地去学声乐，所以我一定要考音乐学院，我父母并没有任何的阻拦。之前念完了高中二年级，我就不读高中了，那个时候已经开始喜欢摇滚乐了，就和现在二手玫瑰的主唱，我们俩谋划着去北京。但是口袋里没钱，我们俩就去刷广告。一层一层地刷，一层好像是两分钱。后来这活也没了，我们俩就去木器加工厂，推门一看，很快就出来了，这活咱干不了，里面全是灰，干完活，嗓子就该废了。后来我觉着还是应该先考大学，我父亲就让我自己选择，不撞南墙不回头，让我撞一下自己就回头了。

小　超：你选择了继续上学，现在回想一下，你当初做出的选择到底对不对？

赵　鹏：对。这个经历还是要有的。大学的那个音乐氛围确实能让我学到一些东西，比如说声乐。

小　超：在大学里，你的这个嗓音条件是不是和其他的同学也不一样？

赵　鹏：我们班就我一个男低音，其他全是高音。

那时候自己就开始玩乐队了，除了上课就是搞乐队。我们的系主任特批了一个琴房给我们，里面放了一堆乐器。

吉他永远是赵鹏最好的伙伴

小　超：你组建的这个乐队叫什么名字？

赵　鹏：扩张乐队，后来改了名字叫惊堂木。

小　超：惊堂木，“啪”往桌上一拍：话说这个惊堂木。这个名字起得不错。在我的印象里，长发飘飘、弹着吉他，不应该是唱这种低音安静的歌曲，应该是那种非常热辣的摇滚歌曲，以前搞乐队的时候，是不是摇滚？

赵　鹏：对。因为后来比较戏曲了，改了个中国一点的名字，叫惊堂木。

小　超：在我的印象里，和更多的你的歌迷的印象里，像赵鹏这样如此安静的人，唱摇滚好像是不太可能，那能不能给大家亮一亮，我赵鹏也能唱摇滚。

赵　鹏：好，试一下吧。"总是提出许多问题，面对镜中的自己，翻来覆去在解说，说来说去太啰嗦……"我唱的是窦唯《黑梦》专辑里面的一首歌。

小　超：这个摇滚的风格，给人扑面而来的这种感觉，非常特别。其实赵鹏有的时候可以在自己的专辑里，加进一首这种小摇滚，低音摇滚。

赵　鹏：可以试一下。

小　超：那么，后来这个乐队一直在坚持吗？

赵　鹏：一直在坚持，现在就等于是我的音乐会，或者是一些现场演出的专属伴奏乐队，中间还推出了三张唱片，也是属于发烧唱片，就是赵鹏与惊堂木乐队的三张专辑。

赵鹏视音乐为生命，在他看来，兴趣和执着是做好一件事所必须具备的条件。每一次难忘的经历都是音乐道路上的一次积累。大学前，赵鹏一直生活在东北，1998年考入了星海音乐学院，2002年大学毕业后，赵鹏选择留在了广州。从北方到南方，不同的环境，不一样的生活习惯，不一样的人群，但赵鹏还是选择了扎根在花城。

小　超：大学毕业之后，为什么选择在广州发展，而不回老家？

赵　鹏：因为大学就在广州上的，星海音乐学院，后来发现一个北方人，已经完全适应了南方的生活，就一直留在那里了，广州的那种文化的感觉，山清水秀，一年四季都有绿的东西，我非常喜欢那种感觉。

小　超：给我们详细地说一说，你对广州的印象，一些详细的东西，一条珠江穿城而过和你的歌声有异曲同工之妙吗？

赵　鹏：我有的时候会喜欢广东一些有山有水的地方，比较郊区的一些地方，去那里坐坐，去喝喝茶。当地的这些景色，还有当地的人的生活方式，还有他们的性格，我觉得跟我的音乐，像您刚才说的很吻合。就是它能够唤起我去创作，像我翻唱的那个《船歌》，就是那个意境。

小　超：那《船歌》的曲调和感觉是个啥样？唱一下吧。

赵　鹏：好。“姐儿头上戴着杜鹃花，迎着风浪逐彩霞，船儿摇过春水不说话……”就是一种水乡的感觉。

小　超：潺潺流水，随着你的歌声能流到我们听者的心里面去。

赵　鹏：我上中学的时候，听人家说广州是个文化沙漠。其实在那里住了十几年，我发现不是那个样子，它的文化底蕴还是很深的。只不过人们的性格可能会务实一些，然后有一些东西相对来说保守一点。那种务实对我来说，是非常值得学习的。还有当地的那种岭南化，那些房屋的建筑样式，我觉得太美了。我记得当年买房子的时候，特意选择了一个很远的地方，我觉着我应该时时刻刻跟这些岭南的山山水水接触。

如今，“人声低音炮”的事业如日中天。一个东北爷们儿，已经适应了广州的生活。花城的山山水水给赵鹏带来了创作的灵感。在赵鹏的专辑里面，他用自己温暖、磁性的男声轻轻吟唱着老歌，浑厚低沉的嗓音，在简单的乐器配合下，将旋律摇曳出一种动人心弦的感觉。

小　超：有没有记得，第一张唱片出来是什么感觉？为了这张唱片自己努力了多长时间？

赵　鹏：2004年。我记着第一张唱片录得比较久，可能光人声就录了差不多有一个月。然后，其他后期制作、编曲，差不多有大半年的时间，我当时感觉这个声音从我的嘴里唱出来，然后进入耳机，再到我的耳朵里，怎么听都不舒服，怎么这么别扭呢！没有办法进入状态。后来录完第一张专辑到第二张专辑，就是《月光森林》的时候，我就开始知道怎么在录音棚里运用自己的声音了。第一张专辑，在后期制作和编曲上我都非常喜欢，并不特别喜欢自己的演唱。之后的，我觉着越来越好了。因为我可以自由自在地在录音棚里唱歌了。

小　超：像一只小鸟一样，在录音棚里飞来飞去，那么第一张专辑里录好的第一首歌,我觉着对一个唱者来讲,是一个非常好的里程碑。那第一首歌是什么?

赵 鹏:《月亮代表我的心》。

小 超:脍炙人口的歌曲。我就不跟你说要求了,再唱一唱吧。

赵 鹏:好。“你问我爱你有多深,我爱你有几分?我的情不移,我的爱不变,月亮代表我的心……”

小 超:邓丽君的这一首经典歌曲,通过赵鹏的这种低音唱出来,别有一番味道。专辑到现在为止,想问你个数字,出了多少张?

赵 鹏:到今年已出了第十三张了。梦想就是:如果保证质量的情况下,多多益善。自己写的歌,还有翻唱别人的歌,一些老歌,还有很多我喜欢的没有录过唱片。

十三张专辑,就像赵鹏所说的那样,每一张专辑都像是自己的孩子,赵鹏在唱每一首歌曲的时候,都是在用心去唱,从当初的摇滚乐到现在的慢歌,经历了不同音乐风格的赵鹏,对人生也有新的感悟。

面对话筒,赵鹏一如既往的深沉

小　超：十三张也好，十四张也罢，乃至于将来的更多也好。你想通过自己的歌声，给喜欢听自己歌的人一种怎样的感受？

赵　鹏：希望把大家的生活唱得尽量慢一些，听歌的人也会把自己生活的节奏变得稍微慢一些。把一切都慢下来，可能生活会比现在这种忙忙碌碌的感觉更美好一些。

小　超：这个慢字代表了什么？

赵　鹏：之前我的生活，搞乐队的时候，那个时侯风风火火的，觉着要做什么什么样的一个乐队，什么什么样的一个人，有一些功利的东西存在，那个时候没有现在快乐。当我的音乐风格开始转变的时候，我发现我的生活被自己写的歌、唱的歌给唱慢了。我就会融入到我的那个歌声当中，就会把我自己的生活变得比以前更悠闲了，突然发现，每一个人都应该这样活着，其实在安安静静的时候，悠悠闲闲的时候去思考自己的生活，然后，再去慢慢地过，这种感觉可能更适合人类的生活。但是有的时候又想，有点站着说话不腰疼，因为不可能每个人都能实现这样的生活。

小　超：当初你做摇滚乐队的时候，你说忙忙碌碌，那是怎样的一个忙法？

赵　鹏：带着乐队到处演出，那个时候不会唱黄家驹，不会唱迪克牛仔，还有动力火车。那个时候我就是不会唱，学我也不学，我就唱我自己的歌，就有活干那个时候。就一直都能赚到钱，能吃上饭，现在回想起来很幸福。

那时候我就想以后，我一定要变成一个枪炮与玫瑰那样的乐队，或者黑豹那样的乐队，崔健那样的人物，但是现在想想，我自己能唱歌就是最幸福的。

小　超：后来在你这种低音的慢歌里开始转变了自己的生活状态，你再看看身边现在这个社会发展的节奏如此之快，大家的工作节奏如此之快，你对大家有什么建议？

赵　鹏：我觉着现在每个人的状态，可以尝试着尽量回到80年代，因为经济的发展不代表我们生活的方式倒退。我觉着有的时候想起80年代街道的那个感觉和人们的那个表情，都是那么的灿烂，那么的美丽。现在高楼大厦这么多，看上去反而倒有一些不安的感觉。

小　超：多多少少有点压抑。让自己的身体，好像无的放矢一样。

赵 鹏:对,其实每个人都喜欢钱,都希望自己更富有一些。但是我觉着在有一些存款的情况下,可以尽量放松一下,因为这些钱真带不走,赵本山大师说过那么一句话:到最后还是那么个小盒。

小 超:从自己歌声里面,总结出来的一种人生哲理,希望大家慢下来,这个慢字实际也很适合现在生活得太快的人们。自己有没有梦想?这种梦想你是否一直在坚持?比如音乐是你的梦想,但这个过程一直在坚持,以后还坚持吗?

赵 鹏:坚持,我现在比较注意保护自己的嗓子,国外一些低音歌手,七十多岁还在唱。我希望我到七八十岁的时候还可以唱。就是以前的梦想是要成为一个什么样的人,最好能唱到离开这个世界的那一天。

把脚步放慢,是赵鹏对工作和生活的一种态度,这个慢是希望在现实工作、生活中忙碌的人们能有一个平和的心态。正确地衡量自己,在努力拼搏的同时也要懂得知足。赵鹏说自己渴望过乡村般的生活,喜欢乡村里的空气,喜欢那里的人群,给人一种很温暖的感觉。

小 超:那么你对农村或者是农民,或者对三农这个领域了解不了解?

赵 鹏:对农村算是比较了解吧。我小的时候就喜欢去农村玩,有的时候会住在姥姥家,然后在那里帮他们摘一下香瓜,然后搬回来。有的时候去摘一下玉米什么的。我的梦想就是我老了的时候,住在乡村里。

小 超:喜欢离城郊,或者离乡村近一些。

赵 鹏:可能是个人喜好的问题,有些人喜欢高楼大厦,非常方便,干什么都好,其实现在的乡村也是一样的,只不过跟城市的感觉不一样,其实它什么都有。可以上网,什么东西都很发达。很多农村的家庭也有车。但是他们有着跟城市不一样的东西,就是空气不一样,然后人的感觉不一样,我自己觉着还是相对会更朴实一些。

小 超:空气是怎么个不一样?人和人之间的感觉,又区别在哪里?

赵 鹏:尾气没那么多了,还有空调排放出的废气也没那么多了。人和人之间的感觉,城市和乡村注定永远不一样,就是更近一些,更亲密一些。有的时候唠唠家常,一样也要唠一些股票、房价那些事。

小　超:城市里大家都比较忙碌,交流的时候不多。有的时候邻居和邻居住十来年,都不知道谁是谁。有过这种感受?

赵　鹏:是这样的,住在城市里肯定是这样的,我不管以前在齐齐哈尔,或者后来在广州,很多邻居真的是干什么的都不知道,然后见面点个头,以前在齐齐哈尔会说句话,在广州我感觉他们都害怕跟我说话。

小　超:只喜欢听你低音,那么在你专辑中,第一首歌,我们刚才说了是《月亮代表我的心》,在以后的这些专辑里面,你最喜欢的是哪一首?或者是你最喜欢的翻唱的是哪一首?

赵　鹏:所有的专辑里,最喜欢的翻唱的就是《船歌》和《渡口》。然后自己写的歌都喜欢。

小　超:你应该明白,我为什么又引出了这首《渡口》。

赵　鹏:说完我就后悔了!来,《渡口》。"让我与你我握别,再轻轻抽出我的手,是那样万般无奈的凝视,渡口旁找不到一朵相送的花……"

小　超:这是翻唱的,你自己写的,比较喜欢哪一首?

赵　鹏:一首有点戏曲感觉的,就是《卜奎大街》,因为齐齐哈尔在解放前的名字叫卜奎城嘛,唱的就是这个。"那人来人往的街上,时间在流淌,曾经的叫卖声声在耳边回响,那熙熙攘攘的人群,风风火火的声音,曾经年少的我啊,在这里长高了……"

小　超:这是对自己家乡的那份回忆。我能听得出来在歌声里面个人的表达。比较喜欢乡村,比较喜欢那种乡情乡韵,有没有想过给农村、农民,或者是农业这个领域写首歌?

赵　鹏:我很多的歌里头表达的东西,都是在这种感觉下诞生的。包括写家庭的,写家乡的,有的时候写的场合就是在乡村,有的时候也是在想象着乡村。用我母亲的话来讲,我基本上就是生活在城市里面的一个乡村人。可能是遗传吧,我的父亲,我的爷爷都是喜欢这样的生活的人。

赵鹏常常会通过歌声来表达对家乡的思念,对乡村般生活的向往。赵鹏常说:知足者常乐,自己不会因为失去而过度遗憾,也不会因为得到而太兴奋。要选择一个适合自己并且能为之付出的职业,不要三心二意、好高骛远,要坚持走下去。

小　超：咱俩交流另外一个话题，就是在人生发展方面，第一你要寻找一个自己喜欢的，第二你要寻找一个能坚持一直往下做的。现在的很多年轻人，觉得今天我干了这个工作，明天我看着别人的工作也挺好，挣钱又比我多，就善变，那你对这种事怎么看？

赵　鹏：人只要认认真真做好一件事情，一定会做成的，但是首先选择这个职业非常重要，一定是你自己喜欢的和你自己擅长的，这两点非常重要。这山望着那山高，从古至今，从中到外都是非常错误的。人不可能做好每一件事情，做好一件事情就是最大的成功。所以像我一直以来，就是努力唱歌、写歌，除此之外什么也不做。

小　超：那么你觉得自己的这份职业，现在做得好吗？要打分的话，到现在为止给自己打几分？满分10分，打几分？

赵　鹏：打个9.9分吧。现在的生活状态和这个思想状态，就是做好今天的事，对将来没有什么太大的一个定位，唯一的一个定位就是唱好歌。

小　超：那么满分是10分，你给自己打了9.9分，也有一句话叫知足者常乐。那么你对“知足”这两个字有什么感觉？有什么想法？

赵　鹏：像刚才说的那个话题一样，做好一件事，自己现在拥有的东西是最宝贵的，有的时候失去一些东西，可能就是命里头根本它就不属于你，不以物喜，不以己悲，有些东西，没了就是没了，属于你也别太兴奋，就是这样。

小　超：在节目的最后，能不能通过我们的摄像机，给电视机前的观众朋友们，说点什么？

赵　鹏：山东的父老乡亲们，大家好！上一次来山东是2002年，当时我觉得山东是一个非常适合生活的地方。喜欢这里的美食和这里的人。希望能够经常来。我会继续好好唱歌，为大家唱出更好的作品，谢谢一直支持赵鹏的朋友们，谢谢大家！

小　超：节目的最后，还是想邀请我们的赵鹏，再给我们唱上一曲，感觉能表达自己心态的歌曲，在你的歌声里我们结束今天的节目。

赵　鹏：好，《你的眼神》。“像一阵细雨洒落心底，那感觉如此神秘，我不禁抬起头，看着你，而你并不露痕迹，虽然不言不语，叫人难忘记，那是你的眼神,明亮又美丽,啊,友情天地,我满心欢喜……”

【节目结束语】

在赵鹏低沉而富有磁性的歌声里,我们结束了今天的节目。就像赵鹏所说的那样:年轻人要干一行,爱一行。这山望着那山高,自古以来是行不通的。人要懂得珍惜和坚持。

试着让自己的心态平和下来,平静地面对一切。得到时,不过分狂喜;失去时,不过分悲伤。有时候适当地放慢脚步,也许会更好地思考以后的工作和生活。珍惜自己所拥有的一切,把目光放远,做好自己的事,慢慢地你会发现,其实重要的是懂得知足。

小超与颜景祥

【小超印象】

鲁菜大师颜景祥，温和而慈祥，他是个实诚的老人。他打小跟父母做菜，从做家常菜到做出真正意义上的第一道鲁菜，他围着菜墩整整转了十年。菜墩切不烂，菜就炒不好；炒勺不会翻，菜就没味道。颜大师说：“做人如做菜，需要实诚，不然菜做不好，做人也欠火候”。

寻味舌尖上的鲁菜

——访颜景祥

【节目开场语】

观众朋友们大家好,欢迎来到《小超访谈录》。

一说山东人,大伙儿都觉得亲切。山东在旅游方面也有“好客山东,礼仪之邦”的美誉。特别是当外国或者外省的朋友到山东来的时候,都觉得吃上一顿鲁菜,比如九转大肠、爆炒腰花,这趟山东之行就算没白来。说起鲁菜,不得不提一个人,他就是鲁菜大师——颜景祥!

小　超:颜老师,欢迎来到《小超访谈录》。握着您的手我心里就暖和,您这双手曾经做出了那么多道鲁菜。我觉着您手腕挺有劲,把我的手当成菜刀,您来掂掂试试。

颜景祥:我的手腕还是比较有劲的,这是练基本功练出来的。

小　超:右手拿刀,左手端炒勺,一左一右。刚才我握着颜老师的手,我的手就是菜刀,感觉力量还是比较大的,切起萝卜丝来肯定不错。鲁菜之所以能称之为菜系,是因为山东省的物质资源较为丰富,山珍海味什么都有。

颜景祥:对。说到海产品,首先要提到的就是海参。关于海参的菜品就有几十个。比如在过去宴席中常见的蝴蝶海参、芙蓉海参、山东海参、海参三鲜等,到现在最流行的葱烧海参以及按大件来说的海参肘子、酸辣海参等。

小　超:听您一说,我口水都有了,葱烧海参我也吃过,用海产品做的菜,您知道的有多少种?

颜景祥:至少也得两百种。一种原料能做出多种菜品,这是厨师应该具

一说起吃，主持人便来了精神

备的技术，也叫技能。比方一只鸡，能做出几十个菜品，比如清炒鸡丝、滑炒鸡丝、油爆鸡丁、酱爆鸡丁等。

山东菜简称鲁菜，孕育期可追溯到春秋战国时期，南北朝时得以迅速发展，是中国著名的八大菜系之一，有北方代表菜之称。大多数人都认为，鲁菜是中国八大菜系之首，影响所及已达黄河流域，东北地带，成为我国覆盖面最广的地方风味菜系，对北京、天津、华北、东北地区烹调技术的发展影响很大。颜景祥从厨五十余年，如今则成为鲁菜创新的主要倡导者和实践者之一。颜景祥大师技艺精湛，擅长鲁菜制作，其主要代表作品有荷花鱼翅、汆芙蓉黄管脊髓、奶汤八宝鸡、油爆双花、滑炒里脊丝、翡翠麒麟鲍、牡丹干贝、拔丝苹果、清汤布袋鸡、三套鸭、挂霜丸子等上百种鲁菜精品。其绸布切肉丝、整鸡出骨、整鱼出骨、手抓春卷皮等烹饪绝活令人叹为观止。

颜景祥：1983年我参加人民大会堂的比赛，一个省里选出四名参赛者。我当时准备了四款菜，第一个菜是荷花鱼翅。这个荷花有白的，有粉红的，都是用鸡料子和鱼料子做的，十二个瓣带鲢须，中间一个黄扒鱼翅，菜的整体感觉很壮观。第二道菜叫奶汤八宝布袋鸡。两只鸡,一只装素馅的,一只装八宝馅的,都是"整鸡出骨"。

小　超:说到"整鸡出骨",您剔一只鸡需要多长时间。

颜景祥:我的徒弟宋其远剔一只鸡大约四分钟,我正常情况下剔一只鸡大约五六分钟,徒弟要比老师强。剔完了鸡以后,给鸡灌上水,要滴水不漏才算标准,一漏水就算失败了。然后再装上馅,一个荤的,一个素的。

小　超:当时你做的第三道菜是什么?

颜景祥:第三道菜是汆芙蓉黄管脊髓,是个汤菜。黄管是猪内脏的一个大动脉,约有二十公分长,把黄管煮熟之后去除油腻,翻过来再把它打上花刀,两个坡刀一个直刀,翻出来以后就跟蜈蚣似的。脊髓就是猪脊髓,这两个都有很高的营养价值。

小　超:这是第三道菜,那么第四道菜呢?

颜景祥:第四道菜是糖醋黄河鲤鱼。当时我们参加全国比赛的时候,有三个省份的参赛厨师选做糖醋鲤鱼。鲁菜里的糖醋鲤鱼叫翘头翘尾,是半圆形的,像鲤鱼跳龙门,它的刀口是牡丹花刀。挂糊既不能挂大,也不能挂小,得薄薄地把这个鱼包住,刀口还得显示出有层次。再一个是烹汁,糖醋汁浇到鱼身上得看到哗哗地冒泡,浇上去会吱吱地响,这时鲤鱼炸得才叫酥。

颜景祥钟情鲁菜,获奖无数

小　超:在人民大会堂比赛那一年您多大?

颜景祥:我那一年四十三岁。八十多个人竞争三十个奖项,十个最佳,十个优秀,五个面点师,五个花拼师、雕刻师。当时我取得了优秀奖,全国优秀厨师优秀奖。

小　超:您对优秀奖这个成绩满意吗?

颜景祥:满意。当时"最佳"是金牌,"优秀"是银牌。

小　超:应该说能走进人民大会堂去比赛炒菜做饭,并且还拿奖的人本身就不多。

颜景祥的孙子颜挺立在2008年北京举行的第六届全国烹饪大赛上,凭借一道传统菜糖醋鱼获得了银奖,当时颜挺立只有二十一岁。采访中颜挺立表示,只要选择了厨师这一行,我就想成为爷爷那样的人,等爷爷抱上重孙子,然后重孙子再干厨师,他会更高兴的。

小　超:山东的省会济南市有着两千多年的历史,以济南为中心的鲁菜算是一个分支吗?

颜景祥:说的广一点叫济南风味,济南风味主要以汤为主。烟台福山是鲁菜之乡。也就是说鲁菜以烟台的福山为中心,再加上沿海一带。因为要成菜系,得有原料,当地这些原料,就是我们厨师最好的食材。

小　超:外地有朋友来到山东,来到济南,咱们都得请朋友吃顿鲁菜,好客山东人嘛。好多人都说,吃鲁菜就吃九转大肠,吃爆炒腰花。九转大肠、爆炒腰花,是济南的代表菜。九转大肠是在什么时候出名的呢?

颜景祥:我的徒弟李培雨1988年参加在北京举办的第二届比赛,他就做了九转大肠,结果拿了个金奖。第二届比赛时已经有金、银、铜牌的设置了,之后宣传得多了便家喻户晓。九转大肠还不能算鲁菜里边的最高峰,只不过现在大家都知道九转大肠。说到鲁菜,我说到了胶东和济南,另外还一个分支,就是孔府菜,在济宁曲阜那边。孔府菜是官府菜,济宁、滕州那边做南四湖的菜最拿手。总的来说,过去是分三大区,以济南为中心的历下风味、以福山为中心的胶东风味、以曲阜为中心的孔府风味,孔府风味也叫鲁西南风味,这是三个菜系。

小　超:有很多人都说博山菜、淄博菜也属于鲁菜的一个分支,也是鲁菜,有这个说法吗?

颜景祥:有,淄博是齐国的大地,淄博菜跟济南菜的历史基本相等。像豆腐箱子、硬炸肉、硬炸里脊,还有风干鸡,是传统风味。鲁菜现在一共分为鲁中、鲁南、鲁西南、鲁东四大块,后来又把博山添进来了。

小　超:听您一说,我对鲁菜也有了一定的了解,鲁菜不仅好吃,而且文化也是比较久远的。

据了解，鲁菜中的济南菜以清香、脆嫩、味厚而纯正著称，特别精于制汤，清浊分明，堪称一绝。胶东风味亦称福山风味，包括烟台、青岛等胶东沿海地方风味菜。该菜精于海味，善做海鲜，珍馔佳品，肴多海味，且少用作料提味。孔府菜做工精细，烹调技法全面，尤以烧、炒、煨、炸、扒见长，而且制作过程复杂。以煨、炒、扒等技法烹制的菜肴，往往要经过三四道程序方能完成。

小　超：鲁菜里边的四个分支一共有多少道菜品？

颜景祥：成千上万道菜品。现在我总结了四十项烹调技法，每项技法里面又有三到五个小技法。我给你举一个例子，我做的这十个凉菜，有酱、炝、熏、糟、拌，光这一个“酱”就是若干个品种，像酱牛肉、酱猪头肉、酱下货，所有这些动植物的东西都能酱、炝、熏、糟、拌、芥、卤、醉、麻、盐。芥末的东西，像芥末鸭掌，卤肚、下货类、豆腐，这些都能卤。

小　超：今天咱俩探讨鲁菜的品种，我估计一天都探讨不完。

颜景祥：还有三十个热菜的技法。我先说前十个，炸、熘、爆、炒、烹，还有煨、炖、㸆、煮、蒸。炸一般是干炸、松炸、软炸、清炸；再说爆，咱们说爆三样、油爆双脆、酱爆鸡丁或者宫爆鸡丁，还有葱爆、蒜爆、辣爆，光这一个辣爆就有六七种，这里面学问太奥妙了。

小　超：看似不大的一盘菜，但是这里边的道道、文化、招数、窍门还真是不少。

鲁菜原料多选畜禽、海产、蔬菜，善用爆、熘、扒、烤、锅、拔丝、蜜汁等烹调方法，偏重于酱、葱、蒜调味，善用清汤、奶汤增鲜，口味咸鲜。据了解，2005年，颜景祥以六十六岁的高龄参加了在武汉举行的第十五届中国厨师节，两次展示鲁菜精品菜“葱烧海参”，深受广大观众喜爱，这道菜最后的现场拍卖价高达六千四百元。而颜景祥却说，能得到大家的认可，实属来之不易，这其中故事还要从儿时说起。

小　超:您出生的时候家庭是个什么样的环境?

颜景祥:父母开了个小饭馆,卖一般的家常菜给那些南来的北往的,也卖锅饼、卖面条。我十五六岁的时候,就开始帮着家人挑水,每次往大缸挑十挑子水。挑水以后还帮着大人们择择菜,择完菜、吃完饭才去上学。

小　超:您后来对烹饪或者对厨师感兴趣,是不是受家里环境的影响?

颜景祥:是啊。一点一滴、一年一年地就产生兴趣了。初中毕业以后,正好1956年实行公私合营制经济,当时有一家公司在招聘学员,父母就和我说不能只在家里跟着他们干这个小买卖,得出去学点技术再提高一步。我通过别人介绍来到了燕喜堂上班。早晨七点半上班,晚上八点钟下班,隔了一年多时间才开始拜师学艺。

小　超:在燕喜堂的这一年都干了哪些活?

颜景祥:我刚开始就是拉水、砸炭、择菜,老师叫择芹菜就择芹菜,根本连灶台都没靠上。一年以后我才拜了梁继祥为师。拜了师以后,我就不用去择菜了,而是跟着梁继祥老师在菜案子旁学习。一开始练刀功、练手脖,切菜都在墩子边上切。切上两个钟头,墩子的一块就得削去两厘米,剁得有毛刺了,就转悠着切。现在学员使用的墩子是当中凹,周边高,我当时用的那个墩子则是当中高、周边凹。

上世纪30年代,颜景祥的父亲颜承业在济南历下区开起了颜家菜馆,主要接待往来运送货物的人。每天放学后,颜景祥都会到严家菜馆帮父母干活,也因受家族影响,进入燕喜堂工作一年后的颜景祥,拜了当时的名厨梁继祥为师,开始了他的烹饪生涯。颜景祥也说,想要在烹饪界成为一名大师级的人物,这一点一滴基本功的练习是必不可少。

小　超:当时练这些技能时手腕子疼吗?

颜景祥:当时都得腱鞘炎,因为天天都在用手腕。切笋不像切青菜,切笋是当当当地真使劲。切丝、切片、切丁,就练这些基本功,练完这些,再切别的,当时就觉着跟闹着玩儿似的。

小　超:现在您的右胳膊是不是也很有劲?

颜景祥:有劲,这都是多年切墩切出来的。在案子上跟老师学了五年,练基本功、练手腕、练剔肉、练剔鸡、练剔鱼。

小　超：从开始学习到自己掌勺，炒出第一个属于自己的菜用了多长时间？

颜景祥：我在案子上练习五年，在凉菜上又干了三年，一共八年。我上炉子炒菜是在第十个年头。

小　超：也就是说，您从开始学习到最后上炉灶自己来炒菜，这个过程接近十年。

颜景祥：是的。从凉菜、案子、炉灶，到蒸锅、煮汤，这是一系列的活。过去老师傅说，你是个全面手啊，围着案子能转一圈。但是转完这一圈挺不容易，一转就得十年啊！1956年我参加工作，只在燕喜堂就待了二十年。1960年我参加全省青年一级的比赛，成绩不俗。我记得比赛时准备了两个菜，切里脊丝和爆炒腰花，这两个菜对刀工和火候要求都很高，我当时两个菜都得了90多分。我在燕喜堂工作了二十年，青春的光阴，都是在燕喜堂度过的。

小　超：您觉得那个过程对您现在影响大吗？

颜景祥：影响很大。整个厨房我几乎花了二十年才转完一圈。

燕喜堂的岁月历历在目

芙蓉街是一条济南性格的老街。芙蓉街以街中芙蓉泉而得名，街位于珍珠泉群之中，邻近历代两大府衙和贡院、府文庙及古城主干道。金、明、清时，向是文人墨客饮酒赋诗之地。芙蓉街里有个金菊巷，著名的老字号燕喜堂就在这里。颜景祥二十年的青春光阴在芙蓉街的燕喜堂里度过，这里有数不尽的美好记忆，而如今就在距离芙蓉街不远的县西巷，则展开了颜景祥家族新的篇章。

小　超：现在很出名的颜家菜馆是哪一年诞生的？

颜景祥：我的儿子颜卫星，2000年开始在辛祝路开景祥大酒店，酒店的面积有一千多个平方，在2010年的时候，他在县西巷三楼买了个小门头，开了严家菜馆。我对他说："咱们这个菜品不要过多，但要精，从质量到数量到口味，再到价格都要合理。"因为诚信是第一位的。

小　超：颜老师我想问问您，您做鲁菜应该有五十年了吧，您总结一下鲁菜的特色吧？

颜景祥：首先是原料丰富，章丘大葱、寿光蔬菜、莱芜姜、苍山大蒜等等，这些都是烹饪中最好的食材，再加上好汤来煨它，便成就了原材料的本味和鲜味。鲁菜以清、鲜、脆、嫩、爽著称，原汁原味，清、鲜、脆、嫩、爽。原料选料新鲜，刀功精细，火候讲究，这就是鲁菜的特点。

小　超：很多不了解情况的人说鲁菜有"三乎乎"，即"咸乎乎"、"黑乎乎"、"油乎乎"，您怎么看待这种说法？

颜景祥：过去我们经常听到这种说法，现在已经不存在了。鲁菜在我的眼里很优雅，是很上层次的一个菜品。从80年代往后，通过中烹协、市烹协办班，对各个厨师能力的提高，厨师级别提高了，特级厨师、技师数量也都很多了，加上蔬菜的品种多，原料的品种也多，鲁菜的花样品种也多了，比过去的时候多了很多倍。

小　超：现在有川菜、湘菜等菜系，您觉得它们对鲁菜的冲击大吗？

颜景祥：在80年代末90年代初有过冲击。鲁菜走不出去，人家已经走进来了。2000年以后，我们鲁菜就逐渐走出去了。

颜景祥的大儿子颜卫星有项鲁菜绝技——蒙眼切蓑衣黄瓜,他曾在1999年10月获得山东省烹饪比赛热菜第一名,同时被授予山东省技术能手、最佳厨师称号。同年11月,获全国第四界烹饪技术比赛银奖。2002年6月,在马来西亚举行的第四届烹饪世界大赛中,荣获特金奖、金奖、银奖各一枚。如今同为厨师的颜景祥以及儿子、孙子,这样的祖孙三代在一起,真可称为名副其实的烹饪世家。据了解,颜景祥从厨五十年来,在他的不懈努力下,共改良创新鲁菜二百余种,培养了一百多名技艺高超的鲁菜厨师,麾下徒子徒孙上千人,在他近古稀之年,又办起了鲁菜网站,也编写了多部书籍。

小　超:您从燕喜堂退休之后一直在为发扬鲁菜做贡献,现在您身边的徒弟有多少人?

颜景祥:我的徒弟正式拜师的有一百五十人,徒弟的徒弟就更多了。他们分布到全省各地,自己干的能占一半,还有在一些星级宾馆里当行政总厨的,基本上都是挑大梁的。我时常告诉徒弟们,一定要把握鲁菜的口味。我做的鲁菜从来没用过添加剂。

小　超:颜老师,我听说您在坚持发扬鲁菜的同时,还写了不少书,还开了个网站是吗?

颜景祥:第一本书是2005年出版的,名字叫《中国鲁菜荟萃》,这本书里收录了成千上万道鲁菜。第二本因为平时事情多,六年才完成。这本书讲述了二十六桌宴席,一百五十多款传统鲁菜和创新鲁菜,每个菜品有一张照片,前三桌是宴菜全席、鱼翅全席、海参全席,再往后就是从80年代开始我二十多年积累的一些宴席。第三本书是全羊大菜,2010年出版的。

小　超:您觉得发扬鲁菜文化,发扬鲁菜菜系,改革创新重要吗?

颜景祥:对,创新很重要。创新是在传统的基础上,再创新。不要传统的东西你还没继承下来,就开始创新,没有边际的创新不行。对有些老的传统菜,要不断保留、不断提高,口味还得变化。

小　超:你觉着鲁菜如果保守不进取、不改革、不创新,它的路子就会越走越窄,您现在创新了多少种新菜?

颜景祥:九转大肠,素大肠。素大肠我是用面筋做的。用面筋做素鸡丝,用面筋做素大肠,做素肉,这些东西做起来是挺费工,但现在人们生活水平提高了，成天吃鸡鸭鱼肉的，得来点素食。

发扬鲁菜已经变成颜景祥的内在使命

做人做事认认真真，是很多人对颜景祥的评价，这也成为他从事厨艺五十年来最受人尊崇的品格。李培雨在采访中表示颜老师十分认真，八几年他和老师去泉城宾馆表演，其中有一个菜品需要打鸡蛋，挺费劲的。打的时候得用手猛搅，搅得累了，他便不搅了，结果老师亲自过来做。他认为颜景祥和普通厨师最大的区别，就是两个字：认真。

小　超：您这一辈子有五十年一直在做菜。在切和炒还有炖的过程中您觉得幸福吗？对于这份职业，您怎么看？

颜景祥：做这份职业我感到很幸福，也很热爱，我给徒弟也是这样讲。过去干餐饮业地位很低，现在我们提高到什么程度了？大师、名师、特级大师，经济地位提高了，政治地位也提高了。我们现在干餐饮很受人尊重，只有把这个精力用到研究菜品上，研究口味上，做出健康的食品来才行。

小　超：颜老师，您觉着做菜与做人之间有什么联系吗？

颜景祥：首先得先做好人，做菜做人一定要诚实。做厨师要把好三关：第一关是把好进货关，我们所需要的新鲜食材，不能有变质的；再就是不能用地沟油，而且不能添加任何腐蚀剂、添加剂。不能做一个菜拿奖了，就开始骄傲，拿了奖你要跟大家分享好菜品，这才叫真成功。

现在二三十岁的年轻人得好好练基本功。他们跟我那时候比不太一样，三步跨栏上去了，太快了。就说剔鸡，现在有的人说自己是技师、一级厨师，但给他个鸡他都不会剔。他为什么不会剔，因为采购员去买，要鸡腿有鸡腿，要鸡脯有鸡脯，要鸡架有鸡架，不用他自己剔了。现在很多年轻人感觉自己学会做菜了，就赶紧找个地儿去上班挣钱。我建议这些年轻师傅们，多加强基本功练习，这样才对自己以后的职业生涯有所帮助。你甭管当大师也好，当名师也好，不能感觉再去干学员的活身价就下去了。不能出现我今天叫你宰个鸡或者给我剔个鸡，你却说“哟，我还剔不了，我光会炒菜”的情况，那样就失去大师的意义了。

小　超：您现在是不是对鲁菜这份事业仍然充满了激情？

颜景祥：现在我七十四岁，确实觉得活动不如以前灵便了，但我还是热爱这份事业，切墩当当当当地用力，没问题。有次我看见孙子在划腰花，我告诉他，你这个坡度不够，速度也不够，我就告诉他应该怎么切。

小　超：颜老师，您的基本功，是围着墩子转了十年才练成的，让我再握握您的手。颜老师，您的手握起来劲头还是很大，就是这双手炒出了那么多好吃的鲁菜，感谢您为鲁菜文化做出的贡献。谢谢颜老师参加本期《小超访谈录》，谢谢！

如今的颜景祥正致力于研究鲁菜、菜品创新以及对新一代鲁菜烹饪人才的培养工作。颜景祥一直在说，鲁菜的继承发扬、研究创新，离不开所有关心、热爱鲁菜的人们的支持。生活中的颜景祥给人印象，不像是一位大师，他性格沉稳、不急不躁，但颜景祥却又是位实实在在的大师，这来自他的成就，他的认真，他的为人，以及他对鲁菜事业所做出的毕生贡献。

【节目结束语】

握着鲁菜大师颜景祥的手，七十四岁的他手劲还真是不小、挺有劲，也能够感觉到他对鲁菜的喜爱和那份执着的力量。他为了做好菜，围着菜墩转了十年，从开始做菜到现在已经五十载，时间过去了半个世纪，他依然还坚守着、传承和发扬着鲁菜文化的阵地。他说鲁菜要发展，就需要创新，实际上我们的生活要想变得更加精彩，创新又何尝不是我们每个人追求的方向呢？在这里还要发个倡议、做个邀请，山东是好客的地方，好客的山东欢迎您到这来旅游，同时也尝一尝山东的鲁菜。

小超与马广福

【小超印象】

*年过花甲的大明星马广福有三个爱好：第一、唱歌；第二、种地；第三、一边唱歌一边种地。在唱歌与种地的时光里，马广福真的很幸福。我接触过很多艺人，也认识很多明星，但眼前这位很多人眼里的偶像，在他身上我只看到咱农民的本色，和他聊天，真实、带劲！

庄稼汉的生活变迁

——访马广福

【节目开场语】

观众朋友们大家好,欢迎收看《小超访谈录》。

在他五十六岁之前,仅是一位普通的东北庄稼汉;在即将步入花甲的这一年,他却把一股火辣辣的“关东风”唱响了大江南北;挥着锄头、唱着民歌,与山东有着很深缘分的他一路走上了《星光大道》和春晚的舞台。他就是来自东北黑土地上的庄稼汉——农民歌手马广福。

小　超:马老师,欢迎您来到《小超访谈录》。握着您的手,还有咱们东北佳木斯雪天里的感觉。

马广福:凉飕飕的。

小　超:山东来的多吗?

马广福:来过很多次了。

小　超:在山东有很多农民朋友特别喜欢您。一是因为您唱歌好,二是因为您来自东北,东北和山东有着很深的缘分。

马广福:我老家就是山东的,我爷爷曾经提起过,俺们家就是从山东闯关东去的东北,现在地名记不清了,只记得叫做大榆树村。我爷爷活到九十六岁,在他年轻的时候悄悄地去的东北,那时候流行闯关东。

小　超:山东曾经拍过一部电视剧叫《闯关东》,您看过吗?

马广福:看了,前辈应该就是在那个时候闯过去的。我爷爷说过,那时候吃的东西不是太充裕,不像咱们现在可以吃米饭、馒头。那时候东北的土地多,去东北就是为了开荒地,只要自己勤奋一点,或许就没问题。其实那时候闯关东就是为了温饱,为了生存。

小　超:这一次来到山东做客《小超访谈录》,相当于回老家了是吧?

马广福:是啊,我心里确实是这样想的,回到老家心里很激动。此外,我作为一个农民能够参加您主持的这个节目,感到很荣幸。希望能够给农民朋友带一个好头。

小　超:马老师真会说话。

马广福:您的这个节目我看了,谈的都是老百姓自己的东西,我们农民家里的事情,您让我说这些东西还行,真让我背台词、背文稿,那我可背不下来了。

小　超:今天咱俩聊天,就像坐在佳木斯的炕头上,两杯小酒,就是闲聊。

马广福:您说头句,我说下句,别离开我那一亩三分地。

小　超:咱们先不聊,咱先唱,山东的老少爷们儿都喜欢听您的歌。

马广福:我最喜欢的就是那首《关东风》。

"呼啦啦的关东风,越吹越猛哟,滚滚的松江水哟,日夜流不停……"

小　超:听了《关东风》之后,让您的内心之中汹涌澎湃。

马广福:我们关东的确就是这样,狗拉爬犁、大碗酒、大块肉、坐上热炕头,这么多年也养成习惯了。高兴的时候,我可能张嘴就来两句,不受什么局限。我并不在乎正规的发音位置在哪儿,应该去找个调也不知道,反正就是想唱就唱。

小　超:您之前学过唱歌吗?有没有老师教过您?

马广福:没有专门学过,也没有让老师教过,我就是喜欢唱。听到一首好听的歌,我就反复地去唱,慢慢地也就学会了。

1952年,在黑龙江省佳木斯市桦南县梨树乡的一个农家小院里,一个农村娃呱呱坠地。像其他小男孩一样,马广福在这片黑土地里玩耍、长大,几乎没有走出这个村庄半步。他在东北种了大半辈子的庄稼,始终怀揣着浓郁的黑土地情结。

小　超:从您刚才的那几句《关东风》里,我们能听出纯正东北爷们的感觉，那么咱就先从您的出生地说起。佳木斯，这是您出生的地方，当有记忆的时候开始，老家是什么样？

马广福：我对家乡确实有着很深的记忆，我们那个村原来叫狼家屯。我在这里出生、长大，如今还是住在这里。我今年马上就六十岁了，在我小的时候生活在这个村子，给我留下最深的印象就是吃不饱。一年下来，家里的一亩二分地打出的粮食几乎都不够吃。我记得那个时候去干活就是挣工分，一个工分是五分钱，一年下来我基本是一个工不耽误，我就是天天去干活。

小　超：也没有现在的大礼拜休息一下？

马广福：没有休息日，只要有活我就去干。那时候我一年下来能挣二百多块钱，那一年二百块钱和现在没法比呀。大了之后社会在发展，到八几年的时候，日子就好多了，农村就是这样，农民就是得勤快一点，我觉得只要你有付出就会得到回报，在庄稼地里干农活也是这样。你付出的多，可能你收入的就多，我这几十年一直都是这样的感觉。

小　超：看来马老师真是个勤快人，坚信只要有付出就会有回报。

马广福：再往后说几年，等到了九几年的时候，我照样还是在田间地头

说起往事，马广福说的更多的是快乐

闷头干活，再加上国家的好政策，日子那是越过越好。尤其是富民政策，比如国家取消农业税等等。所以说有了这些好政策，我们农民才会有今天的好生活。比如说像我，如果没有这么好的政策，没有国家的支持，我就只能琢磨着怎么去吃饱饭了，也没有闲心去唱歌，更不会去参加《星光大道》。

小　超：在那个年代，种地挣工分这是您的主业，占据了您几乎全部的时间，您还有机会去唱歌吗？

马广福：那个时期也唱过，但只能偷着唱。

小　超：为什么要偷着唱呢，不能光明正大地唱吗？

马广福：当然很想光明正大地唱，但家里的生活非常困难，尤其是在刚结完婚的那几年，条件根本不允许。

小　超：那时候一般是在什么样的环境下偷着唱？

马广福：就是在地头，有的时候还会走出村子唱。那时候是想唱歌但又不敢唱，更不敢大声去唱。一方面是没有那个闲心，家庭的生活条件又不好，光想着怎么能去多挣工分。实在想唱两句了，先瞅瞅四周，看看有没有人，没有人了再唱。就像这样“乌苏里江来长又长，蓝蓝的江水起波浪”，唱着唱着那边来人了，就听在后面喊：“马广福在那干什么玩意呢？”“没、没干什么。”我立马就会低头继续干活，不再唱了。

马广福笑起来很灿烂

小　超：刚才那个歌声是大喇叭里传来的，我没听见啊。

马广福：对，我就想着法地打岔，把这个东西岔过去。那个年代大家都是这样想，饭还吃不饱，还穷欢乐什么。当时在东北就流行这么一句话："你说你就像个要饭的一样，穿成那样你还乐什么乐。"为什么现在大家见了我会说："老马，你现在出名了，看着你怎么没有变啊？"原因就是在那个时候我给自己下了定义，我永远都是个在农村干活的庄稼汉。那时候就是想怎么能让家庭的生活好一点儿，能够不愁吃、不愁穿。

小　超：看来小时候的苦日子对您影响很大。

马广福：当我才几岁的时候，正好赶上三年自然灾害，我就开始挨饿。我几乎是把前后院那几棵小榆树的叶子都撸着吃光了，如果不吃这个，家里根本没粮食，饿了什么吃的也没有。我们哥儿五个，爹妈根本管不过来，我们就自己弄树叶吃。肚子里有东西了，不饿了，跑出去又玩。那时候上学一考试，基本都是零分，天天不会考虑着念书，光想着怎么能让自己吃饱了饭，然后再有地方去玩就行了，这已经是世界上最幸福的事了。有时候回想起这些往事，我就经常给孩子们提起，他们听着听着就笑了，无法体会，总觉得我是在讲故事。您看这差距有多大，我儿子今年三十多岁了，我六十岁了，年龄段隔得太长。真的想让他理解到这些东西是很难的。但是必须要让他们珍惜这个来之不易的好生活。国家给了这么好的政策，农民富起来了，家家户户不愁吃、不愁穿，小砖瓦房也住上了，这是深深烙印在我心里的一段历史，可能到什么时候也忘不了。

正是这段难忘的记忆，让老马始终抱着改善生活的信念，他承包了百余亩的庄稼地，一头扎进地里辛勤地耕耘着，这日子是越过越富裕。马广福心里埋伏了二十多年的歌唱梦想又蠢蠢欲动了起来，他不想再偷着唱了，他要去放声歌唱，尽情地释放出自己的情怀。

小　超：日子渐渐富裕了起来，马老师，您还是继续偷着唱歌吗？

马广福：我不想再偷着唱歌了，就想找个舞台展示展示自己，看看自己的水平到底怎么样。我开始参加的并不是《星光大道》，在这之前，黑龙江电视台搞了一个《咱村也有文艺人》的比赛，主要就是寻找那些村子里能唱歌的人。再往前数,参加的是黑龙江省"首届农民歌手电视大奖赛",这是我第一次参加歌唱比赛,那一年我三十六岁。

小　超:从偷着唱歌到站在《星光大道》的舞台唱给全国观众听,这一过程给您留下最深印象的是什么?

马广福:给我留下最深印象的就是没有演出服。临比赛前,为了十块钱到处去借,为的就是买演出服。"老张大叔,您手里有没有钱,借我十块钱,参加咱们黑龙江省农民歌手大奖赛。"老张大叔掏出口袋说"没有"。第一个没有,服装还是没着落,再去跟李大爷借:"李大爷能不能借我十块钱?"还是没有,挺辛酸的一个过程。实在没办法了,家里老伴儿卖了两只母鸡,那可是能下蛋的母鸡啊,总共卖了十八块钱。我就拿着十八块钱去省里参加了这个活动。去了之后,那时候心里就想,自己喜欢唱歌,终于有了这个机会,一定要好好把握。

小　超:费尽周折,好在还是参加了比赛,结果怎么样呢?

马广福:我兜里揣着十八块钱,攥着两只老母鸡就去参加比赛了。去了之后,参加第一轮的比赛,全省一共一百零六名选手,当时分为城市组和农村组,我自然是分在农村组。我在城里待了八天,最后拿了农村组的二等奖。除了获得名次,还有一件事情让我觉得收获很大。在比赛中认识了郭颂老师,他是评委,我之前一直唱他的歌,但是从来没有见过。站在舞台上看着郭颂老师,咱东北自己的歌唱家,心里的感觉很好。

小　超:来时的路费凑得挺费劲,这比赛完了得回家,回去的路费有着落了吗?

马广福:来时的车票他们都给报了,要不然回家的车费真不够。这是1988年参加黑龙江省农民歌手大奖赛的过程,随后在2006年我又去参加了《咱村也有文艺人》的比赛。

小　超:距离上次比赛,这之间有十八年的时间。按照常理,上次获得了第二名,成绩不错,应该一鼓作气接着再去参加各种比赛,说不定早就成名了。

马广福:参加完农民歌手大奖赛,我就一直在老家种地。那时候一心就只惦记着种地,其他的就不想了。2006年5月份,接到县电视台的一个电话,说想让我帮个忙,去参加个比赛。后来我知道了,在这之前县电视台组织人参加了两次比赛，成绩不是特别好，他们想让我再去比赛，看看能不能获个奖。我当时并没有答应他们就挂了电话，因为5月份刚插完秧，地里的农活还很多，再说距离上次参赛十八年了，别说唱歌，一上台我都哆嗦，毕竟我都五十多岁了，而且唱的都是老歌，一个新歌都不会。后来他们又给我打电话，还是想让我去试试，说就四天的时间，行就去，不行就回来，不耽误种地的时间，我还是说不行，因为我家的稻子还在地里头，那时刚插完秧。

小　超：看来您是铁了心不想去啊，那最后他们是想了什么办法说服了您？

马广福：最后没办法了，再次给我打电话，告诉我就当给县里广播局帮个忙，咱老百姓就这样，一说是去帮忙，我说那行，但是别说给我多少钱，给我多少报酬，那我就不干了，我认为最值钱的还是情分。后来我就去比赛了，待了四天，去之前还向我儿子请了假，他很支持我，给我放了一个星期的假，他自己在家管理水稻。到了城里他们先让我学新歌，就是《关东风》这首歌，我一听来劲了，挺上口，四天就学会了，领导一听很满意，就这样去参加了正式的比赛。登台前我跟他们说，我先把丑话说到前面，最后要是没获奖，你们可别埋怨我。

小　超：这次比赛的成绩怎么样？

马广福：比赛前，心里一直在打鼓，我到底行不行，谁知道嘴一张，成功了，打响了，最后拿了一个最具人气奖。

经过这两次比赛的积累，马广福积攒起了不少自信，使他开始憧憬更大的舞台，虽然不再年轻，但歌声依旧响亮。

小　超：参加完《咱村也有文艺人》的比赛，接下来是不是就去参加了《星光大道》的比赛，并且还获得了不错的名次，让全国的观众都认识了您？

马广福：能够参加《星光大道》，这中间的插曲也不少。《咱村也有文艺人》结束了以后，省台就开始推荐选手去参加《星光大道》，我们黑龙江省一共有六十二个县，在《咱村也有文艺人》的比赛中，因为我们桦南县获得了不一年多来，《小超访谈录》采访过几十位嘉宾，但由于本书篇幅所限，不得不忍痛割爱，只收录了部分嘉宾的访谈。为减少遗珠之憾，特补录几位嘉宾，与读者一起分享。

* 穿着风格港台味十足，他是山东滕州大宗村的村支书宗成乐。为了让村子由穷变富，他也啃了好多年煎饼，现在村里一年有十几个亿的收入，这位书记功不可没。

* 这位哥哥长相清秀，说起话来柔声细语，一看就是搞艺术的。没错，他是个画家，他画的西双版纳系列作品尤其珍贵，用坏上千只毛笔，用过无数张画纸。画者徐峰，在滴滴彩墨里诉说人生。

* 他演粟裕找到了失散几十年的亲人，从要饭到参军、从国内抗战到抗美援朝、从小打小闹到三大战役，都是他的人生经历，他告诉我们人生可老心不老。

* 他生在蓬莱，从小在《八仙过海》的传说中长大。访谈中他告诉我们，为了生活，他卖过苹果、挖过煤，可如今这位嘉宾却是亚洲最大海洋极地世界的“掌门人”。李海峰，一个农民与“大旅游”的故事，在《小超访谈录》里被人关注。

* 她曾是舞蹈演员，现在是摄影家。从跳舞到摄影，形式不同但艺术相通。“光影舞者”田凤仙在《小超访谈录》中，用这个瞬间诉说记忆。

* 在我身边的这位名叫沙建微，把他的名字输入百度，你会看到很多新闻与视频，他自编自唱的吉他曲《加州旅馆》在互联网的点击率超过百万，看完这本书之后，我建议去百度一下，找他的《加州旅馆》。很棒！

* 一身白衣的人名叫敬德刚，他是山东省首届《农民主持人大赛》的总冠军。他也是一位乡村教师，因为脸型长得像月亮，所以人送绰号“月亮哥哥”。

* 她是山旮旯里走出来的歌唱家，曾经穿着无底的布鞋比赛唱出第一名。如今一直在为民歌的传承与发扬做工作，节目现场她手拿道具深情演唱，贾堂霞是我们心中的“大地百灵”。

* 这里是山东莱芜的房干村，原本贫穷
后的小村如今美景如画，村支书韩增旗
准备带领大家演唱《谁不说俺家乡好
采访当天天下雨，大家都挤在画廊里。
个小村的改变源于一个人，他说“大家
起唱，未来会更好”。

* 这两口子一个叫齐奎，一个叫国歌。男的是《闯关东》里的朱家老三，女的是金鸡奖的获得者，郎才女貌给《小超访谈录》添了光彩。

* 齐奎说当时想放弃《闯关东》，后来萨日娜给他打电话，坚决让他留下来，看这个姿势，电话就是这么打的。人生有很多瞬间影响终生，对于齐奎来讲，这个瞬间很珍贵。

* 这位西装革履的老师叫丁再献，他是中国第一个翻译石刻文的人，百度一下“石刻文”吧，你会学到很多关于文字的知识。

* 中间放的这本书就是这位嘉宾的著作，仔细看看名叫《站着上北大》。他曾是北大的保安，一边站岗一边学习，最终由保安变成北大学生。甘相伟告诉我们“只要执着努力，一切皆有可能”。

错的名次，省台就推荐了我们县，其中就包括我。他们觉得老马是一个地道的农民，唱得还不错，值得推荐，随后给我打了电话，我就这么去参加了《星光大道》。

小　超：这次再去参加比赛，路费还愁吗？毕竟这次去的可是北京，离着老家更远了。

马广福：那一年五十六岁，北京还没有去过。那时候心里就想，无论车票给不给报，还是应该去，所以就背着行李上了火车。一下火车立马就问天安门在哪儿，第一感觉就是您得让我先看看天安门。

小　超：亲眼看看北京天安门，这是咱们小时候都有过的梦想。

马广福：小时候就喜欢唱《我爱北京天安门》："我爱北京天安门，天安门上太阳升……"天天唱这歌。

小　超：自己终于在五十六岁的时候，可以有机会圆了这个梦，第一眼看到天安门是什么感觉？

马广福：在那一瞬间心里就想，我总算见到天安门了，小时候从书本上看到的天安门跟眼前看到的一模一样，行了，我这一辈子值了。《星光大道》到底能获第几名无所谓了，把参赛的事儿都扔到脑后了。

小　超：您在《星光大道》舞台一路走来唱了不少歌，各种类型都有。我记得有流行歌曲《冬天里的一把火》，甚至还有京剧《智取威虎山》，这之间给您留下最深印象的是哪首？

在《星光大道》晋级的时候很高兴，可马广福真正的牵挂还是土地

马广福：还是那首《乌苏里船歌》，当时郭颂老师也坐在台下，我站在《星光大道》的舞台上，或许大家觉得这个农民岁数这么大了，还参加这么一个活动，用咱们东北话就是胆儿大不害臊。但是我认为如果想获得名次总得靠自己的实力，我没有经过专业的训练，我就凭着自己的感觉去唱，给了我名次，我得回家种地；不给我名次，我照样回家种地。哪怕后来获得了亚军，有点儿成绩了，我还是不会脱离那块土地。

在《星光大道》的舞台，马广福充分展示了自己，仿佛要把积攒已久的激情全部点燃，一股关东风刮遍全国。除此之外，他还时刻展示着自己本色的一面——农民。

小　超：最近在我们的视线中出现了不少"草根"明星，之所以叫做"草根"明星，因为他们多是生长在农村，或者说就是个地地道道的村里人。但是他们出了名，一夜之间变成了明星，有的就再也不和那土地打交道了，马老师您是这样的人吗？

马广福：我大半辈子只有这么三个爱好：第一，喜欢唱歌；第二，喜欢种地；第三，就是喜欢边种地边唱歌。出了名就得离开原有的生活方式，不出名就离不开吗？我不这么想，我想无论做什么事情，既然开始做了就要做到最后，做到最好。比如说现在提起马广福，别人会说老马唱歌还行，唱得挺实在、挺朴实。老马种地又怎么样呢？种得还行，年产量还真不错，行了，对于我来说这就足够了。

每年的春晚，这已经成为除夕夜不可或缺的年夜饭，舞台上的演员更是被耀眼的光环所笼罩。此前只有明星大腕才能一显身手的春晚舞台，在2009那一年，来了一位东北黑土地上的庄稼汉。

小　超：除夕夜的春晚，无数双眼睛都在关注，2009年的春晚您有幸登上了这个舞台，能够和歌唱家吕继宏、王宏伟现场飙歌，成了亿万双眼睛关注的对象，自己也挺自豪吧？

马广福：春晚确实是一个很大气的活动，当我接到通知的时候心里直打鼓，这会是真的吗？参加春晚大家都很在意，很多演艺圈的人都想参加这么一场演出。最后经过好几次彩排，终于在除夕夜和大家见了面。参加这么一场演出，我并不是为了露露脸，更不是为了出名，我就是想拿出点儿真本事，能够给大家留下点儿印象就满足了。

《星光大道》获得亚军，登上了春晚的舞台，马广福着实火了一把。有了自己的粉丝，全国各地演出不断，不少经济公司想要和他签约，使其成为专业的艺人，但这一切都被老马拒绝了。因为他自己认可的身份只有一个——农民，他只想过平淡的生活。

小　超：马老师，唱歌对您来讲是一种爱好，那么您认为现在人们是不是在紧张的工作之余，也应该有一个自己的爱好？

马广福：要说现在的人们工作紧张，我认为并不是紧张，而是太累。人没有必要过分地要求自己，应该变得现实一点儿。我说的这个现实是什么意思呢？就是要做适合自己的事情，在您的能力范围内把它尽量做好就可以了，没有必要去争、去抢。人活着不容易，就这么几十年，可能也是说起来容易做起来难。谁不想往好里看，谁不想天天数票子，腰包鼓鼓的，但是要用一颗平常心去对待。

小　超：和您交流了这么多，我认为您是一个特别容易满足的人，对吗？

马广福：的确也有不少人这样说，老马你这人特别容易知足。我就是认为知足者常乐，今天有了一百万，明天就开始惦记着一千万，我从来没有这么想过，在哪行哪业做什么东西您都有自己的立足之地，您都有能展示自己的舞台。对于我来说，并非只有唱歌才能展示我自己，我种好了那一亩三分地照样是展示了我自己，这也是我的成绩。有时候看到街上的小青年一边赶着路，一边还嚼着东西吃，这又是图的什么呢？社会发展了，但我们能不能把自己的节奏放慢一点，慢下来之后，稳稳当当、实实在在地去做每件事情，可能要比您忙忙碌碌地去做要好得多。

小　超：您不曾羡慕那些大明星吗？有没有计划着让自己成为更大的明星？

马广福:我想成为明星,但是我想成为种地的明星。我想的就是能不能把粮食的产量再翻番,今年翻番,下年再翻番。种地的明星也一样耀眼啊,跟唱歌的明星没什么区别,中国有八九亿农民,成为这个群体的明星,反而比那个演艺明星更耀眼。

小　超:在更多观众的眼中,马老师唱歌很好听,但是经过今天的交流,我发现在马老师的心中,种地恰恰比唱歌更为重要。

马广福:无论到什么时候都是民以食为天,您得先吃饱饭啊,饭都吃不饱,还唱什么歌。

马广福,一位普通的农民,明星的光环耀眼地罩在他身上,但他身上那股朴实的气息却一直没丢,他把农民和明星这两个截然不同的身份和谐统一于一身。

小　超:马老师,今天和您交流了这么多,我发现您能赢得如此高的人气,除了拥有嘹亮的嗓音之外,更重要的还是朴实和真诚。

马广福:我觉得现在的社会就应该这样,您不能太假,要以真实的内心和朴实的外在去面对所有真实的人。您在前面走着不在意,也许后面看的人在意。过去老人常说,人得活出个样来,不说活给别人看吧,起码也得活给自己看。和人交往过后,能够让人觉得您还行,挺实在的,这样就可以了。

小　超:您能不能用自己的亲身经历和体会去告诉更多的年轻人,面对这样一个美好的生活环境,我们是否更应该懂得珍惜?

马广福:您说的这点很对,我希望通过这个节目给农民兄弟说句知心话,咱们把庄稼种好了,粮食产量翻番了,咱们也是明星,咱们也照样自豪。一个人无论在哪个地方,无论在什么范围内,不管您是农民也好,您是工人也罢,哪怕是歌手,每个人都是一样的平等,把事情看淡,自己活得也就相对轻松。

小　超:走过这些年,参加了不少的演出,家里老伴儿支持您吗?

马广福:还是挺支持的。有节目我就出来做,没有的话我就老老实实地回家种地。有人曾经问过我:"老马啊,您现在已经出名了,如果在春天最繁

真诚和认真是马广福的人生态度

忙的时候请您去演出，报酬十万块钱，您是选择耕种呢？还是会去演出？”这个问题其实很好回答，我想的就是种地，春天的时候我忙啊，我就指望着这块地啊。金钱有数，但是庄稼的收成这是无法衡量的。春天播下去了种子，如果没有精心管理，那是不可能获得丰收的。

小　超：春种一粒粟，秋收万颗籽。

马广福：从小我就琢磨着这样一个道理，比如说咱们农民种地，撒下一颗玉米粒，到秋天的时候得结出多少个玉米粒？它增长的倍数能翻好几番。这个东西或许还真没人算过。实际这个道理很简单，怎么能不算这个账。一粒稻子扔到地里，插一棵苗，它到秋天的时候能给您结出五六个穗，一个穗又可以结出一百多颗粒，这五六个穗最终能产多少粒，您算一算。难道种地就没有意思，没有感觉吗？唱一首歌给我十万，我这粮食的产量不比十万块钱少。更何况对于种庄稼，我是轻而易举，化肥、种子、农药这些东西我是张嘴就来。我知道这个时候该用什么肥，现在可以插秧，又该打什么药了。但是说您让我唱首歌，老马您给我识识谱，我是一个都不认识，所以说，唱歌只不过是种地之外的爱好而已。

【节目结束语】

他的爷爷年轻时吃不饱肚子，悄悄去了东北。他小时候也吃不饱，为填饱肚子，他撸光了前后院的榆树叶子。后来他不仅吃饱了，还承包了一百多亩庄稼地，富裕后的他歌越唱越好，他的舞台也越来越大。但种好自己的一百多亩地，是他最快乐的事儿。六十岁的马广福很快乐，快乐的老马向我们传达的是中国庄稼汉的生活变迁。新农百味，耕耘人生，欢迎收看本期《小超访谈录》，我们力争通过每一个不同的人生故事来为您寻找向上的力量。

小超与陈良全

【小超印象】

* 中国辽阔，走遍中国的人不多，地球更大，周游世界的人更少，但他就是其中一个。在陈良全的精神世界里从来没有害怕的程序，正因如此，他的路才会越走越远，从他身上我认识到“人类能走得更远，最主要靠的不是肉体而是精神”。我的印象：走遍地球，他这辈子值！

环球骑士

——访陈良全

【节目开场语】

观众朋友们大家好，欢迎来到《小超访谈录》。

如今人们的生活条件越来越好了，旅游也成了物质生活以外的一种需求。不过如果说骑着自行车去游中国、骑摩托车去走世界，在很多人看来都是痴人说梦。在安徽宣城有一位农民，他曾独自一人骑着自行车游遍中国所有地市，如今又骑着摩托车走完了世界上九十三个国家，他就是“环球骑士”——陈良全。

小　超：良全，欢迎您来到《小超访谈录》。这是从哪个国家回来呀？

陈良全：我是从英国爱丁堡回来的。

小　超：那可是个美丽的地方。不过呢，那里再美，我觉着也不如您的小辫子美，就像那句话说的，您的小辫子好好漂亮啊。能不能告诉我们，为啥不舍得剪了它，一直带着。

陈良全：我这个辫子主要有三个意义。第一个就是起到明志的作用，就是说我不走遍这个地球，绝不剪这个小辫子；第二个呢，就是起到一个威慑的作用。举个例子，如果遇到四五个歹徒，他找我要美元，把刀对准我，让我把美元交出来，我会说：Sorry，I don't have dollar，I have chinese kongfu（对不起，我没有美元，我只会功夫）.我们过去的侠客都有辫子，一遇到危险，小辫子甩过去威慑敌人，给自己力量；第三个主要是祈福。我们家乡小时候就是叫做惯宝宝，惯宝宝就在后面留一个小辫子，留一撮毛，也是一种祈福，就是很娇惯，希望能平安，能健健康康长大。那么我一个人去周游世界，有万

坚毅的面孔和漂亮的小辫子

重险阻，无数的困难，所以我也想祈福，祈望老天爷多多关照我、保佑我。这一绺小辫子我从2003年决定周游世界的时候就开始留了，到现在九年了。

陈良全说，每次他决定去做一件事的时候就跪在地上发誓，不达目的誓不罢休。如今他凭借自己坚定的信念已走遍九十三个国家，而他计划到2013年走完一百六十个国家。

小　超：您曾经去过哪些国家？

陈良全：尼泊尔、巴基斯坦、阿富汗、伊朗、阿联酋、阿曼、也门、吉布提、厄立特里亚、肯尼亚、乌干达、卢旺达、布隆迪、坦桑尼亚、赞比亚、津巴布韦、莫桑比克、南非、斯威士兰、莱索托、纳米比亚、安哥拉、刚果(金)、刚果(布)、加蓬、赤道几内亚、喀麦隆、中非、乍得、尼日利亚、尼日尔、布基纳法索、马里、科特迪瓦、加纳、多哥、贝宁、利比里亚、塞拉利昂、几内亚、几内亚比绍、冈比亚、塞内加尔、毛里塔尼亚、阿尔及利亚、越南、老挝、柬埔寨、马来西亚、泰国、新加坡、蒙古、俄罗斯、芬兰、瑞典、挪威、丹麦、德国、捷克、斯洛伐克、匈牙利、奥地利、瑞士、法国、摩洛哥、意大利。

小　超：一口气说了这么多国家，刚刚我们就已经可以环游世界了。您在艰难困苦之中走了不少的路，那么为什么要去做这件事？

陈良全：因为我觉得一个人没有梦想是悲哀的，有梦想不能实现是痛苦的，在梦想的道路上行走，无论他有多少艰辛坎坷，那都是幸福快乐的。我就想，有一天我会到达我梦想的顶峰。

如今陈良全已是知天命之年，周游全国、环游世界的梦想坚持了近四十年，而更让人可敬的是，他二十七年的身体力行也向世界证明了一个无畏行者实现梦想的决心。陈良全说，这个梦想其实只是始于儿时的热爱与憧憬，与他人不同的是，他坚持下来并实现了这个梦想。

小　超：良全，您的老家在哪里？

陈良全：我的老家在安徽宣城一个小山村。我们家乡属于江南，丘陵地貌、依山傍水。宣城有一条很漂亮的水杨江，我们水东是一个古镇，在水杨江的东面，得名水东。水东的水很好，也欢迎大家到我们水东古镇去玩，很漂亮的。

小　超：从小家里都是务农吗？

陈良全：对，父母都是务农。我也种过地，我们那边都是种田，插秧、割稻子各种活我都干过。

小　超：什么时候开始有了出去旅游的想法？

陈良全：上中学的时候听老师讲到徐霞客，当时我很羡慕，就想将来长大能像徐霞客那样游山玩水，那多好。于是就有了这个想法，并且埋藏在心里。但是那时候家里穷，有这种想法不可能去实现的，也没有条件去实现。但是读书的时候，就是特别注重这些，尤其像地理、历史这方面的课，学校没人跟我叫板。我到现在都是世界地名倒背如流，中国地名倒背如流。我现在就来背背，中国有广东、广西、云南、贵州、福建、浙江、江西、江苏、湖南、湖北、河南、河北、山东、山西、陕西、四川、甘肃、青海、西藏、辽宁、吉林、黑龙江、内蒙、宁夏、新疆、北京、天津、上海、安徽、台湾、香港、澳门、重庆、海南。

小　超：差不多又跟你到全国走了一趟。这些地方您都去过吗？

陈良全：都去过，中国三百三十五个地市州盟都去过。如果您在外面遇到一个人，他说他周游了中国或者走了中国很多地方，您问他一句话，您就说："中国有三十一个少数民族自治州，不要说您去过几个，您知道几个？"这些地方我都去过，比如说神奇的九寨阿坝州，它的全称叫阿坝藏族羌族自治州；卫星发射凉山州，叫凉山彝族自治州；五朵金花大理州；香格里拉迪庆州；康定情歌甘孜州；独龙文化怒江州；鸭绿江贯穿了延边州；通南亚铁路文山州；中国西度红河州；植物王国西双版纳州；贵州风情黔东南州；喀斯特地貌黔南州等等。

小　超:有了周游全国的想法之后,有人支持您吗?

陈良全:那时候我十三四岁,一说出来人家都会笑话。那时大伙儿在一块玩,我说我陈良全,要周游全国,大家马上就抨击了,说:"你吹牛,你还周游全国呢,您要周游全国,我就周游世界、周游宇宙。"一个比一个说的夸张。虽然以后我不再跟别人说了,但从那时起我就开始准备,尤其是初中毕业以后,自己每天写日记,再没有钱也要每天往日记本里夹上一块钱,所以那时起每天要赚一块钱夹在日记本里。记得有一天,早上起来狂风暴雨,今天这一块钱怎么办呢?看起来今天的一块钱怕是夹不进去了。可是你有一个梦想,你就会想,连一块钱都没有,你还去周游中国,那你就一定要夹。所以那天早上我就骑着自行车顶着狂风暴雨,到我们东边山上去砍竹子了。那天我砍到两根竹子,骑着自行车扛回来卖给了我们那的竹艺人。那两根竹子足有一百零几斤,不要说下雨,就是晴天,几乎没有谁可以把这两根竹子扛在肩上,骑着自行车回来。因为扛着一百多斤重的竹子根本上不了自行车,即使上去了,还要用一只手扶着车把手,那都是蜿蜒的小路,可想而知有多难。可是那天我做到了,我记得那两根竹子卖了七块多钱,然后有一块钱夹到了日记本里。长此以往,一天一块钱,最后攒了几百块钱。

为了赚更多的钱周游全国,陈良全又开始做起蜜枣生意,他曾孤身一人骑自行车把一百八十斤的蜜枣从宣城运到苏州去卖,这样一来二往有了些本钱,后来他又和朋友合伙做起了大一点的买卖,可毕竟年轻的他涉世太浅,最终被人利用,赔了买卖,倾家荡产。

小　超:那时候是不是很失落?

陈良全:那也是最惨的时候,一分钱都没有了还欠着钱,房子都要倒了,还没有钱去修,然后谈的女朋友,那可是初恋啊,也吹了。所以在这种情况下,也叫做绝境吧。那天我在自己的地里睡了一晚上,也流了一晚上的泪,因为我觉得明天就要出发了,可是我身上一分钱都没有,还没有一个地方可以去借钱,因为都知道我做生意赔了,欠人家的账还没有还,没有人愿意借给我。那时候心里想,也许我永远都回不了家乡,但我想我不走遍中国,不干出一番事业，不出人头地，就不会回来。所以第二天，我就唱着一种非常忧伤的献给母亲的歌，上路了。

“是为了去旅游，我们要分手，亲爱的妈妈，何日才能相逢，不知道我今天单车就要骑走，何日才能相逢，只给您留下一首歌，伴随您度过幸福快乐的时候，到了合肥，我想您呀妈妈，到了武汉，我想您呀妈妈，到了郑州，到了兰州，我想您妈妈，到了西宁、拉萨，我想您啊妈妈，走遍中国，心不变，想念妈妈心不改，走遍中国后，妈妈我们还能再见……”

一辆二八自行车、一床毛毯、一双赊来的鞋、一瓶麦乳精、一架朋友的海鸥120相机，除了这些，陪着二十三岁的陈良全上路的就只剩无尽的忧伤和留恋，他也只能期望在梦想的陪伴下、在时光的洗礼下得以释怀。他知道有千难万险、孤独寂寞等待着他去征服，他也知道祖国的万种风情、深厚文化等待着他去领略。

年轻时代陈良全与他骑游中国的自行车

小　超：您周游全国是怎么计划的？

陈良全：第一步是用三年的时间，把中国所有的省会跑完，包括经过的大城市；第二步是往地区渗透，中国有很多的地市，就像山东很多，有十几个，所以第二步是到1999年年底才完成的，也就是说，我真正走完中国所有的地市，用了十三年半。

小　超：您觉着走过的这些地方，最美的是哪里？

陈良全：如果说中国最美丽的地方，那一定是在中国的大香格里拉地区，大香格里拉把中国各种美都包括了。我在博客里写了一个中国旅游指南,里面写到中国各种美,山,中国独一无二的山;水,中国独一无二的水;海滩,中国独一无二的海滩。比如说海滩就在山东,最美丽的海滩在长岛的月牙湾。别的海滩区分的是沙子的粗和细,那是专家的事,我们普通游客分不出来,而这个月牙湾它下头不是沙,下面全是宝石一样的石头,每一个石头都会让你爱不释手,每一个石头像一个鸟蛋,像一个玛瑙,或者像一个什么东西。以前去的时候,拿一个袋子,当然现在再去已经不准了,当时一张门票只准捡十个,所以最好闭着眼睛抓十个,要不然抓到十一个,就不知道扔哪一个好了。独一无二的水在五大连池,在赤日炎炎的盛夏,根本不能用手捧着它去喝,它的水会冰到你的骨头里面去,如果你用杯子喝,那杯子打的时候不是水,是雪碧,里面全是气体在弹跳,它里面含有大量的矿物质。独一无二的山就是色季拉山,它是中国仅有的两座神山之一,同样那里美在什么地方呢?第一个它有大山的威严,大树大藤让你震撼,它是一座大山;第二,黄山的那种云海,千奇百怪的景色,在它那儿都有,包罗万象了。

旅程中各地景色风格迥异、风土人情绚丽多姿、历史古迹星罗棋布、陌路友人热情慷慨,陈良全感受着不一样的人生。可这段时光也给予他常人无法想象的苦难与磨砺,他吃黄连锻炼意志,吃日记本维持生命,并六次与死神擦肩而过。他曾在新疆零下三十八度的冰天雪地里坠入悬崖,最终坚强地爬行四小时后获救;他曾在青海夜晚的旷野中只身一人与四条饿狼搏斗二十余分钟,最终被解放军的车队救助。

小　超:从骑自行车离开家,一直到十三年半游完中国,您走了多少公里?

陈良全:我把走过的这些地方距离全部相加起来,大概是十三万八千公里,绕地球三四圈吧。

小　超:离开家的时候,给母亲唱了一首歌,那再回到家是什么时候了?

陈良全:再回家,就是因为我父亲去世,那是1989年。这一年,妈妈告诉我她生病了,实际上是骗我的,是想我了,然后我就回去了。

小　超:中途都是怎么和家里取得联系的?

陈良全:最初我都是靠写信,比如说我给家里写了一封信,那让他们回信寄到哪里呢?如果我现在在济南,马上要出发去黑龙江,那么我就让家里回信到黑龙江省体委,转陈良全收。在信封的背面注上:请勿退回,等一个骑自行车周游全国者来取。

慈母手中线,游子身上衣。陈良全闯荡中国,却割舍不下心中那份深深的牵挂。但他也明白自己还要勇往直前,迎接下一个挑战。按照计划,2003年开始,他踏上了环球之旅,一辆摩托车伴随左右,又开始了一段充满未知的行程,而这其中不变的只是他内心的坚定与乐观。

小　超:周游中国结束之后,为什么开始有了周游世界的想法?

陈良全:这也是一个升华,水到渠成,自然而然的。就像做生意一样,如果在小村子里面生意做大了,那就要到镇上去,等镇上做大了就到县里去,县里做大了那就要到省里去,全国的买卖都做了,到处都有自己的公司,那自然要做跨国的了。所以当我走遍了中国,周游世界自然是水到渠成的事儿。

小　超:可是周游世界比周游中国要难得多啊,这牵扯到签证、语言、法律、宗教等等,而且地域也更广阔。当初有这个想法的时候,有没有害怕过?

陈良全:没有害怕,因为我的人生字典里没有"怕"这个字。有了环游世界的想法后,一直就在运筹,如何去实施,周游世界要花很多钱还要签证等等,还有很多的难题,那么多难题如何去解决。比如光在钱的问题上,我就耗费了很大精力。我花了很大的代价去筹款,结果筹了几个月一分钱没筹到,还倒贴了七八万块钱。我让有的公司赞助我一个笔记本或者钱什么的,给他打电话,我说我要一个人骑摩托车跑遍全世界,结果他说你想得美,别在这说梦话了,我当时就哭笑不得了。没人相信这个事儿,我就在想,全世界所有的人都不相信陈良全,但我要相信,我是最相信自己的!

小　超:游遍中国您骑坏了多少辆自行车?到目前环游世界又骑坏几辆摩托车?

陈良全:游遍中国骑坏了九辆自行车,到现在环游世界骑坏了七辆摩托车。

小　超:在环游世界的过程中,您是按照怎样一个流程走的?

陈良全:我在家设计路线,很难很难,为研究这个我当时看烂了三本地图。《孙子兵法》说擒贼先擒王,周游整个世界哪个地方最难?哪个是王?我想那就是非洲了。一说周游世界,人家不相信,尤其非洲到处都是狮子,到处都在打仗,一说非洲就是问题一大堆,所以我想先把非洲拿下来,擒贼先擒王。

非洲全称阿非利加洲,阿非利加在古希腊语中是“阳光灼热”的意思。所以要穿越非洲首先要与炙热的阳光为战,同时还要穿越茫茫无际的沙漠、危机四伏的旷野,挑战凶猛异常的野兽,更让人窒息的是连绵的战火。在这片大陆上陈良全也曾九死一生,但他更愿意提及的是非洲兄弟的好客与这片土地的美轮美奂。

小　超:从老家骑着摩托车一路出发去非洲,用了多少天?

陈良全:我是2003年8月7号从苏州出发,到达非洲大陆的那一刻是2005年的元月。到达的那一刻,看到的真是说不出的美,我撒开了跑。当时在吉布提,就找吉布提首都,但一直没找到,后来当我找到中国大使馆打听了一番后才知道,原来我就在首都转了好半天。吉布提的首都真是赶不上山东的任何一个村。

陈良全在环游世界的路上

小　超:到目前您去过世界九十三个国家,所走的这一圈到现在一共用了多久?

陈良全:九年了吧。

小　超:那么在

您走过的这九十三个国家里，您认为最美的地方是哪里？

陈良全：我觉得还是那句话，就是各有各的美，美得不一样。地球上有四个极品，老天爷赐给地球的四个极品。如果说撒哈拉和喜马拉雅是地球上的伟丈夫，那么亚马逊和贝加尔湖当数地球上的美女子。目前我走过的地方，我认为最美的是贝加尔湖。贝加尔湖，首先它有七百公里的长度，最宽处七十公里，最窄处三四十公里，然后层层叠叠的森林守护着它，青色、紫色、红色、蓝色，里面有无数的果子，还有数不尽的动物资源，这是森林的美；然后它的水清澈透底，连矿泉水都怕污染了它的洁净；它里面有十二万头淡水海豹，在地球上其它地方再也找不到另外一头；它里面有无数千奇百怪的鱼虾在享受着贝加尔湖的甘甜；还有六百条河为它供水，一条安加拉河为它排水，保持了它的循环、洁净；无论天气多么的严寒，在它两百米以下，永远保持着3.6度的恒温；它1637米的深度，使地球上所有江河湖泊望而生畏，这就是它的美，震撼！到了贝加尔湖的森林里您根本玩不够，那里面的果子也采不够，实在是太美了！

小　超：还有没有什么地方让您心动？

陈良全：再比如说尼泊尔，那里有尼泊尔的美，从八千米的高山到六十米的平原，它的直线距离只有二百多公里，那里生物多样化，气候多样化，世界一绝。比如说巴基斯坦，巴基斯坦人非常爱车，把车打扮得像新娘子一样，车鸣声像唱歌一样，又响亮又好听，通往各大城市的车队，就像迎亲的队伍，像彩带在飘扬。巴基斯坦人把中国人当好兄弟，路上经常会遇到巴基斯坦的老百姓把您拦下来，警察也把您拦下来，请您喝茶，跟您拥抱，亲吻您的脸。厄立特里亚人美，人又好又美。像肯尼亚、坦桑尼亚这一带是动物资源的美。像南非它是自然风景的美和矿野的自然美。像西部非洲又是一种原始的美，我把摩托车开到这个地方，河里的人都不穿衣服，他们都跑来看我，我当时心想你们不害羞，还来看我，也许他们觉得，我们都不穿衣服你为什么穿衣服呢？

不经历风雨怎能见彩虹，正是这份执着让陈良全目睹了世界的广袤和独特、饱尝了人生的浮华与真谛。同时，多年的旅途中他也有过美丽的邂逅。1993年，陈良全到达中缅边境，与一位名叫许云花的缅甸女孩相恋并有

不一样的旅程，不一样的人生

了爱情的结晶——女儿游游，可这份感情热烈却又短暂，陈良全为了自己的梦想不得不和这个女孩离婚。离婚之后，他再一次踏上征程，并在陕北与一位女大学生不期而遇。

小　超：她是怎么样一个姑娘呢？

陈良全：她长得很特别，肤色很白、很清秀。当时看到她，也不知道是什么感觉，我就发誓，这一生要把她追到。

小　超：你为她写的那首歌，还记得怎么唱吗？

陈良全：当然记得。

"高高的鼻梁，迷人的眼睛，樱桃的小嘴，这是我的宝贝，我爱您，我的宝贝，我的宝贝，我的小老虎……"

不光是爱情，陈良全在旅途中还收获了很多很多。人生不过是一段段旅程，人生的苦与乐，生存的哲理，都在这一段段旅程中。

小　超：您觉着二十多年走过来，做这些事值吗？

陈良全：我个人觉得无比欣慰，无比自豪，因为去做任何一件事，都有得有失，但是去做梦想中的一件事，一定是得的多，失的少。我就讲得的东西：第一个，很多人说朋友是最大的财富，我在整个地球都有朋友，我可以说是世界上最富有的人之一；第二个，就是得到了思想的升华。就像一个高人说的一样，地球上所有的人来到这个世界上，就为追求三个目标。

小　超：这三个目标分别是什么呢？

陈良全：第一个目标叫知者不惑，就是知道不会疑惑。怎么样才能达到知者不惑的境界呢，就是行万里路、读万卷书，然后阅人无数。达到知者不惑的境界，才会进入人生更精彩的第二个境界，就是仁者不忧。仁者不忧，叫爱没有忧愁，那么这是一个很广义的，对气候都是一样的。到了春天您爱它，说春天真美，我欣赏春天；夏天真爽，我畅游夏天；秋天真酷，我收获秋天；冬天真棒，歌颂冬天。那要不爱，就说春天烦死了，春雨绵绵；夏天烦死了，赤日炎炎；秋天烦死了，秋风落叶；冬天烦死了，冰雪严寒。再比如有很多朋友，这个朋友小气，那个朋友大方，这个朋友脾气暴躁，那个朋友性情温和。如果自己达到了仁者不忧的境界，那不管是谁都会非常地爱他，甚至会给别人打招呼："您关照一下，我朋友脾气不好。"都会给别人打个招呼。还有第三个境界那就很高了，一般很难达到，甚至五百年、几千年都很难有一个人达到。那个境界就是无所不能、无所不会、无所不通，让他一个人对付千军万马，他如同探囊取物。

人生的境界需要用一颗勇敢的心去收获，需要用不断的感受去丰富，需要用深深的思考去提升。陈良全希望用自己的微薄之力去做更多的事情，让这个世界变得更加美好。他的旅程不是简单的旅游，而是带着自己的哲学和信念去播种。

小　超：我了解到，您临走之前带着一些我们中国的土，撒遍全世界，为什么会有这个想法？

陈良全：从内心来讲，我希望全世界的人，都像兄弟姐妹一样，无论到哪儿去玩，都像自己的亲人和朋友一样，放心和开心，这是我的希望，希望这个

陈良全环游世界的瞬间表情

世界是和平的。但是毕竟通往和平的道路上有千难万险。但是我要用我单人骑摩托车走遍整个世界，这样一个大家都认为很难且不可思议的行动，来唤起更多的人去关爱和平，所以我周游世界是呼唤和平。我们中国是一个爱好和平的国度，黄帝陵的土，实际上有和平种子的含义，所以我会把它撒在各个地方，来到克什米尔的时候，我就撒了。然后我是2004年元月到的阿富汗，到目前为止我去过七个有战争的国家，在每个地方，我都在宣传和平。尽管和平听着是遥不可及，但我心中有一个目标，就是想通过我单人周游世界让全世界的人都能知道一句话："听到陈良全，再难也不难；见到陈良全，再也没困难。"然后大家一起克服困难，向和平的方向迈进，我就是想达到这个目标。当我达到这个目标后，不排除我要成立陈良全和平基金或者是建和平馆、和平城，这些想法会一步一步地去实施。

直到现在，陈良全已经走过全世界九十三个国家，而他还会一如既往地坚持下去，2012年6月8日他将再一次踏上征程，走完计划中的一百六十个国家。"环球骑士"陈良全是一个为梦想敢作敢为的勇士，同时又是努力提升自我人生境界、传播和平、热爱生命的无畏行者。也许我们每个人内心深处都有一个陈良全，只是我们没有发现他，没有勇气让他迸发出光芒。

【节目结束语】

陈良全的名片有些特别，正面是他在北极拍摄的一张照片，上面有四个字，和平使者，背面则写着一句话："陈良全为梦想执着行走，全世界为我加油。"近四十年的执着，二十七载的身体力行，中国所有的地市州盟有他坚定的足迹，世界九十三个国家有他刻骨铭心的经历。在很多人看来，这是一个不可能完成的任务，甚至不可想象，但他却做到了。每个人都有梦想，却很难踏出第一步，可陈良全却穷尽半生光阴告诉我们，实现梦想如此简单，只需一颗执着的心。我们该为他加油，但同时，我们每个人也应该为自己加油，告诉自己，为梦想执着行走，成功便不再遥不可及。新农百味，耕耘人生，欢迎收看本期《小超访谈录》，我们力争通过每一个不同的人生故事来为您寻找向上的力量。

小超与吉米

【小超印象】

* 他金发碧眼身材高挑，身上洋溢着来自乌克兰的阳光。这个曾经连中国话都说不利索的外国人，唱中国的歌却很有味道。他讨厌复杂的人际交往，他有一说一有二说二，追求真实与简单，或许这也是能在他歌声里听到的与众不同的地方。在我看来，吉米就是一缕阳光。

一撇一捺，简单做人

——访吉米

【节目开场语】

观众朋友们大家好，欢迎来到《小超访谈录》。

小时候，每个人都遇到过一个问题，长大后的梦想是什么？那时的梦想，五彩斑斓而又纯真简单。不少人都曾在作文中流露着对科学家的景仰，许多人也都被教师的辛勤所感动，还有人向往保家卫国的军姿飒爽。探寻记忆深处，梦想未曾远去，只是因为这样或者那样的原因，有时会被耽搁，停下了逐梦的脚步。那么今天的《小超访谈录》，我就带您认识一位追梦小伙，来自乌克兰的吉米。

小　超：往期的《小超访谈录》，见到嘉宾先谈老乡，可是你的家乡在乌克兰，和你谈老乡有点儿难度。

吉　米：我是乌克兰人，乌克兰真的是一个很远的地方。不过现在我觉得我是半个中国人，中国就是我的第二故乡，既然都是中国人，咱俩也算“老乡”了。回头想想我来中国已经十年了，我来到中国的第一站，那是一个很美丽的地方——杭州。

小　超：在中国有句俗语：上有天堂，下有苏杭。你真幸福，第一次来中国，到的就是同天堂相媲美的地方。那第一次来中国有什么感觉，跟老家乌克兰的差别大不大？

吉　米：我真不知道应该怎么描述第一次来中国的感觉，只能用一个词来说，那就是“不一样”。以前中国的房子上面都有一条龙，我们那里没有。小时候看电视，我看到中国就是这样的房子，有这样的龙，我觉得很有意思，心想长大了我得亲自去看看。所以长大后，我就带着儿时的梦想来了。来了之后，发现杭州真的有很多我小时候梦寐以求的地方，真好！

2010年，吉米唱着中国的红歌和京剧走上了《星光大道》的舞台，赢得了年度总决赛第六名，让观众记住了这位乌克兰小伙。他年纪不大，经历却丰富。七岁开始了运动员生涯，射击、击剑、马术、游泳，让他有了一个健壮的体魄。两年的军营生活，造就了他坚韧、开朗、执着的性格。他的父亲是位工程师，母亲是一位歌唱演员，吉米从小看着母亲在舞台上演出，渐渐地，也爱上了唱歌。因一次来中国演出的机会，吉米第一次踏上了中国这片神奇的土地，他被中国源远流长的传统文化所吸引，并在心里暗暗发誓一定要学习中国的文化。

小　超：来杭州那是在2001年，你也说了，初进杭州，给你留下了深刻的印象。

吉　米：因为我是第一次来中国，中国话我一句也听不懂，而且中国话真的很难学。在刚来还不到一个星期的时候，我走路喜欢跟别人打招呼，遇到对面走来的人，我说“你好”，但是大家都听不懂。当时我在杭州待了三个月，工作是在一个莫斯科歌舞团做歌手。三个月后，我准备回家。但越是临近离开的时候，反而越迷恋中国。当时在飞机场准备上飞机的时候，我回头看着中国，对自己说了这样一句话：中国，我肯定还会再来的。这就是我第一次来杭州的事情，我很喜欢杭州，对杭州的印象很好，心情也就一直很高兴。当时，我还不会说中国话，所以，我看见谁都笑。比如我走路时看见一个人，我说“你好”，他也会说“你好”。我觉得中国人很热情、很可爱，有很多人也会主动跟你打招呼的，当然，我也遇到了很多漂亮的中国姑娘，我觉得她们是那么的漂亮，漂亮到我都快受不了了。

小　超：是不是中国美女都喜欢你这样的乌克兰小帅哥，有着高高的个子，白皙的皮肤，还有高挺的鼻梁。

吉　米：说起鼻子，我爸爸的鼻子比我的还大，这应该是家族遗传吧。我第一次来中国的时候，还怕中国人不太喜欢，因为我的鼻子实在是不算

乌克兰帅哥

小。但是没想到的是，鼻子大了，特征比较明显，他们反而会夸我，说吉米的鼻子好看。当时，我觉得他们是在开玩笑，所以我觉得有些不好意思，就问他们：你骗我是吗？后来知道他们是真心的，至少也是出于礼貌，没有恶意，我也就知道了，我的鼻子没问题，所以我也就放心了。

小　超：杭州的西湖去过吗？

吉　米：当然去过，而且我们乌克兰也有很多湖，不过大多数都是小湖。我住在乌克兰的首都——基辅。基辅大概有四个小湖一条江，这条江是很大的，我们可以在里面随便钓鱼，甚至游泳都没问题。所以我到杭州一看，西湖好啊，脱了衣服就想下去游泳，我还去买了一根鱼竿，还想着去钓鱼呢。但是等我拿着鱼竿到了湖边，却有个人跟我说：你好，这里不能钓鱼。当时我听不懂，我只能说："对不起，我听不懂。"最后费了半天劲才知道，原来西湖里是不能钓鱼的。既然不能钓鱼，我就准备去游泳，但是也不行。后来慢慢地才了解到，西湖就是一个旅游的地方，因为它太漂亮了，所以我们都应该保护它。对了，当时我还听说了一个故事：有时候在西湖，到了夜晚，可以看到三个很漂亮的月亮。

小　超：这叫三潭印月。对你来说确实有三个月亮：一个在天上，一个在西湖里面，还有一个就在你的心里，那个月亮就是中国送给你的礼物。

吉　米：其实说到西湖，除了月亮以外，给我印象很深的还有茶叶。

小　超：中国的茶文化源远流长。

吉　米：在西湖喝茶，我感觉很好，那里空气好，不热不冷的很舒服。

小　超：你在乌克兰喝茶吗？

吉　米：喝茶，甚至可以说我是专门喝茶的人。因为我不喝酒，也不大抽烟，所以我平时就喜欢喝茶，最喜欢喝的是红茶，我家里就有很多种红茶。不过来到中国以后，我又开始喝中国绿茶、功夫茶和花茶，当然还有红茶和我的乌克兰茶。现在我每天都喝茶，一种一种地喝，晚上可以喝很多很多的茶。

小　超：这也是一种幸福的生活。那你经常喝茶，喝这么多的茶，你觉着茶在中国来讲，也是一种文化吗？

吉　米：是，我刚才想说的就是这个意思：中国人喝茶跟我们是不一样的。

小　超：我倒是很想听一听，在我面前的这位金发碧眼的吉米对中国的茶文化是怎么理解的。

吉　米：第一个感觉，中国人喝茶步骤很多。我以前喝茶用一个很大的杯子，泡好红茶以后慢慢喝，因为杯子很大，所以能喝很长时间。但是中国人却不是这样喝茶的。比如，在饭店里我要了一杯茶，服务员给我拿过来的是一个茶壶、一套茶具和一个小杯子。因为我不知道这是茶文化的一种表现，所以我就问：这是什么杯子，太小了吧。服务员没有理我，开始泡茶。先放了一点茶叶，然后倒水，说起来简单，做起来却有好多的步骤。我看着挺麻烦的，忍不住问，还有多长时间？一会儿他给我倒了一小杯茶，我喝完，然后他又倒上了。服务员给我倒完茶，本来是要走的，结果看我喝完了又不走了，就站在我旁边，不停地给我倒茶。中国人喝茶很有意思，都不休息的，要一直喝。刚开始我不太懂，但是后来我觉得这是很有意思的一件事，因为这样就可以和朋友慢慢喝，又不妨碍聊天。慢慢喝茶，又能交流感情，所以我觉得中国有一种很好的习惯，就是喝茶。我喜欢云南红茶，还喜欢功夫茶，最喜欢的是花茶：因为喝花茶的时候，呷一口，就感觉置身在树林花海之间，那种感觉浪漫极了。

小　超：浪漫的花茶，一口下去仿佛置身在山花烂漫的丛林之间。

中国的文化同乌克兰文化有着不小的差异，但这种差异并没有让吉米觉得不适应,反而他乐于在中国寻找着不同,因为吉米觉得,正是有了文化的差异,才拥有了无限的想象空间。今天在《小超访谈录》的现场,吉米对山东方言产生了兴趣,乌克兰小伙说起了山东话。

小　超:山东来过多少回?

吉　米:我这是第三次到山东来。

小　超:那你还真是挺有语言天赋的,因为你来的次数不多,但在你的一些话语里却能听得出山东味。我教你几句山东话吧,第一句:欢迎你来到山东。

吉　米:欢迎你来到山东。

小　超:有点儿像,看来你的语言天赋确实不错。再来一句:山东你好。

吉　米:山东你好。

小　超:山东我爱你。

吉　米:山东我爱你。你这个老师做得不错。

小　超:我们山东有一个地方我得跟你说一说,这个地方的名字叫肥城。肥城有一种特产,桃子,每年春天那里就会桃花烂漫,就像是你喝的花茶一样。我知道你有一首歌,叫《在那桃花盛开的地方》,其实说的就是这儿。

吉　米:对的,这个是我老师的歌曲。我学会的第一首民歌就是《在那桃花盛开的地方》。说实话,作为一个外国人,学中国民歌是很难的。我看蒋老师唱的时候,那个感觉、声音跟流行歌曲是不同的。相比较而言,流行歌曲更像是随便唱出来的:我爱你、你不爱我、我怎么办、我伤心得要死,是吧?《在那桃花盛开的地方》不一样:“在那桃花盛开的地方,有我可爱的故乡……”你看这个真是太好了。其实我更喜欢学习中国的文化,所以我也就开始学习中国的民歌,还有京剧,这些都很有意思。

如今吉米定居在了北京,为的就是离老师蒋大为更近,吉米更是把蒋大为认作了“中国爸爸”。从相识到拜师,这一过程只有短短几个月。那么当初吉米为何一心要拜蒋大为为师,蒋大为又因为什么收下了这个洋徒弟呢?

小　超：你是怎么和蒋大为老师有了这段缘分，成了他徒弟的？

吉　米：我参加2010年《星光大道》的周赛，蒋大为老师做评委。那个时候我还不认识他，但是他对我的表演评价很高。后来我从电视上看自己的比赛，看到他了，就问我的朋友戴眼镜的那个人是谁。他说，这是中国的艺术家，蒋大为，家喻户晓的人物。我是第一次参加周赛，本来就很紧张，因为要唱中国歌，还要唱中国的京剧《打虎上山》——“穿林海，跨雪原，气冲霄汉！抒豪情，寄壮志，面对群山！”所以特别紧张。不过蒋大为老师对我的评价还不错，我觉得我的表演还可以吧。后来我的朋友说，蒋大为是位好老师，很专业，知名度又很高，在很早很早以前就唱过很多的歌曲，是中国的名人。这让我很惊讶，与此同时还有个想法浮现在脑海里：我还要再次见到蒋大为老师，而且要向他请教我还存在什么问题。如果有问题的话，我想听听他的意见，如果有好的地方，我就保留下来。我朋友说，吉米你到北京去吧，去找蒋大为，他是最好的老师。

吉米在《星光大道》表演的现场

听了他的建议，于是我就到了北京。但是到了之后才发现：现实是很残酷的。首先，找蒋老师的电话就很难——因为他的号码不是随随便便就能找到的。终于，我找到了《星光大道》的导演，因为蒋大为在这里做过评委，而我在《星光大道》做过选手，通过我跟蒋大为老师的这个交集，我才找到了他的电话。但是我找到他的电话以后，并没有马上打给他——我等了一天。我很担心,我怕他很忙,顾不上理我。我就怕出现这样的情况:蒋大为老师,你好,我是《星光大道》上的吉米,然后他说你好吉米,不好意思我现在没有时间,咱下次联系吧。我就怕这个。因此我准备了一天,应该说什么话。第二天我给他打电话:蒋老师你好!我是乌克兰的吉米,在《星光大道》比赛中我们见过,当时你做评委,我唱的京剧《打虎上山》。他说吉米你好,我记得你。他这一句"我记得你",就让我放心了。然后我说:蒋老师,如果您方便而且有时间的话,我希望和您再见一面,我想听听您的意见,因为我还想学习更多的有关中国文化的东西,像京剧、民歌等等。他说:好,明天下午三点见吧,等一下我会给你安排时间的。这个电话让我非常高兴,以至于在打完电话去吃饭的时候,我在路上就已经迫不及待地要跟每一个路人分享这个好消息:蒋大为老师,明天要跟我见面啦。那是一种高兴得受不了的感觉,甚至在饭店服务员问我点什么菜的时候,我的回答也是:明天我和蒋大为老师见面。结果服务员很客气地说:您好先生,这里没有这个菜。

第二天我们就见面了,这是我第一次正式见我老师,不过说来也简单,就是在一个大厅里面喝咖啡,然后吃点儿蛋糕。我之前一直很担心,第一次见面应该说些什么,我怕我说得不对,给他留下不好的印象。结果见了蒋老师,我的第一句话是:蒋老师,谢谢你给我那么好的点评。说起来也挺奇怪,一见面我俩就有一种似曾相识的感觉。三分钟以后,我就感觉认识蒋老师很长时间了。蒋大为老师为人很低调,性格很大方,没有一点儿架子,这么大的明星,跟我们平常人说话是一样的,所以我很放松。蒋老师指出了我演唱方面的许多问题,说得很准确。我们一共聊了大概三十分钟,因为他要离开北京去演出,当时要去赶飞机。但是,就是这短短的三十分钟,让我相信自己有实力去学习更多的东西,让我相信我能学会我想学的东西。他说的这些话,给了我很大的信心。这三十分钟应该说是很值得纪念的,因为它是我能够在中国的演艺道路上走下去的支撑。随后,我就开始准备《星光大道》的月赛了。

小　超:月赛,你成功了。还记得月赛你唱的是什么歌吗?

吉　米:唱了《喀秋莎》、《怒放的生命》,第三首歌是《放手去爱》。

小　超:下面让我们听一听吉米版的《喀秋莎》。

吉　米:“正当梨花开遍了天涯,河上飘着柔曼的轻纱。喀秋莎站在那峻峭的岸上,歌声好像明媚的春光。姑娘唱着美妙的歌曲,她在歌唱草原的雄鹰,她在歌唱心爱的人儿,她还藏着爱人的书信。啊,这歌声,姑娘的歌声跟着光明的太阳飞去吧,去向远方边疆的战士,把喀秋莎的问候传达……”

小　超:你在唱这首歌的时候,你内心更多的是向往家乡的那份情感,因为这算是来自你家乡的一首歌。不过后边的那首歌《怒放的生命》,是我们国内的一个半摇滚的歌手所演唱的,他的名字叫汪峰。

吉　米:其实在乌克兰的时候,我本来是在一个摇滚乐队的,我在里面做歌手,而且我以前不是这样的头发,以前的头发是很长的,到胳膊肘这里。乌克兰的摇滚音乐和中国的摇滚乐是不一样的风格,我们的摇滚必须要高声吼,这样的话嗓子撑一分钟就会很累的。而中国的摇滚,比如说汪峰,我还是非常喜欢这个风格的,就像《怒放的生命》:“我想要怒放的生命,就像飞翔在辽阔天空,就像穿行在无边的旷野,拥有挣脱一切的力量……”

希望拥有挣脱一切的力量,吉米在中国接受着很多挑战。就在参加《星光大道》总决赛的前几个月,老师蒋大为给吉米出了一道难题,让吉米在总决赛中唱京剧,在此之前,吉米对于中国的京剧一无所知,他敢于接受这个挑战吗?

吉　米:在准备参加《星光大道》年度总决赛之前,我又和蒋大为老师见了一面,问他对于我参加年度总决赛的意见,我应该准备什么样的歌曲。我还是喜欢唱中国歌,但是又不太了解外国人唱什么样的歌能够让中国人喜欢。蒋老师给了我一个很好的建议,他说:吉米,你要唱《红灯记》——“穷人的孩子早当家”那一段。我从来都没有听过这个曲目,蒋老师说,这个是我们中国的国粹。当时我还不理解国粹是什么意思,因为我的中文不是很好,还是有很多的词语听不懂,所以我让蒋大为老师唱给我听。结果他给我唱的时候,很多人都在旁边听蒋老师唱京剧,听蒋老师唱京剧很难得。我本来就喜欢这样的旋律,蒋大为老师说:吉米你唱,这个京剧很适合你。你到时

吉米在《星光大道》晋级了

候就穿《红灯记》里面的衣服，戴《红灯记》里面的帽子。虽然当时听蒋大为老师唱京剧很兴奋，但是真到自己学习的时候，才发现唱京剧非常难：京剧必须要有动作，还要有眼神，还需要声音，而且它跟歌曲还不一样，所以光是找感觉，我就找了很长时间，得有一个多月吧。幸好我家有面大镜子，我就天天对着镜子练习，手、眼、声、法、步等等，一遍一遍不停地练习。第一遍唱得不对，第二遍感觉不对，第三遍眼神不对……

小　超：最后你没练烦，镜子烦了。

吉　米：我当时看着原唱视频学，因为我自己一个人学习，没有老师教我京剧到底应该怎么唱，所以我就看视频。看一秒视频，看一秒镜子，不断地反复地练习。“提篮小卖拾煤渣，担水劈柴也靠她。里里外外一把手，穷人的孩子早当家……”我本来不是这样唱的，只能一遍遍地揣摩，最后我终于学会了。学会京剧之后我非常有成就感，浑身都洋溢着幸福的感觉。我在录音棚录好了以后，自己听着还可以，就给我的中国朋友们听，他们也说不错。这样我才敢给蒋老师听。蒋大为老师听了之后说：吉米，没想到你学得这么快，一个多月就能唱成这样，不错。我说：蒋老师，我学会这段京剧，多亏了我家的那面镜子。

吉米当初来中国居住，他把第一站选在了湖南，这是伟人毛泽东的故乡，更是中国革命的红色圣地，正是这种红色文化的熏陶，点燃了吉米学唱红歌的激情，蒋大为更是送他“红老外”的昵称，吉米的红歌到底唱得怎么样，能像唱戏一样赢得满堂彩吗？

吉　米：年度总决赛分赛，我已经成功了。年度总决赛我也是唱的《红灯记》，还学会了《我爱你中国》。蒋老师还让我参加他的演唱会。演唱会是在北京人民大会堂举办的，我唱了一首中国歌曲，很大气的红歌《我爱你中国》。因为我第一次参加在人民大会堂举办的演唱会，而且伴奏是请的乐团，不是之前录好的伴奏带。每一个演员都是现场唱，当时我压力很大：一是因为同八十多个人的乐团合作；二是因为现场观众爆满，而且是在人民大会堂，那可不是开玩笑的，档次非常高。所以我压力很大，也很紧张，甚至比参加《星光大道》还紧张。当时我站在蒋老师旁边，担心自己唱不好，心里一直在说：我的天啊，一定不要出错。不过从“百灵鸟从蓝天飞过”这一句之后，就没有担心的感觉了，因为我听到了下面的掌声。我在人民大会堂的舞台唱完之后，回到后台，蒋老师早就等在那里了，他说：吉米，很好！这个就是我一直想要听他跟我说的，我非常需要这句话。如果蒋老师没有说这句话的话，我会担心是不是我没有做好，是不是老师不喜欢，不过有了这句话我就放心了，有了这句话我也会更加努力。

小　超：蒋大为老师一般是不收徒弟的，成为他的徒弟很难得。

吉　米：对，我之所以能成为蒋大为老师的学生，首先是因为我有好运气。当然，还需要一些别的因素，比如我们演员要想成功，需要几个要素：第一，肯定是要唱歌好，其实不管是什么专业，每一个专业的人都要把自己的专业做好，比如说你做主持人，你主持得就非常好；第二，要努力；第三，个人的性格要让大家喜欢，要开朗、自然、真实。第四，要有好运气，我相信每个人的生命中，都有机会成功，所以要把握这个机会。比如说在《星光大道》上，蒋大为老师做评委，而我参加《星光大道》的比赛，如果我唱歌不好，或者唱得一般，蒋老师听了之后没什么感觉，还有很多的外国人参赛，那这个机会我就失去了。但是我唱歌还不错，这就没有问题了。蒋老师看了之后能够记得我，可以想起吉米是有实力的。所以我相信每一个人，只要有机会就必须要努力，这样你才能成功。

小　超：这是你的成功经验。

吉　米：这也是我对生命的意见。

小　超：这句话说得非常好，我们也希望有更多的人，像吉米这样，如此真诚、如此坦荡、如此开朗。我们不要把自己伪装得太过严实，心里想的是什么，我们就说什么。

通过几年的努力，吉米在中国的演艺事业取得了一定的成绩。红歌、民歌和京剧，他都唱得像模像样，甚至还能自己作词、作曲。但就在前几年，吉米刚来中国的那段日子，别说让他唱几句中文歌曲，吉米掌握的中文单词还没有几个，他靠着在中国游走四方，自学了汉语，也正是这段经历，留下了许多难忘的趣事儿。

吉　米：我刚刚就想起来一个好玩的故事。我刚来中国时候，听不懂中国话，一句都听不懂。那个时候在我身上发生了很多好玩的事情。

小　超：这是一个真实的故事。

吉　米：我来到中国以后，很喜欢在家里吃水饺，所以我想学的第一个词语就是：水饺。我有个朋友他会说英语，有时候帮我翻译。我问他：中国话水饺怎么说，他告诉我说"水饺"，我说好，"我想吃水饺"在餐厅里应该怎么说，他告诉我说，到餐厅之后你说：你好，我想吃水饺多少钱？我拿笔简单地记了一下，记下了水饺、多少钱等关键词。第二天我到了餐厅，一个挺漂亮的女服务员过来说：你好先生，想吃什么菜？我说：我要睡觉多少钱？结果她看了我一眼，跑了。

小　超：你说的是什么？

吉　米：我就是说"睡觉"多少钱，我朋友怎么跟我说的，我就怎么跟她说的。结果那个女服务员跑了，我想她是什么意思，不想让我吃饭吗。我就继续等，然后一个会英文的男人过来了，他说：你好先生，你想吃什么菜？我说：我要睡觉多少钱？他说：不好意思，我们这里不睡觉，我们这里只吃饭，你如果想睡觉的话，马路对面有一家宾馆，那里可以睡觉。我说：你这是什么意思，我没听懂。正好我看见旁边有人在吃水饺，然后我说：我要那个。他说："水饺？"我刚才说的难道不是"水饺"？他说：不是，你说的是"睡觉"，这叫"水饺"。一个朋友告诉我：吉米你刚才在餐厅里面问她睡觉多少钱，这样不好。我说：我知道了，不好意思，对不起。

小　超：不知者不怪，只是一个笑话而已。我听说你还有另外一个故

吉米讲述学汉语的甘苦

事，是在拍电视剧的时候，有个炒饭的故事。

吉　米：对。当时我觉得我的语言能力应该可以，所以我去了那个拍电视剧的地方。当时去吃饭的时候，服务员问：你想吃什么菜？我说我要"小便炒饭"，他说开玩笑，哪有什么小便炒饭，没这个菜，这个菜也没法做。我说为什么呢？这个餐厅门口明明有这个广告。餐厅门口贴了四个字，按我的读法应该是"小便炒饭"，所以我说你们在外边不是写着有这个菜吗？还写着三十块钱呢。后来才知道，应该是竖着读的"小炒便饭"。

小　超：你觉得学习中国话，难不难？

吉　米：难，太难了。说实话，我只会说不会写。我最开始只能写两个汉字，你知道是哪两个字吗？

小　超：你的名字："吉米"。

吉　米：对，你真聪明。昨天有个人问我，吉米你会写汉字吗？我说：我能写两个字。那个人说：这两个字应该是"中国"吧？我说：不是，是"吉米"，因为我肯定要学会写我自己的名字，不过"中国"这两个字我也要学会。

小　超:那我得问问你,你乌克兰的名字叫什么?

吉　米:我乌克兰的名字叫Дмитрий Николаевич Ковалёв,很长的,所以我就从我乌克兰的名字里拿出了两个字"吉米",是jimitry的发音,因为原来的时候我的中国朋友都说,吉米你的名字太难学了。当时他就有这个想法,他说你把名字里前面的"吉米"留下来,这两个字我们中国的朋友都很好学很好记的,我说好,吉米,可以。

小　超:吉米的"吉"字呢,在我们中国是吉祥如意的意思,"米"呢,是一个非常重要的词,因为米是粮食。

吉　米:我现在知道了,就是米饭,对吧?

小　超:对,你就是吉祥的米饭。

由于渐渐融入了中国的文化,吉米的演艺事业全面开花,除了唱歌、唱戏,吉米还争取到了演戏的机会。从只有一句台词的角色,到后来担当了男主角,吉米用平和的心态奋斗着、收获着。

小　超:我听说前两天吉米还拍了个电视剧是吧,你是主角?

吉　米:第一部戏我不是主角,我是"小小腕",总共出来了大概三次。第一次我就是直接出来说:"你好,欢迎光临。"然后我就走了,这是第一部戏。我当时觉得第一部戏能出来三次已经很厉害了。等到第三部戏,我大概出现了70%的时间。从这三部戏以后,我一共拍了十一部戏。

小　超:拍的那部戏叫什么名字,是不是叫《老外打工》?

吉　米:不是,这部电视剧的名字叫《一家老小向前冲》,我在里面有很多的戏份。比如说在一部戏里我叫008,因为它是搞笑的电视剧,模仿的是大家都知道的007那部电影,这个在网上可以找到。

小　超:可以输入"乌克兰吉米《一家老小向前冲》",如果大家想看吉米的《一家老小向前冲》的话;还可以在网上搜一搜,看看008的吉米是个什么样的形象。

参加《星光大道》可以说是吉米演艺事业的转折点,获得年度第六名,得到评委和观众的认可,拜师蒋大为。除此之外,与同台选手切磋技艺,交到了朴实的知心朋友，也从中得到了不少人生启示。

小　超：那一年的《星光大道》年终总决赛，最后的获胜者您知道是谁吗？

吉　米：当然，是我的好朋友刘大成。

小　超：你评价一下我们山东的这位农民小伙怎么样？

吉　米：我觉得这个人很自然。我最尊重每一个人内心里的性格，最自然的东西。我最怕假话，说假话的人，内心比较狡猾。我最讨厌那种嘴里说的和心里想的不一样的人。

小　超：谁都不喜欢狡猾的人，没有人喜欢口是心非的人，但是没办法，总是有这样的人存在。

吉　米：我很相信别人的话，当然我肯定不是傻，我不会什么都相信，比如工作的事，我一定要了解他说的是实话，还是假话。我非常尊重能说实话的人。因为现在很多人往往是他想什么，却不说什么。我觉得十年或者二十年前的人，心里面想什么就说什么，他嘴里说的和心里想的是一样的，但是现在呢，我觉得这样的人少了一些。

小　超：但是我们都相信，以后会越来越好，我们也要相信我们会有更好的未来。不过美好的未来也是从现在开始的，所以请大家拿出自己最真诚的一面，拿出自己的最自然的一面去面对所有的人。我相信，如果我们都说实话，我们都说自然的话，我们的这个"大家"就会很幸福、很快乐。最后，吉米，给我们送上几句祝福吧。

吉　米：祝大家有更多的快乐和幸福，说更多的实话和真话，祝福我们所有人的所有家庭，还有所有的国家都可以成功。

【节目结束语】

在我和他交谈的过程中，我能感觉到吉米非常快乐，在他蓝色的眼睛里也透着一股真诚。就像吉米所说，十年之前或者二十年之前，大家嘴里说的和心里想的都是一样的，可是现在随着咱们钱多了、吃的好了、住的好了、用的好了，这嘴里说的和心里想的，慢慢地却又不一样了。这样的事儿多了，就让我们感到很累，就像有一句话说的：小时候，快乐很简单；长大后，简单很快乐。所以，我们也想告诉更多的朋友们，我们应该追求心里想的和嘴里说的都是一样的，这样人和人之间，才能拉近距离，我们的生活、我们的环境才会更加美好，您说呢？从现在开始，咱不说假话。观众朋友们，感谢您收看本期的《小超访谈录》，我们力争通过每一个不同的人生故事，和大家寻找向上的力量，咱们下周同一时间再见。

小超与潘倩倩

【小超印象】

* 潘倩倩，1987 年出生在山东胶州马店镇小后屯村，是个地道的胶州大嫚儿。倩倩老家盛产大白菜，而她的性格也如同大白菜：干净、干脆、干练。每次见面总想听她嚎上几嗓子《向天再借五百年》，即便她已经唱烦了。这个村里娃还去了人民大会堂演出，一句话："从小吃的大白菜，算是值了"！

梦想总是在前方

——访潘倩倩

【节目开场语】

观众朋友们大家好,欢迎收看《小超访谈录》。

最近几年在山东的村儿里出了不少人才,有的乡亲在村里做生意做得风生水起,也有的乡亲在村里热火朝天地搞起了新农村建设,当然,大部分乡亲还是在村里种地耕田,年年盼着能够喜获丰收。不过这其中还有乡亲凭借着唱歌出了名,一说唱歌出了名,您可能想到了一位,她是咱们山东老乡,老家就在盛产白菜的地方——胶州。她是个女孩子,但是唱歌很有男人味,她就是凭着这个特色,一举拿下了《中国达人秀》的总冠军。说起这位就是今天《小超访谈录》的访谈对象——“中国达人”潘倩倩。

小　超:倩倩,今天把您请到这里来,环境是特意选择的,有山有水。

潘倩倩:山美、水美、超哥更美。

小　超:胶州的白菜好,胶州的人更美,胶州农民的家里有了一个朴实、美丽的女孩子,名叫潘倩倩。

潘倩倩:胶州大嫚儿。

小　超:今天现场来了很多观众,他们有很多问题想问您,在这里就给大家一个机会。

现场观众:您获得了《中国达人秀》的冠军,对于未来您还有什么更大的目标吗?

潘倩倩:因为我喜欢音乐喜欢唱歌,所以我就想一直唱下去,唱到老。

现场观众:您说您想一直唱下去,我想知道是一种怎样的精神动力支持

那天的录制选择在风景优美的山水之间

您一直唱下去呢?

潘倩倩:有的人喜欢一样东西可能只是暂时的,过段时间就会厌恶,然后再换成其它的爱好。但是我对音乐的热爱一直很执着,没有间断过更没有改变过,因为音乐已经成为了我的另一半,我不可能把它丢弃。就像我不能舍弃我的手和脚一样。

潘倩倩生在村儿里,长在村儿里,虽然没有城里孩子的优越条件,但凭着对于音乐的特殊感觉使得潘倩倩从小就种下了最初的音乐梦想。

小　超:一个农村的小女孩,一步步走到今天,成了我们眼里的名人,其中辛酸的往事肯定不少,那么我们就先从您的老家说起,从您的童年说起。

潘倩倩:小时候我家的条件特别不好,家里农活比较多,爸妈不但种着庄稼、养着猪,外面还做着小买卖,他们整天都在外边忙着干活养家。我还有一个弟弟,我就整天带着他和邻居家的小朋友玩,我听我妈说,小的时候把我抱在怀里,一听见音乐,我自己就在那打拍子,可能这就是天赋。

小　超:我听说您小时候喜欢跳进大缸里唱歌,这是真的吗?

潘倩倩:后来年龄大一些了,在爸妈面前也比较腼腆。家里很早以前有口装水的大缸，后来不用了，我就钻进大缸里唱歌，感觉那个浑厚的声音很好听。

小　超：看来倩倩从小就对这种浑厚的声音情有独钟，除此之外，听说您小时候还喜欢一边放猪一边唱歌是吗？

潘倩倩：这也是真事儿。那一年，我家的一只母猪生了十四个小猪崽，那时候农村都有大院子，里面种着蔬菜，我就把猪赶到园里，整个下午都在那放猪。一边放猪，一边就对着猪唱，什么歌也唱。“天地悠悠，过客匆匆，潮起又潮落……”

小　超：这是《潇洒走一回》，同时我在很早之前看过一个电影叫《少林寺》，里边有一首很出名的歌曲叫做《牧羊曲》。倩倩有创意，一边放猪，一边唱歌，她这是唱的“牧猪曲”，这歌一唱完，扭头一瞧，猪上哪了？

潘倩倩：猪特别听话，它们就一直跟着我，我就躲在草垛那儿唱歌。

小　超：在小猪崽儿面前唱得倒是挺痛快，那么您在大人面前敢唱吗？

潘倩倩：我不唱，不好意思，那会儿非常害羞。但是有一次去亲戚家串门，他们竟然想让我唱首歌，我就一愣，感觉很奇怪，你们又不知道我会唱歌，为什么会让我唱呢？后来才知道，这是屋后邻居告的密，这家大婶经常听到我家有歌声传出，而且是从大缸里发出的声音，那个声音比较浑厚，传得也比较远，后来知道是我在唱，就把这个事儿告诉了我爸妈。

小　超：小时候，您都是通过什么方式学习唱歌？

潘倩倩：就是买磁带，后来买光盘。那个时候家里没人，父母都在外边干活，我就把光盘放在VCD影碟机里，跟着卡拉OK的字幕唱。那段时间把零花钱都攒起来，攒齐十几块钱就去买个光盘，现在家里还有一大堆呢，最早的时候是听磁带，我就向邻居家借小录音机。

这就是孩童时期的潘倩倩，从一个孩子的角度去认识音乐，想着各种办法接触音乐、学习音乐，并陶醉于其中。但这并没有打动她的父母，非但没有得到支持，还受到了父母的阻拦。

小　超：当初父母支持您唱歌吗？

潘倩倩：不支持，因为我爸妈年轻的时候在剧团里工作过。我妈在没有结婚的时候参加过一个唱歌比赛,结果没选上,她不是唱歌水平不行,而是因为没有学历,最终落选了。我妈妈的嗓音很洪亮,就是原生态的那种感觉,如今已经退出江湖三十多年了。我觉得我的音乐细胞是属于遗传,那时候我妈去参加比赛,出身农村家里没有好的条件,也没有好的老师指导,更没有学音乐所需的经济来源,所以最后并没有走上这条道路。后来父母看我也想走唱歌这条路,他们干脆对我说,到了年纪就在村里赶快找个好婆家嫁了,完事儿就生孩子,哪也别去,死了这个心吧。

小　超:现在村儿里像您这个年龄的女孩,家里的孩子都不矮了。

潘倩倩:是啊,但是我有自己的梦想,一直还没有追到,所以就不想结婚生子这方面的事情,一心一意就想追梦。

小　超:父母第一次发现您仍在坚持唱歌是在什么时候?

潘倩倩:应该是在2010年的下半年,我那时候在胶州打工,工作过的地方挺多,纺织厂、制鞋厂、制帽厂、纸箱厂,我还当过保安,反正什么都干过。就在打工的同时,我去深圳参加了一个比赛,那时候我对网络还不是太懂,偶然间通过电视广告看到了报名信息,我就稀里糊涂地报了名,然后就去参赛。去之前还觉得自己实力挺不错,但是最后没有得到什么好名次。我那次是偷着去的,在单位请了假就直奔深圳,开始父母什么都不知道,最后是在播出的时候,父母看了电视才知道的。随后我妈就对我说了狠话,让我死了这条心,说我一没条件,二没钱,三更没学历,是不可能成功的。父母对我说这些话的时候,我就装在了自己心里,但我并没有停下追梦的

这个农家女孩洋气十足

脚步。

小　超:通过这件事情,父母也是在生您的气吧?

潘倩倩:也是生气,也是被我打动了,看我那么执着。那时候我也是跟自己在打仗,怎么办?我必须要走下去,不管经历再多挫折,我都不可能放弃。

小　超:难道真的没有像身边朋友一样去找个好婆家?

潘倩倩:没有,真的没有,因为我有我喜欢的,我有我的另一半,我还找对象干什么?

小　超:喜欢音乐,音乐就如同自己的另一半。

潘倩倩的追梦之路虽然很艰辛,但是在她看来又是很温暖的,改善家庭的生活状况,供弟弟去上学,这肩头的一切责任让她更富激情。

小　超:是不是还有这样一个故事,您和弟弟同时拿到了比赛的名次,但由于家庭原因,陷入了残酷的二选一之中,是这样吗?

潘倩倩:对,弟弟在青岛,他是获得青岛市体育三项全能的冠军,我是在济南参加了一个选秀比赛,也是获得了一点名次。当天我给我妈打电话报喜,说我获奖了,我妈妈很高兴。结果我弟弟也打去了电话,我妈就陷入了两难之中。我现在也很理解他们,一个是自己的闺女,一个是自己的儿子。

小　超:手心手背都是肉,我到底是支持儿子还是支持女儿?难道全支持不行吗?

潘倩倩:全支持根本就不行,因为家里条件不行,弟弟上学得花钱,如果我那个时候要学音乐的话,花费会更大。最后我对我妈说,您去照顾弟弟就行了。那时候我就有了想去北京闯荡的心思。

小　超:作为父母,他们并没有支持您而是支持了弟弟,在您的心里埋怨过他们吗?

潘倩倩:肯定不会,因为我跟弟弟的感情特别好。何况当时我也是这么想的,弟弟这么优秀,不只是父母要支持,我也要全力支持弟弟。

在潘倩倩的歌声里,承载着他们姐弟二人共同的梦想,她要用今天的努力，去赢得他们的未来。为了支持弟弟上学，更为了继续追逐自己的音乐梦想，十七岁的潘倩倩起航了。她离开家乡、离开父母，只身一人来到城里去打工。

小　超：打工的历程对您来说应该是很丰富的，那么先从胶州说起，出去打工头一年多少岁？

潘倩倩：十七岁，第一份工作是在制帽厂，那时候一个月能挣七八百块钱。对于那时候来说已经很多了，可以买很多的卡带和VCD了。

小　超：做保安是在哪里？

潘倩倩：做保安是在制鞋厂，那里的女工比较多，为了防止皮子被带出厂外，我就站在那里吓唬吓唬进出的女工。其实这也是一段难忘的经历，那几年打工的日子特别辛苦，但是也很快乐，因为有音乐在陪伴着我。

小　超：那时候您分析过自己没有，自己的声音和别人有什么不同？

潘倩倩：好像是比较粗一些吧，那时候我经常在路边摊唱歌，一块钱一首歌。同事们都知道我比较喜欢唱歌，每天在宿舍里听音乐，还时常唱两句，所以每次经过路边摊，他们就让我来一首。

小　超：在路边摊唱歌的时候，经常会唱哪些歌？

潘倩倩：刘德华的啊，还有张雨生的《大海》：

“从那遥远海边，慢慢消失的你，本来模糊的脸，竟然渐渐清晰，想要说些什么，又不知从何说起，只有把他放在心底……”

潘倩倩就好似大海里的一朵浪花，拍打着、挣扎着，向着成功的彼岸奔去，虽然经常被巨浪所阻拦，但心中的那股执着劲儿，让她始终向着更广阔的天地前行。心中愈加强烈的音乐梦想，使她迈出了更大的一步。

小　超：后来为什么又去了北京呢？

潘倩倩：就是想去试试自己的能力到底有多大。刚到北京很害怕，因为北京那么大，毕竟在这个社会里想去北京追逐梦想的人太多了。去之前就特别纠结，到底要不要去，要不换个别的地方吧。

节目现场说起学歌的往事

小　超：北京有朋友吗？

潘倩倩：没有朋友，连个接站的都没有。都说北京大，去了以后才知道了北京到底有多大，下了火车之后就一直向前走，走了很久，一边走一边歇，不知道去哪里。站在北京的马路边，看着来来往往的车辆，那时候感觉心里很害怕。

小　超：是不是瞬间告诉自己，干脆回家算了？

潘倩倩：有这种想法，我没有撒谎，我真的想过。

小　超：到了北京，后来又发生什么事情了？

潘倩倩：我一个人在街上走着，其实东西南北都分不清楚。走了大概几个小时，突然想到，我得先把工作解决了，起码能有饭吃，更何况晚上不能睡在马路上吧。我就开始看广告招聘，看了好几个，不知道为什么就选到了这个火锅店，当时就打电话过去，火锅店说让我过去面试。北京那么大，实在不好找，等我找到的时候已经是半夜了，幸好他们那还营业，我就进去了，我说我是来应聘的，老板看我还行，就让我留下来试试，我挽起袖子就开始干活，一气儿忙活到凌晨三点。把店里收拾干净，到了宿舍，分了我一个上铺，那时候我也没有带被子，自己就盖了几件衣服凑合了一晚上。

小　超：到北京的第一天就这么过去了。

潘倩倩：对，这是第一天，特别辛苦，但是再辛苦我也要撑下去，我必须要撑下去。那天很累，睡到第二天中午，然后向老板请了个假，出去买了一些生活用品。

小　超：你看倩倩多带劲，上班第一天就请假。

潘倩倩:老板知道我的情况,来到这儿什么也没带,老板就给我一天假,我又拖着疲惫的身子走在北京的路上,看着周围的一切都好奇,这就是传说中的北京。

小　超:在这个火锅店工作了多长时间?

潘倩倩:工作了接近一年吧。

小　超:在这一年中,您的老板和同事有没有发现您能唱歌的本事?

潘倩倩:当然有,我刚开始去的时候,挺腼腆、挺内向,回到宿舍也不太爱说话,平时工作的时候就是闷着头干活,之后和同事慢慢熟了,才在北京找到点儿温暖了。

在火锅店烟熏火燎的环境中,潘倩倩的激情仍没有蒸发,她没有忘记当初来北京的初衷——追梦。经过不懈努力,她终于站上了《星光大道》的舞台。

小　超:在北京找到了一点儿温暖的感觉,是不是又要开始追梦了,毕竟当初来北京目的不是为了打工。

潘倩倩:对,当初去北京也就是为了上《星光大道》。我的这个想法被老板知道了,他挺支持我的,那时候我在火锅店特别能干,小女孩干不了的活,比如端又重又烫的火锅,我自己来来回回儿趟都没问题,男孩的活我都能干,同事和老板对我的印象特别好,并且我还能唱歌。我之前也在网上报名参加过《星光大道》,还把我的经历写成信邮寄过去,结果都没有回信。随后火锅店老板也帮我报名,他说在我们店里有一个打工的小姑娘,她唱歌挺好,希望能给她一次展示的机会,正好栏目组的导演看到了,就到火锅店里来了解情况,觉得我还不错,我这才有幸走上了《星光大道》的舞台。

小　超:能够登上《星光大道》的舞台,还真是费尽了周折,回想站在那个梦想的舞台上,感觉好吗?

潘倩倩:梦想的舞台终于站上了,那时候真的特别害怕,吓得我在舞台上拿着话筒直打哆嗦,没上过大的舞台,确实紧张。而且在彩排的时候看到高手如云,个个都有绝活,心里真是没底了,这怎么办?不能第一关就刷下来吧,那时候我想的是能过第一关就行了。

小　超:没想到得了周冠军,当时是什么样的心态?

潘倩倩:得了周冠军就觉得行了,我在家里可以扬眉吐气了,之前根本不敢提这个事情,得了周冠军特别高兴。那期节目录完以后,我还是在火锅店工作,每天的工作更有劲儿了,来客人的时候老板就向他们炫耀。店里的客人都不相信,因为还没有播出来,但我仍然很高兴。

小　超:随后的月赛争夺战中,自己发挥得怎么样?

潘倩倩:随后参加的《星光大道》月赛,没想到又获得了月冠军,那时候站在舞台上感觉还是害怕。

小　超:倩倩夺的冠军总是在害怕之中得到的。

潘倩倩:确实,都是很意外,意外的收获反正也是收获。

小　超:您觉着能拿到月冠军,最主要的核心竞争力是什么?是因为一个小女孩唱出了男人的声音吗?

潘倩倩:可能是在周赛的时候,大家听到小姑娘唱出这样的声音,对我的印象比较深刻吧。月赛的时候,我家里亲戚,包括我爸妈都来了,我妈的身体不太好,坐在台下比我还紧张。她后来跟我说,当时她的心脏都快跳出来了,而当时我站在台上就想,我已经是月冠军了,行了、够了、值了。

小　超:拿到月冠军以后,替您高兴的人应该有不少,您的父母、朋友,应该还有您的弟弟。

潘倩倩:对,他们都很高兴,但还有一个人更高兴,他就是火锅店老板,现在店里面贴的全都是我的照片。

小　超:获得月冠军,是不是凭着《向天再借五百年》这首歌一举拿下的。

潘倩倩:对,我唱给大家听听:"做人一地肝胆,做人何惧艰险,豪情不变年复一年,做人有苦有甜,善恶分开两边,都为梦中的明天,看铁蹄铮铮,踏遍万里河山,我站在风口浪尖紧握住日月旋转,愿烟火人间,安得太平美满,我真的还想再活五百年……"

在《星光大道》的舞台,倩倩并没有获得最后的年度总冠军。其实,这在她的内心之中,还是有些许的遗憾,但命运为您关上一扇门的同时,也为您打开了一扇窗,《中国达人秀》的舞台又在向潘倩倩招手。

小　超：在我们之前的印象里，倩倩是一个农村的女孩儿，如今再说起潘倩倩，更多的人会想起另一个名号——“中国达人”总冠军。为什么走下《星光大道》，又迈上了《中国达人秀》的舞台呢？

潘倩倩：当时参加《星光大道》的年度决赛感觉压力特别大，所以并没有走到最后。虽然获得月冠军已经满足了，但是当您距离终点只差那么一点点的时候，往往也是最失落的。正好那时候《中国达人秀》开始报名了，我开始犹豫到底要不要去，走下《星光大道》的舞台，当时心里感觉特别失落，有点儿怀疑自己，我到底行不行？为什么会差那么一点点？最后我想这是一个机会，我不能放弃。重新站起来以后，我立马去报了名，又开始了新一轮的参赛准备。我认为只要你付出了，都会有回报，我深深地被这种感觉所影响，当时的那种心情，如今再提起来，还是有点激动。

小　超：您的这种坚持或者说不怕吃苦的劲头，与您生在农村、长在农村有关系吗？

潘倩倩：非常有关系，农村的条件不是太好，父母不会惯着孩子，有句话说得好：穷人的孩子早当家。我在北京做火锅店服务员，不怕吃苦，男孩的活我都能干，参加选秀比赛，有压力也不怕。

小　超：再次起航，参加《中国达人秀》的比赛，顺利吗？

潘倩倩：一路走来，很辛苦。要面对种种压力，还要面对一些实力更强的选手，从身体到心理都非常累。

小　超：整个《中国达人秀》的过程，您觉得高潮在哪里？

潘倩倩：人民大会堂，能够在人民大会堂里歌唱，从小到大我压

潘倩倩在《中国达人秀》表演

根儿就没敢想过,我已经心满意足了,觉得很光荣。更何况,那是《中国达人秀》决赛的舞台,我的天啊,更没敢多想。

小　超:还记不记得那天在人民大会堂唱的什么歌?

潘倩倩:肯定记得,唱的是《天高地厚》,就是这首:“您累了没有,可否伸出双手,想拥抱怎能握着拳头。我们还有很多梦没做,还有很多明天要走,要让世界听见我们的歌……”

(《中国达人秀》资料)

周立波:潘倩倩的嗓音是无法复制的,每次她一开口,大家就会被震撼到。我听潘倩倩唱歌,每次都快要被她唱哭出来了。

崔永元:我觉得她唱得特别好。如果哪天自己想唱了,凌晨或者深夜也可以唱。第二天的晚报批评不会批评她,肯定会说昨天晚上韩磊或者刘欢又在我们家楼下唱歌了。

黄舒骏:我觉得唱歌最简单、也最难。潘倩倩,我不敢说您唱歌是最美、最动听,但您是最令人难忘的。我相信您的这个歌声,已经被很多的人真心地记在了心里面。

小　超:在《中国达人秀》冠军争夺战中,我记得现场很激烈,前几轮您暂时落后,最后又反超了其他选手并最终获得了总冠军,对于这个结果之前想到过吗?

潘倩倩:进入总决赛我已经很知足了,当时我想最低也能是个第八名,如果第七名就更满足了。没想到几轮过后,舞台上还剩四个人,我还是其中一个;又过一轮,只剩下两个人了,我仍站在那里。当时我已是濒临崩溃,不知道该怎么办了,第二名啊!起码我能是亚军了,我忍不住就落下了眼泪。当评委老师宣布结果的时候,那是我一生都忘不掉的时刻,当时我除了感激,还是感激。感谢所有的评委,所有支持我的朋友们,当然,还有我的父母和弟弟。

小　超:整个《中国达人秀》的过程,您觉得您取胜的法宝是什么?

潘倩倩:诚实和真实,评委老师也说过,正是这种诚实和真实的感觉最终打动了他们。

小　超：获得了冠军，如今无论是网络还是电视，总之在很多地方都会看到关于您的报道，潘倩倩是名人了，走在大街上会被人认出来，也会有不少的粉丝去追逐。面对这一切，您有什么感受？自己的生活改变了吗？

潘倩倩：参加比赛获得冠军，我并不是为了能够让人认出，更不是为了出名。走在大街上被人认出，还会要求合影签名，其实这并不是我最终想要的东西。我喜欢音乐，当初坚持唱歌，父母不支持，我还是依然坚持，所以说我图的并不是一个名分。甚至现在有人找我签名，我会说咱还是合影留念吧，因为我仍不会那种很花哨的签名，我现在只会工整地写下“潘倩倩”三个字。

小　超：您在拿了《中国达人秀》的冠军之后，面对镜头说了一句话，我一定要拿到第一名，因为我要改变我自己的命运。说这句话是什么意思？

潘倩倩：其实就是给自己打打气，那时候觉得自己获得名次应该没问题，但最多也就是五六名，没想到获得了冠军，很意外、很激动。

这就是山东姑娘潘倩倩的追梦之路，执着而又温暖。获得了《中国达人秀》的冠军，成为不少现场观众的偶像，此刻，她身上的光环格外耀眼。但谁又能想到，仅仅两年前，潘倩倩还是小后屯村潘家的那个小闺女，鞋厂里的那个女保安，北京火锅店里的服务员。所以说，我们一定不能放弃自己的梦想。坚持我们的梦想，生活就不会空荒。其实，从您决定追梦的那一天起，您已经走在了通往梦想的路上，只是，梦想总在前方。

小　超：一路走来很不容易，不过好在获得了成功。您认为您成功的关键点在哪里？

潘倩倩：坚持、不放弃。不管我现在怎么样，将来怎么样，我还是要坚持下去，一直不停地唱下去，音乐已经成了我的另一半。

小　超：如今越来越多的农村青年走出农村，选择到城里去打工，在他们当中有很多人也是怀揣着梦想。您曾经也是他们中的一员，有没有什么建议给他们？

潘倩倩：这就要看您追求什么，到底想要什么。比如说，我喜欢唱歌，您喜欢写作，如果您有强烈的欲望想要获得成功，那么您就可以去追逐。您要用自己的努力去实现梦想,当然,在追梦的过程中,也许会遇到很多辛酸,那都是别人体会不到的,只有您自己才会知道。您要勇敢地走下去才会成功,我们要时刻记住,只有付出,才会有回报。

小 超:如今有很多年轻的孩子,他们都梦想着成为艺术青年或者是某一领域的行家,但是追逐梦想的道路难免会受到家长的影响,您对这些孩子的父母有什么建议吗?

潘倩倩:农村也好,城里也罢,对于孩子不要刻意地去控制他们。现在的生活条件好了,父母会倾注更多的关怀给孩子,或者溺爱或者把父母的意愿强加给孩子。其实应该尊重孩子的选择,看看他自己想做什么,喜欢做什么,只有喜欢了,才能慢慢地挖掘出潜能,才有可能走向成功。

小 超:从每一个角度去享受去判断,幸福总是多种多样的,正如这个多彩的年华和多彩的生活一样,但是我们从倩倩的身上能够看到,奔向成功的路,一定是需要坚持。倩倩,这条唱歌的路,您还会继续走下去吗?

潘倩倩:我会继续坚持,因为我喜欢。我相信未来的路,也一定会更加美好。

【节目结束语】

潘倩倩二十多岁,来自农村,凭借《中国达人秀》的舞台被全国的观众所熟悉。在她的身上,我们看到了梦想照进现实的过程,更看到了现实版胶州"灰姑娘"的故事。从潘倩倩的身上我们懂得了有梦想就一定要坚持。新农百味,耕耘人生,欢迎收看本期《小超访谈录》,我们力争通过每一个不同的人生故事来为您寻找向上的力量,咱们下周同一时间再见。

小超与熊汝霖

【小超印象】

他闲来无事，陪着哥们儿去参加央视《梦想中国》海选，本来只是陪客与看客，没想到哥们儿落选他过关。乌泱泱十来万人，谁敢去想得冠军这种天上掉馅饼的事情？可馅饼偏偏砸在了熊汝霖的光头上。他的歌声最大特色就是善于改变，一首歌唱一百次就是一百种味道。

一个人对爵士乐的理解

——访熊汝霖

【节目开场语】

观众朋友们大家好,欢迎收看《小超访谈录》。

今天我们为您请到了一位嘉宾,您要问我他是谁?听我慢慢和您讲。山东广播电视台卫视频道有一档栏目《歌声传奇》,很多的年轻歌手在这个舞台上用自己的风格演绎着经典歌曲。其中有这么一位选手,留着光头,喜欢用爵士风格进行演绎,屡获评委好评,他就是本期《小超访谈录》为您请到的嘉宾“音乐小熊”——熊汝霖。

熊汝霖,1978年出生在云南楚雄市姚安县的一个知识分子家庭,从小开始学习钢琴,并在初中三年级通过钢琴十级考试。1997年开始在酒吧驻唱,1999年在昆明电台主持一档介绍欧美流行音乐的节目。他酷爱唱英文歌曲。2000年在昆明会堂开办首场个人演唱会。2006年到美国伯克利音乐学院音乐系学习,并于当年9月获得《梦想中国》冠军,现为山东卫视《歌声传奇》实力唱将。熊汝霖以演唱爵士见长,并且形成了自己的爵士音乐风格。

小　超:小熊,欢迎来到《小超访谈录》。我有个问题要问你,在《歌声传奇》里大家都喊你“小熊”,在生活中应该有比较亲密的人喊你“阿霖”,比较好的朋友会喊你“汝霖”,今天在《小超访谈录》的现场,我应该怎么称呼你?

熊汝霖:喊我“小熊”吧。这个名字伴随了我很多年,这是我的播音名。1999年我在昆明电台做节目主持人,那个时候我的名字就是“小熊”,一直沿用到现在，我对这个名字情有独钟。

小　超：在这咱俩得握个手，“小超”同样是我的播音名。小超访谈小熊，今天的《小超访谈录》正式开始。在《歌声传奇》的舞台上，大家都听到了小熊唱歌，在《小超访谈录》能不能也给大家唱上一段。

熊汝霖：我唱一个新歌吧，根据诗人海子著名的《面朝大海》，我自己创作的一个歌：

“面朝大海，春暖花开，面朝大海，春暖花开。给每一条河，每一座山，取一个温暖的名字，陌生人我也为你祝福，给每一条河，每一座山，取一个温暖的名字，陌生人我也为你祝福……”

小　超：这是一种怎样沁人心脾的音乐语言！您觉着音乐，1、2、3、4、5、6、7，这七个音符对我们每个人都很重要吗？

熊汝霖：对。有些人似乎可以过一种没有音乐的生活，因为没有音乐对人的生理上没有任何影响，不会生病。但是在我看来，没有音乐，就失去了很美好的一件东西，在生活之中，寻求快乐、寻求自由，音乐应该是我们的一个伙伴。

熊汝霖是一个音乐的宠儿，遨游在音乐的海洋之中，喜欢别人叫他小熊，他认为音乐是美好的，也是崇高的，生活中应该伴随着音乐，让音乐带来快乐和自由。人生，其实是随着年龄不断积累的一个过程，音乐同样如此，熊汝霖对音乐的理解，源于家庭环境的影响。小的时候，爷爷就教他爵士乐，并且告诉他音乐是不断变化的，所以才有了现在不断前行着的小熊。

小　超：小熊，你出生在一个什么样的家庭环境里？

熊汝霖：我出生在一个知识分子家庭，爷爷是老师，父亲是文工团的小提琴手。我在音乐上的启蒙老师是爷爷。最难得的是在他那个年代，爷爷教给我了爵士乐，并且还告诉我，音乐是一直在不断向前发展的，要不断吸取好的东西，不断地继续往前走，这是爷爷留给我最大的财富。

小　超：在你看来，音乐需要创新的精神，创新也是音乐发展的一个核心吗？

熊汝霖：对。如果有一天自己江郎才尽了，我至少可以做一件事情，那

面朝大海，拥抱音乐

就是不要去阻拦别人创新，保持一颗开放的心，我觉得这一点很重要。

小　超：小时候这样的一个音乐氛围，是不是对你现在唱歌也有一定的影响？

熊汝霖：其实还好，小时候我真的没有想到自己会变成一个歌手，没有觉得会以唱歌为生。小时候我学的是钢琴，一直都以为自己会变成一个像郎朗那样很厉害的钢琴家。后来发现，弹钢琴不是我的强项，也可以说不符合我的性格。钢琴家的性格相对更内敛一些，钢琴家不需要写歌，钢琴家的创作更多的是一种内心的汹涌澎湃，把别人写好的曲子，用自己的风格和气势演奏出来。钢琴家需要的是二度创作，而不是一度创作，这不太适合我。大家会发现一件事情，我唱歌，包括唱我自己的歌，每次表演都有区别。我喜欢在舞台上把自己已经写好的歌重新颠覆，重新演绎。当然，有时候也会失误，比如走音、忘词，但是我乐在其中。我在不断挑战、不断摸索中，寻找一个最好的状态。

小　超：我觉着你是一个旋律的游子，每次唱歌都在让自己和别人不一样，和自己不一样！

熊汝霖:用歌迷的话来说,我每次就是在电视上做不同的弹道实验,可能会打偏,飞出靶子。但是我一直在尝试,我认为尝试就是对的。

2006年,熊汝霖来到美国顶尖音乐学府,以爵士乐教学而闻名于世,被称为"爵士乐学校"的伯克利音乐学院学习。留学期间,他曾在酒吧唱歌,也曾组建了自己的乐队,在那里熊汝霖不仅提升了对音乐的认知,同时也度过了一段至今难忘的美好时光。

小　超:给我们说一下在国外的那段时光吧,有没有在酒吧里唱过歌?

熊汝霖:有。在国外的时候我还组了乐队,一个小的爵士组合,我是键盘手,偶尔唱唱歌。周末的时候,我们都会开着皮卡车,把所有的乐器扔到车斗里出去唱歌。那段时光太快乐了,我觉得那个经历,这辈子也不会再有。那个时候真的不是为了钱,就是爱好,只为了音乐。整个乐队的氛围也特别好,大家都特别喜欢爵士,观众也喜欢,太幸福了。

小　超:在外国的酒吧里,一个中国人唱着外国的歌曲,感觉怎么样?

熊汝霖:我也唱过中国的歌。像《茉莉花》、《小河淌水》。

小　超:《茉莉花》这首歌你喜欢吗?有没有想过把《茉莉花》变成英文歌?

熊汝霖:这首歌我当然喜欢,中国人都应该喜欢这首歌。它是中国音乐的一支代表歌曲,旋律非常经典,也是一个非常传统的中国调式,而且它的情绪也是一个非常真实的表达,我觉着它还是用中文唱比较好听。

小　超:我找到了你在《小超访谈录》唱第二首歌的理由,既然你如此喜欢这首《茉莉花》,就给大家演唱一下吧。

熊汝霖:"好一朵美丽的茉莉花,好一朵美丽的茉莉花,芬芳美丽满枝芽,又香又白人人夸……"

小　超:这是小熊对《茉莉花》的现场创作。咱们再回到从前,回到国外,那个小镇,那个卡车,当然还有那个酒吧。我们也想听一听,小熊给我们带来的英文歌曲。

熊汝霖:当时我在酒吧里唱的大部分是爵士乐,因为它是一个爵士吧。在爵士乐里有很多经典歌曲,我唱一个在爵士乐中算是比较流行的吧,叫做

《Fly me to the moon》(带我飞到月亮上)。

“Fly me to the moon (带我飞到月亮上)

Let me play among the stars (并让我在群星之间嬉戏)

Let me see what Spring is like (让我看看春天是怎样的)

On Jupiter and Mars (在木星和火星上)

In other words, hold my hand (换句话说,请握住我的手)!

In other words, I love you (换句话说,我爱你)!”

它的歌词非常浪漫,带我飞到月亮上,带我飞到火星上,我跟你一起在各种行星之间玩耍,很有想象力的一个歌词。

小　超:我想应该有很多人欣赏或者喜欢唱爵士乐,小熊能否告诉大家,演唱或者演奏爵士乐,应该注意哪些问题?

熊汝霖:爵士是一种非常即兴而为的音乐。有个玩笑是这样说的:如果不知道唱的是什么,那就是爵士。这是个很有名的玩笑,它从侧面反映了爵士不是一种有着固定章法、具体乐谱的音乐。以前我也曾经向我的爵士乐老师要过爵士钢琴乐谱,老师和我说,最好的爵士钢琴乐是只有键没有谱的,很多时候都是即兴而为。就像刚刚那首歌《Fly me to the moon》(《带我飞到月亮上》),其实还有很多种唱法,你想唱就唱,想停就停,很自然,怎么唱都可以,这就是爵士。

小　超:在小熊的身上体现了一种爵士乐的风格,在国外演唱的过程持续了多长时间?那段经历对你现在的这种演唱是不是有所帮助?

熊汝霖:整个过程差不多有七八个月,那段时光对我还是有很大帮助的。在那之前,我从来没有组过乐队,没有团队协作的概念,我一向是我行我素,包括出国之前一个人在国内酒吧唱歌,一个人做电台主持,没有搭档。在国外,我们那个爵士乐队有好几个人,大家会互相体谅、互相支持、互相理解,不是说一个人从头到尾展示琴技、唱功,得顾及大家的感受。一个人弹太多别人会很烦,就像如果是我们俩组合,总是我在唱,你会不高兴的。组乐队的经历,最大的好处就是让我知道了为别人着想,这样别人也会为我着想。

在美国的那段时间,熊汝霖不仅对爵士乐有了进一步的认识,更懂得了团队协作的重要性。2006年，熊汝霖在美国求学期间，中央电视台打造了一档口号为“音乐成就梦想”的平民选秀节目——《梦想中国》，熊汝霖偶然得知，然后报名参加了海选。凭借自己的爵士乐风格，一路过关斩将，最终获得2006年《梦想中国》总冠军。

小　超：2006年《梦想中国》海选的时候，你正在美国，为什么要回国参加这个活动？

熊汝霖：这是一个很俗套的故事。当时一个朋友给我打电话，很激动地说他要去参加《梦想中国》，要当明星，要我陪他一起去。我想反正自己也没什么事，就去吧！到了海选现场一看，十万人，还不知道轮到他到几点，我既然来了，自己也填个表，报名参加一下吧。没有想到的是，我那个朋友海选就被淘汰了，我却一路过关斩将，走到了最后的决赛，拿了冠军。

小　超：获得《梦想中国》的冠军，您觉得自己成功的秘诀是什么？

熊汝霖：没有什么秘诀，当时我自己都没想到能获得冠军，再自信的人都不可能看到十万人的时候，就说我就是冠军，这是绝对不可能的事情。可能我比较幸运，就像中奖一样，每一场都没有被淘汰，人越来越少，最后就只剩下两个人，而我获得了冠军，我觉着整个过程挺幸运。

小　超：还记得在最后争夺冠军的时候，你唱的是哪首歌吗？

熊汝霖：记得，当时唱的是皇后乐队的《波西米亚狂想曲》加上《我们是冠军》。选择《我们是冠军》，我当时的心态是这样的，能够唱到这一场，已经是冠军了，不管是不是第一名，我都是冠军。

“We are the champions, my friends

And we'll keep on fighting

Till the end（我们是冠军，我的朋友，我们要不断向前向前，一直战斗到最后）……”

很大气的一首歌曲，当时唱完那首歌之后，就听着宣布了最终结果：《梦想中国》2006年总冠军是熊汝霖，开始燃放各种烟花，真的很激动。

熊汝霖一首来自皇后乐队的史诗级经典歌曲《波西米亚狂想曲》以及《我们是冠军》征服了现场观众，一举拿下2006年《梦想中国》的总冠军，成

坦白曾经的膨胀

为金碟大奖得主。从在酒吧里组乐队自己“玩”音乐的小有名气,到《梦想中国》总冠军,成为众人瞩目的明星,突然间的变化,让熊汝霖的心态发生了变化,有了短时间的自我膨胀,为此也伤害了一些人。

小　超:《梦想中国》结束之后,是不是觉着自己变成明星了?

熊汝霖:坦白地说有,我膨胀过。参加《梦想中国》之前,很多人都不认识你,获得冠军之后,不管是朋友还是陌生人,见面之后大家都会先吹捧你十分钟,之后才开始说正事。在这种情况之下,我对自己有了过高的估计,觉着自己真是明星了,开始膨胀,用我们云南话来说比较狂躁。在那个时候,因为自我膨胀,我也伤害了周围的一些人,所幸的是,这个阶段并没有持续太长时间,大概有一年多。之后我就意识到,在你所受关注越多的时候,做人和做事应该更加谨慎,更加低调。

小　超:对于现在的明星来说都会面临这样一个问题:一夜之间“红”了,他应该用什么样的心态去面对自己的生活呢?你作为一个过来人,能不能给大家说一说?

熊汝霖:很多人在所谓“红”的时候,幸福指数是很低的,虽然虚荣心得到了空前的满足，但是无法正常生活，不能逛街，或者自己以为不能逛。这样就是失去了很多生活中的乐趣，成了一个生活不能自理的人。在获得《梦想中国》冠军之后的几年，我渐渐明白了一个道理，就像海子诗里说的：从明天开始，关心粮食和蔬菜，做一个幸福的人。你可以正常生活，才能称作幸福。现在我上街有人认出我，我会很坦然地面对，不会像以前一样躲躲闪闪，真的完全没有必要，这也是一个心理转变或者成熟的过程，我觉着我现在的状态特别好。

成为《梦想中国》冠军之后的一年时间，短暂的自我膨胀之后，熊汝霖懂得了应该用什么样的心态去面对“明星生活”，也明白了幸福生活的意义。成为冠军之后的熊汝霖，2009年应邀再次回到美国，举办了个人演唱会，把中国的音乐传播到了美国。

小　超：有没有把中国的音乐传播到国外？

熊汝霖：有，我在美国开过演唱会。三年前我回到美国俄亥俄州，在爱什兰大学举办了一场演唱会。在演唱会上，我安排演奏了一首中国民乐《采茶扑蝶》。很有意思的一首歌，当时大家都非常喜欢。

小　超：为什么想到去美国举办一场个人演唱会？

熊汝霖：在和美国的老师聊天过程中，他们知道我在中国获得了《梦想中国》总冠军，在他们看来我成为明星了，就开玩笑说，这个明星应该到美国“明星”一下，开个演唱会。我就回到学校，开了一场演唱会。他们都很热情，也很火爆，还有当地的报纸采访我，爱什兰的市长还来接见了我，当时挺轰动的。

小　超：你开演唱会那天，现场来了多少人？

熊汝霖：爱什兰是一个很小的城市，整个城市也就一万多人，当天晚上来了差不多两千人，我觉得很夸张，也没想到。

小　超：整个城市一万人，现场来了两千人，看来大家都挺喜欢你的，当天演出成功吗？

熊汝霖：特别成功。演唱会是在一个小礼堂里举办的，礼堂下面还有地下室，演唱会结束之后，他们在地下室给我办了一个庆功宴。当时爱什兰大学的校长跟我开玩笑说，请问这位摇滚巨星，我们给你准备了香槟和鱼子酱，你还喜欢什么？大家在一起开玩笑什么的，挺开心。当时现场也有很多中国留学生，我记得有个昆明的学生给我做了一大锅酸辣面。我看到那锅面的时候，瞬间泪流满面。

小　超：在美国的那个演唱会，你唱了多少首歌，比较喜欢的是哪一首？

熊汝霖：当时唱了有十多首歌，我非常喜欢自己创作的那首《一如既往》：

“我沿河而来，眨眼几经秋霜。脚步倒映水中，支离迷茫。我随流而去，从未停止歌唱，旋律仿佛森林，沉静亦激扬……”

小　超：为什么创作这首《一如既往》，一如既往地去追求什么？

熊汝霖：这是2005年我在美国写的一首歌。《一如既往》是我对音乐的一种态度，“我沿河而来，眨眼几经秋霜。脚步倒映水中，支离迷茫。我随流而去，从未停止歌唱，旋律仿佛森林，沉静亦激扬……”这是一种对理想永远不改变，一如既往追求的一种力量。

熊汝霖在获得《梦想中国》冠军之后，曾一度淡出观众视线，如今，在《歌声传奇》的舞台上，大家再次看到了熊汝霖的精彩演唱。《歌声传奇》是山东卫视全新打造的一档明星真人秀综艺节目，每期节目请来一位歌唱界传奇人物和几位新生代偶像歌手。新生代歌手将用自己的风格全新演绎传奇人物的经典歌曲。在这里，熊汝霖尽情地展示着他那不断变化着的音乐。

小　超：在《歌声传奇》的这段日子，你感觉快乐吗？

熊汝霖：特别快乐。因为《歌声传奇》里的每一首歌都在不停地变化、不断地创新，给了我很大的空间来改歌，也给了我很大的机会学习别人。因为其他歌手所做的一些改变，可能是我以前从来不去涉及，也不感兴趣的。但是和他们面对面的时候，你会感受到原来你不喜欢的风格中那些吸引人的元素。

小　超：在《歌声传奇》中，小熊演绎了很多经典歌曲，你觉着改编哪首歌压力最大？

熊汝霖：基本上每一首歌改编时我压力都挺大，要说压力最大的应该是孙楠的那首《不见不散》。因为大家都熟悉这首歌，很多人在KTV里也经常点着唱。它的旋律很固定，改动时很难跳脱出原有的模式，如果不能改变原来的旋律，不管你怎么唱，大家都会跟孙楠的那个版本进行比较，这是很头疼的一件事情。最后没办法，我玩了个猛招，完全抛弃了原有的旋律，完全不尊重原唱，我用了自己喜欢的电子风格作为基调。我的想法是这样的，我上台演唱前半部分，“不见不散，Be there or be sqare，不见不散……”唱完这一段，第二段就开始弹奏，把孙楠各种歌的旋律全弹进去。结果那天上台之后一兴奋，把这事给忘了，结果就各种技巧弹了一堆，下来之后才意识到，其他歌的旋律我没有弹进去。

小　超：那个舞台就是你的，可以随意发挥。

熊汝霖：对，我个人比较满意这个状态，说明我对待音乐是自由的，我没有提前设定一些东西，更没有按着固有的套路走，想到哪唱到哪，比较自由，喜欢变化，这是我创作音乐的一个态度。

小　超：在《歌声传奇》这个舞台上，也来过很多老艺术家，有没有让你比较感动的一首歌或者一个人？

熊汝霖：有，郭兰英老师。那天晚上节目录到很晚，节目结束之后，她专门走到舞台后面，主动去跟我们一一握手，当时瞬间被感动了。《歌声传奇》开播至今，只有郭兰英老师一个人做过这件事情，我觉着这是她对付出者的一种尊重，而且她在音乐界有着那么高的地位，我觉着特别不容易，让我特别感动。

小　超：郭兰英老师的那期节目我看过，你当时演绎的是《我的祖国》这首歌，演绎得非常棒，这首歌你是从哪个角度去修改的？

熊汝霖：这首歌我没怎么过多修改，基本上是按照原唱的结构来修改的。因为这首歌本身已经很强大，那天晚上我获得了冠军。不过我觉着不是我唱得好，而是这首歌好，不管谁唱，最后肯定都是冠军。当时我唱的时候，心里挺忐忑的，这是个女生唱的歌，而且很大气，男生演唱本来就特别有挑战，我觉得能够唱好就不错了，没想到获得了冠军。这首歌最感动我的是前边，“一条大河波浪宽，风吹稻花香两岸”，听上去很柔美，也富有情感。通过《歌声传奇》这个节目，唱了很多以前从来没有唱过的歌曲，并且还是在原唱者的面前，进行改编之后的现场演唱，这的确很难得。

《歌声传奇》给熊汝霖提供了展示音乐才华的舞台，生活中的熊汝霖喜欢普洱茶，因为他觉得做音乐就像洗茶一样，这是一个不断萃取的过程，普洱茶随着时间的推移，味道会有些许的变化，音乐也是如此，也需要变化，这是熊汝霖做音乐的一个态度。不断变化的音乐，正是熊汝霖现在的“小熊风格”。

小　超：你喜欢喝茶吗？

熊汝霖：我喜欢喝普洱茶，从喝茶里边也悟出音乐的道理。普洱茶放的时间越长，味道越香，我喜欢变化的东西，不喜欢死板的、一成不变的事物。我在《歌声传奇》的舞台上改歌，几乎很少会把原来那个歌完全不改。不是说这样不好，别人这样做我也完全认同，但是我自己不会选择这样做，因为我喜欢变化，你要听原版，直接听原唱就好了，我来《歌声传奇》不是来做模仿秀，我是来寻求改变的。我要告诉大家，这首歌其实也可以有不同的演唱方式，而且会有另外一种韵味。对于音乐本身来说，我觉得它是自由的。

小　超：你现在演唱有没有自己独特的“小熊风格”。

熊汝霖：有，我觉着现在有了，特别是唱中文歌的时候。风格上会融合一些西洋的音乐元素，再结合中国的一些传统元素，这可能与我在国外的那段时光有关系。我具体的音乐风格很难用语言来形容，你听我的歌，听到的就是我的风格。

小　超：没错，小熊的歌声到底是什么风格，我们可以从他的歌声里自己去体会。在你自己写的歌里边，比较满意的是哪一首？

熊汝霖：挺多的，像之前唱的《一如既往》、《面朝大海》，还有给电视剧写的一些歌曲，像《完美结局》等等，其实很多歌曲我都挺喜欢的，我喜欢创作的过程。

喜欢音乐，喜欢创作，喜欢变化，这就是熊汝霖。熊汝霖说他是幸运的，因为他喜欢音乐，搞音乐也变成了他的工作。他也希望有更多的人能够把爱好变成工作，就像他一直要继续坚持自己的音乐梦想之路一样，让小熊音乐，成为一段传奇。

小　超: 小熊,接下来是否要继续走自己的音乐之路,让“小熊音乐”成为一段传奇?

熊汝霖: 这个是肯定的。如果不做音乐的话,我想象不出来我还能干什么,要么就唱歌,要么就做歌,做制作,或者去当音乐老师,反正无论做什么都要和音乐搭界。

小　超: 你是否建议更多的人,从事自己工作的时候,最好去寻找自己的爱好,把它变成职业,这是一个追求的方向?

熊汝霖: 对,但这个美好的愿望很奢侈。我觉得我很幸运,我真心喜欢音乐,音乐变成了我的工作,每天的工作我没有逼自己去做不喜欢的事情,我觉得这太幸福了。希望大家都能够把自己的爱好做成工作,虽然真的很难,不是每个人都可以,但希望大家可以为此去努力。

小　超: 今天的节目暂且到这里,我们也希望小熊在以后的日子里,有机会再次走进《小超访谈录》,诉说自己的精彩音乐年华。

熊汝霖说音乐就是他的生命

熊汝霖：今天非常高兴在《小超访谈录》这个节目中，分享了我生命中很多感动过我的事情和记忆深刻的事情，我相信每个人的人生都是非常精彩的，既然是精彩的人生，就让它更加精彩，不要去抱怨，一定要开开心心地生活下去。

【节目结束语】

今天我们认识了一位歌者，他初中三年级就过了钢琴十级考试，但他发现自己不适合做钢琴家。虽然没有成为钢琴家，但他的音乐追求从未中断，对音乐的热爱没有减退丝毫。如今他是一位颇有特色的歌者，以爵士风格为世人所知。小时候爷爷告诉他“音乐是不断变化的”，老师告诉他“最好的爵士钢琴乐是只有键没有谱”，熊汝霖告诉我们“对音乐本身来说，我觉得它是自由的”。他用自己的生命完成对音乐的理解，他的人生状态和他理解的音乐密不可分。好的，朋友们，感谢您关注本期的《小超访谈录》，我们力求通过每一个不同的人生故事，带您寻找和总结向上的力量！新农百味，耕耘人生，下期节目再见。

小超与苏红

【小超印象】

*《我多想唱》、《三月三》、《小小的我》、《月亮走我也走》的旋律响起时，能唤醒一代人对一段光阴的回忆。她拥有了一夜成名的经历，1986 年的"青歌赛"她拿第一，韦唯、毛阿敏分列其后。但她一直恬淡、安静，一个人成名后依然保持低调与平和，这很难得。

天地间小小的我

——访苏红

【节目开场语】

观众朋友们大家好,欢迎收看《小超访谈录》。本期节目开场跟以往稍稍有些不同,我想先通过本场嘉宾的歌声让您来猜猜她是谁,这就叫做“不见其人,先闻其声”。首先来听第一首歌。

嘉　宾:“我想唱歌可不敢唱,小声哼哼还得东张西望。”

小　超:这是第一首歌的第一句,如果您还没听够,咱再来一首。

嘉　宾:“又是一年三月三,风筝飞满天。”

小　超:听着听着,咱仿佛就看见了满天的风筝。如果这首还不过瘾,咱再听一首。

嘉　宾:“天地间走来了小小的我,哦,小小的我。”

小　超:您看看,这又是《三月三》,又是《小小的我》,还有《我多想唱》。在刚才这三首大家熟悉的韵律里,我们又回想起了曾经那些阳光灿烂的岁月。1986年,在中央电视台第二届青年歌手大奖赛上,凭借《我多想唱》她获得了冠军。不少人现在脑子里可能都是问号,这冠军是谁呀?小超在这儿再卖个关子,不说她,先说亚军和季军:亚军是韦唯,季军是毛阿敏。其实冠军就在我们今天《小超访谈录》的现场,也就是我们今天的嘉宾,让我们欢迎苏红老师。

小　超:苏红老师您好!欢迎来到《小超访谈录》。往这儿一坐,我先问您个问题:山东来得多吗?

苏　红:经常来,因为这儿是我的家乡。不瞒大家说,我的老家就在寿光。

小　超:说起寿光咱们山东乃至全国不少人都很熟悉:寿光是出蔬菜的地方。苏红老师,为什么您的嗓子如此好,而且又长这么漂亮呢?是不是因为寿光的蔬菜吃了不少?

苏　红:对,有这个底子。

苏红,现工作于中华全国总工会文工团,国家一级演员。十四岁被辽宁本溪市歌舞团录取,1984年考入谷建芬声乐艺术培训中心学习。1986年第二届全国青歌赛荣获专业组第一名,一夜之间她的名字连同参赛曲目《我多想唱》、《三月三》一起响彻大江南北,而其专集《我多想唱》推出后发行量更是超过百万大关;1987年春节晚会,凭借一曲《小小的我》,苏红再次火遍全国,应该说,她的歌声融入到了一代人的记忆当中。

小　超:很多电视机前的观众朋友,对您刚才唱的几首歌曲都非常熟悉。我再确认一下歌曲的名字,第一首是什么?

苏　红:《我多想唱》,就是1986年在中央电视台第二届青年歌手大奖赛时我选的歌。当时我选了两首参赛曲目,《我多想唱》和《三月三》。

小　超:刚才观众朋友们光听见声音没看见表情,您知道我的意思吧?

苏　红:那咱俩一起唱吧。

小　超:您看看,我自己把自己给绕进去了。可是我的嗓子不大行,要不我跟您学学吧。

苏　红:“我想唱歌可不敢唱,小声哼哼还得东张西望……”您来唱。

美丽苏红

小　超：主持人专业不是唱歌，我说说我自己的感受吧。我对这首歌印象比较深，因为在我上初中或者高中的时候，也是这个心态。那时大家似乎感觉比较拘谨，想唱歌的时候脸皮有点薄，因为紧张，所以一唱歌脸就会发红。于是后来就出现您歌词里唱的那种"小声哼哼还得东张西望"。

苏　红：其实当时这首歌也是有时代意义的。因为恢复高考以后，学生们压力比较大，就像我歌词中唱到的那样。虽然他们已经是一心扑在学习上，但在整个学习环境中，从家长到老师到学校，还是给了他们很大压力，因为当时主要靠分数来说话。当时安徽的一位高中生，用自己亲身感受写了一首词，然后给谷建芬老师寄了过来。谷建芬老师就抓住这首词谱上曲子了，当然，那位学生寄过来的词只有一段，第二段词是当时由谷建芬声乐培训班一位同学补上的。当时看到这首歌时我就觉得挺有意义。而且当时我弟弟正好上高三，是面临高考的学生，跟我歌里的主人公类似。结果当我回家的时候，就发现他在家正拿着吉他边弹边唱。我一回家，他立刻就把吉他扔了，然后趴在桌上开始写作业，我一看琴弦还在那里颤动。当时我就觉得这是一个特别好的原型——就是我要唱的这首歌词的原型。所以我就决定用这首歌参加青歌赛。当时真没有想过能否获奖的问题，唯一想法就是把这首歌唱出去，能对社会对学生有一些影响，对学校对老师对家长有一些触动。

小　超：当时有没有想过用这首歌参加比赛就一定能得奖？

苏　红：没有，真是从来也没有那样想过。当时我选了两首歌，一首快歌就是《我多想唱》，还有一首慢歌《三月三》，这是唱乡村风土人情的一首歌曲，里面有很多小时候的回忆，感觉特别亲切而且也有很强的画面感，是首抒情的歌。《我多想唱》是一首挺有节奏感的歌曲，与《三月三》刚好有些互补，而且当时又比较有社会意义。我觉得获不获奖都无所谓，只要这首歌曲能给人们留下一些印象，留下一些意义就好。

小　超：说起来挺巧，有时候您越是想获奖反而越是获不着奖，有时候您越是不想要，这奖反而自己就来了，对您来说就是这样子。说完《我多想唱》，再聊《三月三》。当时唱这首歌的时候，您是不是也想起了老家寿光那漫天飞舞的风筝？

苏　红：对，说起风筝就不得不提潍坊。潍坊被称作"风筝之都"，风筝就是潍坊的象征。所以说,我对风筝也是特别有感情。

小　超:提起《三月三》,说了这么多,苏红老师您知道我是什么意思。让大家再次聆听一下《三月三》吧。

苏　红:"又是一年三月三,风筝飞满天,牵着我的思念和梦幻,走回到童年。记得那年三月三,一夜难合眼,望着墙角糊好的风筝,不觉亮了天,叫醒村里的小伙伴,一同到村边,怀抱画着小鸟的风筝,人人笑开眼。抓把泥土试试风,放开长长的线,风筝带着天真的笑声和白云去做伴。"

一曲《三月三》,唱出的不单单只是童年。一只老家的风筝,放飞的不仅仅只有思念,一首《我多想唱》唱到今天,体会的却是时代在变迁。正是1986年的青歌赛,让苏红唱响了这两首歌曲,也是1986年的青歌赛,让苏红红遍全国各地。

小　超:1986年的那届青歌赛对您的人生来讲,应该说影响非常巨大。在此之前,或许您只是普通人,只是在唱歌;在此之后,找没找到当明星的感觉?

苏　红:是,那当然了。那时候电视台频道比较少,所以大家都在看我们的比赛。结果到了第二天,大街小巷的就全都知道了。当时我一出门,不管是什么场合,走到哪儿都被围着,找我签名、让我唱歌,就喜欢听两首——《三月三》和《我多想唱》。有时候确实觉得怎么一下子就有这么多人认识了我。那时候通过我们团,通过辽宁省电视台,通过中央电视台给我转的信件,可以说是用麻袋来装的,那时候影响力的确是很大。

小　超:这些也是出乎您的意料吧?第二天是不是也有点儿飘飘然的感觉?

苏　红:那倒没有。因为我从小所受的家庭教育就很严厉。我父母是军人,对子女的要求很严格,无论做事做人都很低调。我十四岁就参加工作,当时是被辽宁省本溪市歌舞团录取的。我们团对我在人生和艺术两方面也给了很多培养,过去没有像现在这样的包装机制,一个团体里面就是老带新、传帮带的传统。所以我们从小也在团里养成了为人处事低调谦逊,艺术追求认真谨慎的风格。后来到了谷建芬老师那儿,又得到了很好的训练。谷老师不仅在艺术上对我们要求特别严格,在做人上也是特别的严厉。

小 超:到北京是自己坐火车去的吗?

苏 红:我一个人坐火车去的北京。说实话当时到北京去考试,现在我倒没有什么印象了,但是参赛的时候是我一个人去的。说来挺巧合的,因为我们在休假,当时他们就找不到我,所以也就通知不到我。然而特别巧的是,我在辽宁歌舞团宿舍附近散步的时候,被辽宁电视台组织这方面工作的一位同志看到了,他问我你已经进决赛了,怎么还不去,还有心情在这儿散步?我说我不知道,还没有接到通知。他说你赶快回本溪吧,你们电视台会通知你的。然后我就回到本溪,一看离报道时间已经很近了——也就是第二天。我就抓紧往北京赶,车票也没来得及买直接就上了火车。因为当时我们那儿的人,一听说我要去北京参加大奖赛都是全力支持。我当时还觉得不好意思,万一没给家乡争光,这车票不亏了吗。于是就这样到了北京,参加了比赛,然后拿了大奖。其实我觉得在人生的各个关口,都有好多好多的朋友,甚至是不认识的,是这些朋友给了我很多支持与帮助。好像在我的艺术道路上,在每个重要的阶段,都有贵人相助。当然,我自己也是比较努力的,但是我觉得给予我帮助的人,更为重要。

小 超:苏红老师,在这儿我有一个问题想要咨询一下。很多电视机前的观众朋友喜欢唱歌,但是大都没有受过专业培训,您认为经过专业培训的和没有经过专业培训的区别很大吗?

苏 红:我认为区别是很大的。通过到谷建芬声乐培训中心学习后,我觉得艺术都不是单一的艺术,而是立体的艺术。记得在谷老师那儿学习的时候,她给我们开办了多达八门的课程:英语、日语、文学、声乐——当时声乐是请金铁霖老师来教的,文学也是请的专家,还有音乐史、吉他、形体——也就是舞蹈等等,都很全面。所以通过那一段时间的学习,我觉得在演唱方面提高很大。不用去刻意学习声乐技巧,也不用多高难度的声音表达方式,通过这些知识的充实,在唱歌的时候就会明显地感觉很立体,在各个方面,包括把握歌曲风格以及把握歌曲感情方面,我觉得都比以前好很多。

小 超:那时候二十出头的姑娘,第二天全国人民都知道了您叫苏红,并且知道《三月三》和《我多想唱》这两首歌,在这种情况下还能保持一个低调的心态,对那时的您来讲,我想还是很难得的。

苏　红:对。其实不是人没有欲望,也不是人没有想法,是会有波动的,是会有起伏的。但是1986年获奖以后,1987年我就调到了全国总工会文工团。当时每年要面对一亿四千万职工演出。也是在下去演出的过程中陶冶了情操,看到一些感人的事例不断地教育着我。

小　超:也就是说现在我们提倡的走基层,实际上那时您就一直在走——带着自己的歌天天在基层演唱。

苏　红:是。所以我说每一次到基层演出,都是对我和我们团同事一种心灵的净化。我在长期深入基层的过程中,受到了很大影响。三九天最冷的时候,我们去大庆演出。大庆的那些工人朋友们提前两个小时就在井台上等候。我们就在井台上演出,井台就是舞台。在那里演出的时候,刚一喘气鼻子下面就结冰。零下几十度的环境,眉毛、睫毛全是白的。我们表演的时候穿的也是大衣,完全没有形象。那时候您已经不是演员了,而是他们中间的一分子。就这样心贴心地唱,大嗓门地唱,用心去跟他们交流。

小　超:像这样的演出,在您的记忆里有多少场?

苏　红:太多了。这是三九天,还有三伏天的。三伏天的时候,我们去山西太原煤矿演出,当时地表温度四十多度,煤矿工人却都穿得很厚,戴着矿工帽,露着小白牙。地上温度那么高,他们也提前几小时去等着而且是席地而坐。同时他们怕我们演员晒坏了,都准备好了墨镜、草帽什么的,让我很感动。但越是这样我就越想跟大家一样,所以我也不戴帽子,不戴眼镜。实际上除了看舞台上的艺术表演,他们更希望看到本真的人,看到本真的一种感情,所以每次当我上台的时候,观众的那种掌声的确是不一样。

走基层,到一线,成名后的苏红做的反而是最不出名的工作,但她毫无怨言,身先士卒,因为在这里,她收获了感动,收获了真诚。也正是由于苏红的名气和歌声,她在全总文工团过上了最为忙碌的日子,东奔西跑,演出不断,但她勤勤恳恳,任劳任怨,她说,她要用歌声回报观众的期盼与喜爱。

小　超:您到现在一共演出过多少场,是不是自己也没法算清了呢?

苏　红:1989年之前,每年给团里演三百多场,后来就是二百多场,再后来一百多场,这样慢慢地减下来了。有时候一天演好几场,四五场的时候都

苏红代表全总文工团慰问演出

有。一年回家也就不到两个月的时间。

小　超:那时候累不累?

苏　红:很累的,一天演那么多场能不累吗?所以在后台就经常放一张床,演出下来后就休息,睡一小觉。起来后赶紧化妆,再演下一场。那时候我们还不用伴奏带,都是乐队现场演唱,而且每场都得换歌,因为每场都有新的观众,还有老的观众跟着的要求也不一样。有时候观众还经常递条子,要求我们唱哪首歌等等。

小　超:我希望您唱这首歌,他希望您唱那首歌,每个人喜欢的歌曲可能稍稍有差别,那时候点歌率最高的是哪一首?

苏　红:点歌率最高的当然是我那些所谓的成名曲,《我多想唱》或者是《三月三》,再加上后来1987年春晚上唱的《小小的我》,这三首歌唱得最多。

小　超:大家都喜欢,也都希望您能把这三首歌再唱一唱。我记得还有一首歌,叫《月亮走,我也走》。

苏　红:那首歌不是我首唱的,但是在1986年的国庆晚会上,是中央电视台让我唱的,我是首次在中央电视台晚会上把这首歌唱出来的。

小　超:没想到,这一唱又火了。"月亮走,我也走",咱原音重现一下。

苏　红:“月亮走,我也走,我送阿哥到村口。”

小　超:短短的一句话,唱出了朴素的爱情和美好的场景,特别是在那个年代。这首歌应当算是写给爱情的一首歌曲了。那么《小小的我》这首歌,是从什么时候开始唱的?

苏　红:1986年我不是获奖了吗,然后1987年的春节晚会就让我来唱这首歌了。

小　超:一唱,好家伙,又火遍了大江南北。

苏　红:大家都知道,因为春晚的受众群非常大,所以在这个舞台上我觉得演唱什么歌曲都容易出来,都会被大家认可。

小　超:那能不能把这里再当成1987年春节晚会的现场,您又知道我是什么意思了吧?

苏　红:咱俩一起唱吧。“天地间走来了小小的我,哦,小小的我,不要问我姓什么,哦,叫什么。我是山间一滴水,也有生命的浪波,我是地上一棵小草,也有生命的颜色。小小的我,小小的我,投入急流就是大河,小小的我,小小的我,拥抱大地就是春之歌。”

一曲《小小的我》,苏红既唱给观众,也唱给自己,因为她始终觉得,在艺术的道路上,自己只是一个“小小的我”——成功固然同自己的努力和天分有关,但更多的也需要老师、观众和朋友等方方面面的帮助和支持。

年轻时代的苏红在演唱

苏　红:在我的艺术道路上,当然也有我个人的努力和天分，但确实从小的时候，无论是幼儿园的老师，还是上学后学校的老师，方方面面都给了我很大的帮助。到了歌舞团以后，歌舞团有一位导演对我启发非常大，对我走上艺术道路起到了启蒙式的教育。那时候那位导演给我们排练了一个小吉剧。吉剧是吉林省地方戏曲剧种之一，主要流行于吉林省各地以及辽宁、黑龙江、内蒙古自治区的一些地区。它的表演技巧是在二人转的五功，也就是在唱、扮、舞、说、绝的基础上，采撷其他剧种的长处而成。所以，演出的时候就得又唱又演。那次我演的是个小男孩，名字叫虎子，故事情节很简单：虎子护青保苗，看护庄稼，不让自私的二嫂家的鸡、鸭、鹅来吃公家的庄稼。由于是第一次见观众，我很紧张。演到高潮的时候，看见二嫂家又把鸡、鸭、鹅放出来吃庄稼的苗，演出现场是既有音乐又有叫喊的，后来就在忙活当中，我的裤腰带被我一生气"哼"，就做这个生气的姿势时一下子把扣松开了。虽然当时我还是个小孩，但也已经十四五岁了，再加上我又是女孩，面对这么多观众真有点不好意思，眼看就要走光了。当时我就不知道该怎么办好了，但还是坚持表演，因为导演给我规定的这个情境我不能不做，我得演完了。

小　超：这边摁住裤腰带，这边还继续赶鹅。

苏　红：对，还一边唱。底下观众慢慢就乐了，一会儿就已经乐得前仰后合了，我还一直坚守着裤子没掉。后来导演就在旁边喊我，小苏红你下来吧，把腰带系上你再上台。叔叔阿姨他们都喜欢你，不要紧的。你是个小孩，有这点瑕疵不要紧，这不算什么。你要上去以后，他们会更热情地欢迎你。于是我就下来系上了裤腰带，然后又让我上台了。这一上台，底下观众全站起来给我鼓掌。当时我还小，但我也知道激动，我也知道感激。所以印象特别深刻，当时我就给他们鞠了一躬，这是下意识的。我继续演唱，他们就报以更热烈的掌声，给我不断地加油鼓掌，一直持续到我把这一段唱完，持续到下场。这个事印象太深了，从那次以后我上台就再没有出过任何差错。而且我永远觉得，观众是最能体谅演员的，是最宽容的。

小　超：这是作为演员的幸福，来自于观众对您执着的支持与鼓励。这件事也提醒了我，以后我上台主持节目的时候，也告诉自己要严谨，必须严肃认真地去检查检查裤腰带。开个玩笑。还能记得刚才您提到的那个小吉调里面的调门吗？

苏　红:当然记得,其中二嫂的一个唱段,有一句我特别的喜欢:"为什么春天种地像绣花,为的是秋天长成好庄稼。"

一次小小的失误,让苏红体会到了演员的幸福和观众的宽容,更让她养成了严谨细致的舞台性格。然而从此谨慎的苏红却在1984年时做了一件冒险的事情:独自一人去北京。

苏　红:当时谷老师在全国发了一些通知,她要招一个培训班。于是我就来报名,然后谷老师通过考核后录取了我。录取之后,我就留在那里学了一年。

小　超:那时候去北京,需要一点勇气吧?人生地不熟的,又没亲戚又没朋友,一个小女孩怎么去那里发展,有过这方面的压力吗?

苏　红:当时也有。而且当时我也算是一个比较成熟的歌舞团的演员了,其他人有从社会上来考的,所以我还得舍弃一些东西重新开始。那时我在辽宁也已经有一定知名度了,所以这种舍弃还是经过了很多复杂的判断或者是纠结。虽然也有过一段时间的纠结,但是比起我更想提高、更想深造、更想学习的念头来,去北京的勇气还是战胜了那些自我的东西。而且的确谷老师给了我很多在做人、艺术、声乐上的帮助。

不断学习,勤奋演出,性格低调,最终成就了现在的苏红。但是,随着阅历的逐渐增加,苏红慢慢开始有了自己的想法,她不再每年去接更多的演出,而是希望通过音乐来表达自己的一些想法。

小　超:那最近几年又有哪些工作?

苏　红:近些年由于咽喉有点过敏症,所以有时候一些演出就推辞了。现在我在北京办了一个音乐工作室,近些年创作了好多歌曲,包括《慈善之歌》,还有像《我是山东人》,这是给咱山东人创作的一首歌曲,还有《儿女心》,这是为我父亲创作的一首歌曲,然后还写了《农民的微笑》,同时近几年我还担任了全国总工会系统的"防治艾滋病形象大使",所以也写了一首《为爱加油》。

小　超:歌写了不少,那为什么后来想成立一个苏红的音乐工作室?

苏　红:因为自己对音乐有好多想法。以前是别人让我唱什么歌我就唱,不论适不适合自己都是去服从。我们那个年代,演员就是自产自销的一种形式——传帮带。现在是有包装有公司来做演员的推广,那时候有商业想法的人,不多,也就形成了这样一种风格。所以说自己成立音乐工作室,还是要出新东西,写出现在自己对音乐的一种态度与理解。

小　超:那么先说《我是山东人》,您为什么有写这首歌的想法?

苏　红:从小我就受父亲的影响,以他为榜样,对耿直、宽厚、勤劳、智慧、朴实的山东人特别有感情。我觉得山东人是最好的、最亲切的人。

小　超:既然老家在山东,能不能给我们哼哼两句。

苏　红:我给您唱一唱:"我是山东人,我是山东人,我勤劳智慧执着率真;我是山东人,我是山东人,我心地善良敢爱敢恨;我是山东人,我是山东人,我就是民族的根;我是山东人,我是山东人,俺就是中华的魂……"

小　超:的确,唱完了以后,让我这个山东人感觉也很自豪,觉得山东人真好,实际也是这样的。那后来为什么想起为农民朋友写首歌?

小我与大爱

苏　红:前年我参加了寿光电视台的春节晚会。当时也是为了满足我父亲的一个遗愿,就是把我为他创作的歌曲《儿女心》和另外一首《我是山东人》带到春晚现场。当时演唱完后大家都特别感动,说下次还要再搞一台晚会,希望我还能去。我一看他们这个叫"农民的微笑"的主题也挺好的,而且对这个题目我是特别有感觉。因为在去年春节晚会的时候,我回到了老家寿光。虽然以前我也经常来,但是每年回去真的感觉都不一样,包括整个山东变化都比较大。就从我们家的房子来看,变化太大了,以前的小土坡现在都盖起高楼大厦了,而且现在的街道横竖都特别整齐干净,去年回去我还说这房子盖得像积木似的那么漂亮。不仅仅是物质上发生了大的变化,家里人的精神面貌也有了不小改变,我的感觉就是因为有底气了说话都冲。他们穿得也跟华侨似的,戴的呢子帽,围的羊绒围巾,穿的羊绒大衣什么的,都很洋气很讲究。我回去的时候,亲属来看我,正好是在春节,我就一人给五百块钱的见面礼,过年了嘛,一人给个红包。然后给了我姑姑几千块钱。但是他们都不要,他们说现在家里都有大棚了,一个大棚一年差不多能挣五六万,好的时候还不止这个数,会更多,所以家里都不缺钱。通过跟他们的交流,我感觉现在他们的生活不论是物质上还是精神上确实是发生了质的变化。

小　超:原来的乡村,原来的农村,原来的农民,和现在的乡村,现在的农村,现在的农民已经不一样了。

苏　红:对,这个变化实在是太大了。所以我对"农民的微笑"这个词是相当有感觉,我说我一定能把他们现在的这种精神面貌写进歌里。

小　超:生活的变化,生活的美好,是一种喜笑颜开的过程。那《农民的微笑》这首歌的歌词和曲调,是怎么样的感受?

苏　红:您又来了,待会您听带子就行了。

小　超:也可以,观众朋友们,这次咱就饶苏红老师一次,咱听听素材。

苏　红:其实还就是这首歌最好唱。

小　超:那还是唱唱吧,您看我们的摄像师都鼓掌了。

苏　红:"太阳微笑天知道,一朵朵祥云天上飘,飘来了风调雨顺好年景,彩虹乐得喜上眉梢。农民微笑地知道,一阵阵花香地上飘……"这段可以不用,我就在这里调节一下气氛。

小　超：这段一定要用，括弧这段得播出。实际您看看农民的微笑大地知道，在那里耕耘在那里收获，印记都在那里。您来自山东，山东是农业大省，自己老家也在村里，对农民也有很深的感情。

苏　红：骨子里就有咱山东的感情和味道，说话经常还流露出一些山东的味儿。说实话我还真从来没有在这生活过，但是和这里的情感却很深。他们说那您说山东话怎么那么像，我说这是从小受到的熏陶。

一句家乡话，一段老乡情，也许乡音易改，也许不常回来，但苏红对老家山东，对山东的亲人却依旧有着十分浓烈的感情。老家，总是随着时间的久远而更加亲切、幸福，也会随着时间的流逝而更加清晰。

小　超：苏红老师，在这里也想跟您探讨个话题：幸福。现在有很多人觉着，生活节奏太快，工作压力太大，城市太嘈杂，堵车太厉害，我们的生活是否幸福？

苏　红：其实幸福真的很简单，自己认为幸福就会幸福，就像那句话说的：生活中从不缺少美，只是缺少发现美的眼睛。借用过来是一样的：我们从不缺少幸福，只是缺少发现幸福的眼睛。很多人真的是身在福中不知福。而且还有一点，平平淡淡才是真，平平淡淡的东西才是最真实的。幸福是自己的东西，没有任何的附加；幸福就是自己感受——如人饮水冷暖自知。欲望不要太强，就会很容易幸福，满足产生幸福。比如说我吧，我对自己现在的这种状态也非常满足。现在来看，生活基本上是衣食无忧了，所以可以做一些自己想做的事情，这种生活状态是很好的。而且还有这么多像您这样惦念我的人，可以说我的歌声给您留下过印象，或者就像您说的影响过一代人，我就已经很知足了。再者，能够做我自己热爱的事情，自己想做什么能够去做，比如说做我自己喜欢的音乐，而且能够帮助那些需要帮助的人，能够体现我的价值，我就很满足。

小　超：在《小超访谈录》的现场，今天节目的最后，能不能给大家说几句话？

苏　红：这样吧，还是用我的一首保留曲目，1998年获得全国总评榜评选十大金曲的一首歌《老朋友》，来表达我内心的想法：

与栏目组合影

"久别重逢我是真的感动，因为我看到了您久违的笑容，我发现皱纹已刻上您的脸，心情突然间变得沉重。回味过去那动人的岁月，我们曾走过好远好长的路程，无论日月交替，如何的变换，我从未熄灭那盏油灯。岁月无声，岁月无情，改变不了我们难忘的初衷，但愿这份真情永不褪色，更愿这份真爱长留心中；岁月无声，岁月无情，改变不了我们难忘的初衷，当重逢之后我又将出发，我的老朋友啊请多保重。请多保重。"

小　超：谢谢苏红老师，来参加节目前是新朋友，一期节目之后很高兴和您成为老朋友。

苏　红：谢谢。其实咱早就是老朋友了，二十年前透过歌声我们就已经是老朋友了……

【节目结束语】

提起《我多想唱》很多朋友都会哼唱几句；提起苏红，可能有人无法把这个名字和这首《我多想唱》联系起来。曾经在第二届青歌赛击败韦唯、毛阿敏获得冠军，曾经一次次用歌声打动中国的无数听众……漂亮、热情、事业有成的苏红深知快乐幸福之道。她的低调或许使不少人忘记了她的名字，她的谦逊或许使她难以吸引文娱版的记者，她坚信，平平淡淡的生活才是最真实的。低调谦逊给她带来了快乐和幸福的生活。然而这并不表明一个人对理想的追求和她对生活的态度一样淡泊。苏红为了追求自己的理想，曾放弃优渥的生活和稳定的工作，只身来到北京学习；苏红为了给一线工人献上歌声，三九三伏，东奔西走……观众朋友们，感谢收看本期《小超访谈录》，我们力争通过每一个不同的人生故事来为您寻找向上的力量。

小超与汪国真

【小超印象】

*很久之前有些诗我很喜欢，很久之前有个人我很崇拜，他的名字叫汪国真，我喜欢的诗就是他写的。透过眼镜，他有深邃的眼神，交谈之中他有清晰的思路，回想从前他有超强的记忆力，这是一个与我面对面的汪国真。他的诗集创造过出版神话，他在不断开拓自己的艺术新路。

“没有比人更高的山”

——访汪国真

【节目开场语】

观众朋友们大家好，欢迎来到《小超访谈录》。

1997年，北京零点调查公司对北京、上海、广州、厦门、重庆等城市十八岁以上居民进行了“人们所欣赏的当代中国诗人”的调查。调查结果表明，在新中国成立后出生的诗人中，他的诗集发行量排名第一；2000年，他的五篇散文入选全日制普通高级中学语文读本第一册；2005年开始，他的书法作品作为中央领导同志出访的礼品赠送给外国政党和国家领导人；2009年12月，他在北京音乐厅举办《唱响古诗词·汪国真作品音乐会》。这不免会让人产生疑惑，他究竟是凭借什么不断地超越自我，成就未来？他的人生足迹中又蕴含着怎样的哲学呢？让我们有请今天的嘉宾——著名诗人汪国真。

小　超：汪老师，您看看在这张桌子上放了您的几套诗集，都是汪国真经典诗文。我一直在想，人这辈子总该有几本书，但是很多人都写不出来，您却写了这么多，难不难？

汪国真：写诗对我来说并不是很难，但是要把它写好了，还是要有一个过程。现在回想起来，最开始写的诗，最开始发表的诗，还是比较幼稚的。比如说，我第一次发表作品是在上大一的时候，那时候也不是很会写诗。我曾经写了一组反映校园生活的诗，这组诗的第一首叫《晨练》，这首诗是这样写的：天将晓，同学醒来早，打拳做操练长跑，锻炼身体好。这首诗最开始是发表在《中国青年报》，那也是我第一次发表作品。

从出书谈起

小　超：那您觉得这组诗为什么能够发表？

汪国真：现在看来，不一定是因为这组诗多有文采，而是因为它较好地反映了当时大学生的校园生活。当然了，可能今天大学生的校园生活跟我当年在很多地方也是一样的。回过头来看当时这首诗，我觉得还是比较幼稚，它比较像顺口溜。这组诗最开始也不是我投给《中国青年报》的，是《中国青年报》的记者到我的大学，就是暨南大学去采访的时候，校方提供给了他们一些资料，这些资料里面就包括了我们中文系编的一本诗歌刊物，叫《长歌诗刊》，《长歌诗刊》里面就有我们中文系很多学生创作的作品。《中国青年报》的记者和编辑就从这个诗刊里选了我的这组诗发表了。这组诗虽然比较幼稚，但是它对我从事诗歌创作，还是起到了很大的作用，它使我有信心了。我当时就觉得，原来没有投稿的诗，居然都能够被报社看中，而且《中国青年报》是一家大报。所以就鼓起了我在诗歌创作方面的勇气和信心。

小　超：那您当时为什么没有选择创作其他形式的文学作品，比如小说？

汪国真:我觉得有两个原因。一是自己在创作诗歌的过程中,经常有诗的火花或者灵感。还有一个原因就是当年我写字写得非常差。当年我上大学的时候还没有电脑,都是靠用钢笔把稿子抄写一遍,抄完以后再投给报社。如果要写小说,字数会很多,我的字又很差,编辑看着会很不舒服,甚至可能没看完就把这个稿子扔了。我觉得写诗歌呢,因为它比较短小,特别是我的诗基本上都在二十行之内。如果诗的质量还可以,那么编辑一看还不错,虽然这字很差,但是因为短,编辑也看完了。那么发表的机会就比较大,所以我选择诗歌创作是这样一个原因。

小　超:当时能在报刊杂志上发表诗歌是不是感觉很自豪?

汪国真:当年我就有一种被认可的感觉。因为毕竟当时投稿的人还是非常多的,喜欢创作的人很多。不像今天,商品经济越来越成熟,很多人一是向钱看,另外生存压力大,也没有更多的闲情逸致去从事这方面的创作。特别现在的年轻人,要解决就业问题、住房问题,还要娶妻生子并不断地提高自己的生活质量。另外现在网络非常发达,信息量也非常大,人们吸收的东西要比我们那时候丰富得多,所以或多或少都会影响人们在创作领域的发展。在我们那时候,相对来讲比较单纯,所能选择的东西也很少,因而从事创作的人还是很多,在当年发表作品还是比较有难度的。

在一往情深的日子里
谁能说得清
什么是甜　什么是苦
只知道　确定了就义无反顾
要输就输给追求
要嫁就嫁给幸福

——《嫁给幸福》

热爱诗歌、挥洒青春,汪国真注定是一位为诗而生的人。他挥舞笔端行走在字里行间,放逐思潮驰骋在梦里心坎。从诗歌《晨练》的发表到作品登上各种期刊,汪国真的诗歌逐渐打动了读者的心,在诗集还没有正式出版时,手抄本的“汪国真诗集”已经开始风靡校园。

小　超:1990年,您的第一本诗集出版之前,您的诗在青年学生中已经广泛流传了吧?

汪国真:北京有个中国友谊出版公司,那的编辑室主任叫沈庆均。他后来告诉我,其实他们出版社早在1989年就想给我出诗集了。为什么他们会有这种想法呢?沈庆均就举了一个例子。1989年的秋天,在劳动人民文化宫举办了一个“金秋书市”。他在他们出版社摊位值班的时候,老有年轻人来问,这儿有汪国真的书没有?最开始他并没太在意,因为一个人喜欢某一个人的书,这很正常,但是问的人多了就引起他的注意了。他开始思考,汪国真是谁?然后又有年轻人过来找书,他就问,您是不是找汪国真的书?那个年轻人就以为有,特别兴奋。接着他又问了那个年轻人一句,汪国真是谁?

虽然在当时,“汪国真”这三个字对于大多数人来说还有些许陌生,可在青年学生中,手抄本的诗集已经无法满足需求。最终,在广大读者的推动下,汪国真的第一本诗集出版了。

小　超:您的第一本诗集是如何出版的?

汪国真:当时在北京一所学校,老师在讲课,底下一些学生不认真听讲,拿着本子递来递去的,在那儿抄东西。那么老师就不太高兴,下去把本子全没收了。回来一看,是汪国真诗集的手抄本,她无意中就跟他先生讲了这事。正好她先生是北京学苑出版社的编辑室主任,他觉得这个现象有意思。

年轻时代的汪国真

小　超:她先生想,如果我出版了这个人的诗集,是不是市场会很大呢?

汪国真:对,他就有这种联想。老师没收了学生的本子只是暂时的,最后还是要还给学生的。当时这位老师就跟学生进行了一些交流,学生反馈给老师的意思是,不光我们喜欢,很多学校的学生都喜欢都在抄。当时在年轻人中,抄我的诗集实际上已经形成一种时尚了,所以这就引起了出版社的注意和重视。而且他们为了慎重又做了一些市场调查,市场调查的反馈是,在不少书店、书摊都有很多人在找这个叫汪国真的人的书,但是没有。这时候出版社就认定,这本书如果出版一定是畅销书。所以他们就开始找作者了。

小　超:这是哪一年的事?

汪国真:这是1990年的时候。我当时是在中国艺术研究院工作,他们找到了我们研究院美术研究所的一位博士生,这位博士生曾经主编过一本美术方面的词典,是在学苑出版社出版的。在我们研究院他们只认识这位博士生,然后出版社就给他打了电话,说明了想出一本汪国真诗集的事儿,而汪国真就在中国艺术研究院,问他认不认识这个人。这位博士生虽然不认识我,但是他认识我们部门的一个人,叫李世耀,他就给李世耀打了电话,说有一家出版社,想给你们部门叫汪国真的同事出一本书。学苑出版社当时开出了三个条件,说如果汪国真愿意把书交给他们出版,他们会给最高的报酬,会用最快的速度,会用最好的装帧来出版,问问汪国真本人愿意不愿意。

小　超:在那个年代要是出书的话,这也是大事,是值得骄傲的事。

汪国真:不论当时还是现在,出诗集都是比较难的。更不可思议的是出版社主动给您出诗集,还给您付稿酬,这种事情基本上是没有的。那么当时有一个出版社提出如此优厚的条件来出版我的诗集,当时我就答应了。

小　超:后来您的同事就把这个信息反馈到了出版社?

汪国真:对。出版社说第二天请汪国真吃饭,签出版协议。出版社动作非常快,生怕这其中有什么变故。果真第二天就请我吃饭,当时我就问了一个问题,我说我们素不相识,你们怎么会想起给我出诗集?学苑出版社编辑室主任叫孟光,他就把这个过程讲了。后来签完出版协议,我整理了一下稿件,很快给了他们,我印象中是用了二十三天,这个诗集就出版了。出版以后立刻就火了,火到什么程度呢?头一版印的几万册,据说没出北京就销售一空了。

让我怎样感谢你

当我走向你的时候

我原想收获一缕春风

你却给了我整个春天

——《感谢》

读者的狂热给予了汪国真巨大的勇气与能量，第一本诗集《年轻的潮》1990年5月21日出版以来席卷了全国各地书市，连续五次印刷，印数达十五万册。紧接着，他的诗集《年轻的风》、《年轻的思绪》、《年轻的潇洒》等又陆续出版。1990年10月北京高校出现了汪国真诗歌朗诵热。

小　超：您诗集的购买主力主要是哪一类人呢？

汪国真：不断地有年轻人构成购买诗集的主力。比如说1990年，购买诗集的是当时二十岁左右的年轻人。我了解了一下，今天我诗集的购买主力，仍然是现在的年轻人。因为我的诗集有一个特点，就是我的很多诗句，实际上是不受时空限制的。比如说，我的诗句里头有，"没有比脚更长的路，没有比人更高的山"，"既然选择了远方，便只顾风雨兼程"，"熟悉的地方没有景色"，"成功是出色的平凡"，"您的身影是帆，我的目光是河流"。上世纪90年代的年轻人，这样的诗句能够与他们产生共鸣。实际上也能跟今天的年轻人产生共鸣，也就是说，人可以老去，但我们的诗歌却永远年轻。所以我觉得现在我的诗歌主体读者，依然是当代的年轻人。

小　超：在我的印象里，您有很多励志方面的诗歌，比如说，"既然选择了远方，便只顾风雨兼程"。那么当时您为什么会写出这一类诗歌呢？

汪国真：我能写出这样一些作品，实际上跟我的人生经历有很大关系。我的很多诗实际上是在而立之年的前后写的，特别是一些出名的作品。那个阶段感觉事业没有着落，感情也没有着落，事业和感情都没有着落。所以很多诗是用来鼓励自己的。

小　超：这期间创作的诗歌，有哪一首是您印象比较深刻的？

汪国真：比如说《山高路远》，比如说《热爱生命》，像这种励志的诗，基本上都是在三十岁前后写的。这时候有压力，光苦闷也不行啊，光沮丧也不行啊，光失落也不行啊，需要不断地去探索，不断地去追求，不断地去超越。所以我就觉得这时候，需要写一些作品来抒发自己的感情，用一种方式来把自己的情绪表达出来、宣泄出来。我想当时遇到同样困惑的年轻人是非常多的，那么这些鼓励自己的诗句，就引起了很多年轻人的共鸣。

抬起曾经迷惘的头颅
却原来满天都是星星

——《致我的热情》

跌倒是一次纪念
纪念是一朵温馨的花

——《给友人》

这些饱含力量的诗句犹如一杆坚韧无比的长篙，将那些遭遇坎坷与磨难的年轻人摆渡向成功的彼岸；又宛如母亲温暖的怀抱，给予那些罹受忧伤与痛苦的年轻人重新站起来的勇气。同时，汪国真的诗句也给青春涂上了最鲜艳、最温柔的色彩。

小　超：在青春懵懂期，不少人的情书里边有很多您的诗句，于是也给很多人留下了人生中难以磨灭的印象。

温文尔雅的诗人

汪国真：是。因为我到过很多高校做讲座，不少同学也讲了一些很有意思的事。比方说有一次，有一位大学生跟我讲，他说他们班有一位男生非常喜欢一位女生，但是很遗憾这位女生不喜欢这位男生。他告诉我，您知道这位女生是怎么把这位男生拒绝的吗？我说我不知道啊。他说她用了您的一首诗，把这位男生拒绝了。我说我的哪首诗还能帮他们解决这种问题？他说您写过一首诗叫《请你原谅》，这首诗是这样写的：

“阳光纵然慈祥，也没有可能让每一棵果树都挂满希望，我们怎能责怪太阳。我纵有爱心，也无法圆你每一个绮丽的梦想，因此请你原谅。”后来我一想，这首诗还挺合适的。

小　超：那位男生虽然遭到了拒绝，但是看了您的这首诗以后，感觉也是一种幸福的拒绝吧。

汪国真：我觉得有苦难言。后来我在北京科技大学就讲到这件事情，北京科技大学的一位学生又给我讲了这么一件事儿。说实际上我们这儿也有一件事情，就是反过来的。是一位女生很喜欢一位男孩子。他问我，您知道这位男孩子怎么把这位女生拒绝的吗？当然，也是用的您的诗。然后我问是哪首诗？是《请你原谅》吗？他说不是，是用了一首诗的题目。我说哪首诗啊？我搞不清楚，我还有诗能帮他们解决这个问题？他说您那首诗的题目叫《给我一个微笑就够了》。这位男生的意思是说给他一个微笑就够了，多了他不要。

小　超：但是在我的印象里，应该是拒绝的少，成功的多。

汪国真：没错，成功的的确也不少。

今日的眼眸里
依然闪烁着
昨夜湖水的波光
袖口边儿
还飘散着桂树的芳香
没有人知道
昨晚她去见了谁
但在他轻盈的心上
总是掠过一丝紧张

——《女孩》

汪国真的诗融化了恋人的情愫,也照亮了年轻人的胸怀,从此,这些句子有了生命,坚定而永恒。可对于汪国真来说,踏过诗歌领域,风光无限,但这也只是刚刚启程。

没见过大山的巍峨
真是遗憾
见了大山的巍峨
没见过大海的浩瀚仍然遗憾
见了大海的浩瀚没见过大漠的广袤
依旧遗憾
见了大漠的广袤没见过森林的神秘
还是遗憾
世界上有不绝的风景
我有不老的心情

——《我喜欢出发》

一首首诗里,汪国真在字里行间给了许多人梦想和力量。直到现在他一共写下了上千首诗歌,汪国真的记忆力很强,他说自己能很容易地完整背出两三百首。如今他依然拥有超强的创作能力,面对一个主题,十多分钟便能创作一首诗歌。诗歌虽然精彩,但他追求艺术的脚步并未停歇,在诗歌的基础上汪国真开始涉足书画,他便是这样一位喜欢超越自我的人。

小　超:那后来为什么又研究起了书画?

汪国真:我当年的字很差,在没成名的时候,这虽然是一个缺憾,但它并没有放大。而且也没有一种压力使我非要改变这种状况。但是成名之后,在很多公众场合别人请您题字、题词。没办法,这就是说知耻而后勇了。当初是一手好诗,但是一笔烂字,为了改变这种状况,我就开始练字。

小　超:那么您是如何练字的?

汪国真:大概从1993年开始学习和研究书法。从临摹欧阳询的楷书,再到临摹王羲之的行书,后来就是怀素和张旭的草书,在谋篇布局方面又参考了毛泽东的书法。我书法的师承,大概是这样的。临贴差不多临了一年,基本上每天没有特别重要的事情,都要保证临帖一个小时。临了一年以后,这个状况就有很大改变了，当时还说不上书法，但是字有了很大改善。1993年到1995年，那时候没有现在这么发达，联系还不能靠发短信，主要靠邮件，这样我就用毛笔写信。因为自己没有太多时间练字，所以就利用回信的机会练字，这样一举两得，既巩固了书法，又回复了信件。

小　超：那么后来为什么又有了出书法集的想法呢？

汪国真：长春有个时代文艺出版社的编辑，当时我就用毛笔给他写信。有一次他到北京出差，我们见面他就告诉我，他认为我的书法不错，想给我出一本书法集，问我怎么样。他也觉得要光出诗已经没有新的内容了，他说要来一个与众不同，要给我出一本书法的书。后来我就问他我的字行吗，他说没问题，因为他是搞美编的，我当然比较信任他，他认为没问题，我就觉得应该还可以。后来他说那咱们说干就干，您把稿件整理好，我给您出本书法集。当时我不觉得我的书法还可以，因为那是1994年左右，才练了一年多书法，而且他又要得急。后来我就说要这么快的速度就出本书的话，我觉得太草率了，而且当时我也没有太多自己满意的书法作品，后来他就说要不这样吧，书的前面是您的诗，后面是您的书法，这样合着来出书。

小　超：就是一种混搭的形式。

汪国真：对，混搭。我觉得这样还可以，以后我出书就开始混搭了，比如一本书上有我的诗，有我的书法，还有我的画，一直混搭到现在。

汪国真的书法作品现已被镌刻在张家界、黄山、五台山、九华山、云台山等景区，2005年开始，他的书法作品作为中央领导同志出访的礼品赠送外国政党和国家领导人。同时，他的绘画作品也得到了业内外人士的认可与喜爱。

谈起自己出版的书，汪国真最是兴奋

小　超:汪老师,近些年来您为什么又开始涉足音乐领域?

汪国真:从写诗到书画,这些都被社会认可后,我觉得自己还有精力做别的事情。我喜欢音乐,所以我想在这个领域探索一下。之后我就找了一些作曲方面的书,自己开始看。实际上我觉得自学能力是可以逐渐培养的,我的诗本身是带有节奏和押韵的,同时朗读起来觉得舒服。

小　超:这一点和音乐似乎是有相通的地方。

汪国真:对,它们是非常接近的。这样剩下的问题就是根据一首诗来写旋律、产生旋律。然后我就试着作曲,比如说拿一首词我来写它的旋律。我觉得写诗的人有一个很大的优势是什么呢?就是对词义和诗的理解会比单纯从事作曲的人,在某种程度上有优势。因为单纯从事作曲,而不会作词,或者说对词的理解比较浅的话,所写的旋律听起来跟词就不会很吻合。写诗的人更能理解词里是哀伤的、哀婉的、昂扬的还是雄壮的。但是有些诗的细微变化,要用旋律表现出来也不容易。一些音乐学院作曲系毕业的人,曾送给过我他们创作的音乐作品,我听完后找不着感觉,就是不好听,并不是说他不懂得作品,他们从旋律上来讲,从表述上来讲,可能没有任何毛病,但是就是觉得不感人,这个旋律找不着感觉。那么我觉得这属于作曲者在作曲上的灵性不够。

小　超:您长期从事诗歌创作,对旋律的把握应该是比较敏感吧?

汪国真:应该算是吧,这样以后我就开始从事作曲工作。创作以后我就把这些音乐作品制作出来。制作成成品后,旋律到底怎么样?我是要从听众那里得到一些反馈的,到底好不好,听众说了算。后来我发现我的作曲还是不错的。我的音乐作品长度一般是三分钟到五分钟,但在唱我的歌的歌手和听我的歌的听众中,有相当一部分人是唱哭了,或者听哭了。

小　超:这其中谁曾经唱哭或听哭过呢?

汪国真:比如说白雪。有一次白雪录我写的一首歌叫《但愿人长久》,她当时是在广州录的。那次是白雪唱我写的歌,唯一一次我不在现场的。后来白雪就跟我说,她说在广州录《但愿人长久》的时候她录哭了。我就问她在唱到什么地方的时候哭的,她说唱到“但愿人长久,千里共婵娟”这两句的时候,眼泪哗地一下就流下来了,就唱不下去了,她说自己平静了很长时间才重新录的。当时我就问了白雪的助理，我说您跟白雪几年了？她说三年了，我说白雪这三年中，肯定是录了很多歌，您见白雪哭过几次啊？她说就见过这么一次。

一滴滴泪水诠释了汪国真音乐的生命力。2003年他的首张音乐专辑问世；近年来，他还致力于古诗词的谱曲工作；2009年12月，他在北京音乐厅成功举办了《唱响古诗词·汪国真作品音乐会》。聆听他谱写的旋律，似乎能给人以平静，从而去更加深刻地感悟人生。

小　超：从诗歌到书画，又从书画到音乐，您在这么多领域都取得了一定的成绩，那么您觉得自己成功的秘诀到底在哪里？

汪国真：不论是书画创作，还是音乐创作，实际上存在很多的机遇。但是总结起来呢，实力就是机遇。实力就表现在作品受读者欢迎，有这个创作实力，作品受欢迎了，那么就产生了出版的机遇。书籍是这样，后来我发现我的书画也是这样，音乐作曲都是这样，都是实力产生机遇。

汪国真告诉我们实力产生机遇，我们也明白，实力来源于发掘与挑战，来源于磨炼与积累，也来源于开拓与攀登。他说，人生就是一部写满了奋斗的书，在旅程中“既然选择了远方，便只顾风雨兼程”，“要输就输给追求，要嫁就嫁给幸福”，因为“没有比脚更长的路，没有比人更高的山”。

小　超：节目的最后，能不能给我们的观众朋友们说几句祝福的话？

汪国真：我用我的一首诗来表达我的祝福吧：

“在这个难忘的时刻，送给你一个美好祝愿，里面有我万语千言，让我们共举生活的杯盏，愿今天伴你的有欢乐，欢乐的名字叫灿烂，愿伴你的还有幸福，幸福的名字叫永远。”

【节目结束语】

我不去想是否能够成功
既然选择了远方，便只顾风雨兼程

与栏目组合影

我不去想能否赢得爱情

既然钟情于玫瑰，就勇敢地吐露真诚

我不去想身后会不会袭来寒风冷雨

既然目标是地平线，留给世界的只能是背影

我不去想未来是平坦还是泥泞

只要热爱生命

一切，都在意料之中

这首《热爱生命》，写出了汪国真的人生哲学。把握机遇，不断地迎接挑战，不断地开拓创新，不断地超越自我，不断地创造历史，从而再去赢得机遇。“没有比脚更长的路，没有比人更高的山”，也许我们能够读懂就是热爱生命、相信自己、勇往直前、不断超越，一切便都在意料之中。新农百味，耕耘人生，欢迎收看本期《小超访谈录》，我们力争通过每一个不同的人生故事来为您寻找向上的力量。

小超与周冰倩

【小超印象】

* 周冰倩，一位地地道道的上海人，但她的性格中，却有着北方人的豪爽，然而这也丝毫没有影响她同时洋溢着的上海女人的柔情。她在上海音乐学院学习期间，办了休学，只身一人去日本发展。期间获得了很多大奖，成为继邓丽君之后，在日本最受欢迎的华语流行歌手。90 年代中期，她凭借一首《真的好想你》唱红了全国。

真的好想你

——访周冰倩

【节目开场语】

观众朋友们，大家好，欢迎您收看由小螺号为您冠名播出的《小超访谈录》。岁月总是在不停地往前走，在这个过程中，总会留下一些印记。有欢笑、有泪水，还有我们的歌声。小的时候唱儿歌，大了唱情歌，老了之后唱一些值得回忆的歌。在90年代中期，有一首歌非常火，它的名字叫《真的好想你》。今天我们就请到了它的演唱者——周冰倩。用她那富有魅力的嗓音，带我们回到曾经的美好时光。

小　超：欢迎您来到泉城，您这是从哪来？

周冰倩：上海。

小　超：如今从上海到济南，不过只有三个多小时的车程。

周冰倩：对，尤其现在有了高铁，特别方便。

小　超：在您的印象里，对山东是个什么样的概念？

周冰倩：豪爽。山东人的个性给我的感觉就是非常有气魄的，反正就是很高大的一个形象。

小　超：应该说您也是我们山东的老朋友。能不能在节目开始的时候给我们山东的老朋友们，《小超访谈录》的观众们说上几句话。

周冰倩：山东的老朋友们、《小超访谈录》的观众朋友们大家好！真的好想你们，所以我来了。

小　超：你看原因如此简单，真的好想你们，所以我来了。但是有的观众说了，周冰倩来了，光说不行，还得给我们唱两句。观众朋友就想听您唱

《真的好想你》。

周冰倩:《真的好想你》给大家留下的印象很深。"真的好想你,我在夜里呼唤黎明,追月的彩云哟也知道我的心,默默地为我送温馨。真的好想你,我在夜里呼唤黎明,天上的星星哟也了解我的心,我心中只有你。千山万水怎么能隔阻我对你的爱,月亮下面轻轻地飘着我的一片情……"

在90年代中期,周冰倩把这首《真的好想你》唱响了大江南北。经过时间的沉淀和岁月的洗礼,这首歌仍然深深地印在我们的心里,朗朗上口的旋律固然重要,但周冰倩饱满而富有磁性的嗓音,以及演唱时婉约而深情的眼神,更是为其注入了永恒的灵魂。

小　超:好听。我曾经通过不同的方式去听这首歌,但是今天听您现场演唱,内心依然还是激情澎湃。能不能给我们说一说这首歌的诞生过程?

周冰倩:其实这首歌很早就有了。1991年我去日本发展。但由于和广州的公司还有一个合约。当时也是为了履行自己的义务,在国内还有自己的唱片。当时这首歌的词曲作者考虑到我当时在日本,为我量身创作了这样一首歌曲——《真的好想你》,代表海外游子的一种心情。当时我回到广州录制的这首歌,在录音棚里,当时词曲作者在外面听着,感动得他们自己都哭了。这首歌在广州得了十大金曲奖,但我不能回来领奖,因为在日本还有自己的学习和工作。在当时,华东的观众基本上比较熟悉这首歌,但全国的观众真正了解这首歌是在1996年中央电视台的元宵晚会。

小　超:1991年开始唱,没能火起来,但是到了1996年的时候,过了五年以后,在90年代中期,一下唱进了大家的心坎里,你想过原因没有?

周冰倩:我觉得这应该和时代有关系。有更多的人需要这样的情感。

小　超:您是怎么登上中央电视台那一年的元宵节晚会的?

周冰倩:当时我刚从日本回来,还不知道怎样重新发展我的演艺道路。就在这时,女导演刘瑞晴派人找到了我。

小　超:你俩认识吗?

周冰倩:从来不认识,没有见过面。刘瑞晴导演的儿子比较喜欢听我

二胡是周冰倩难以割舍的朋友

的歌。当时我在亚洲同步发行了一张专辑《沧桑情歌》。他感觉这张专辑很好听，就推荐给了他妈妈。刘瑞晴导演问我有什么歌曲可以唱给她听听。我立马想到了《真的好想你》这首歌，可以代表我当时的心情。我唱完以后，她问：这是你的歌吗？还是邓丽君的歌？我说是我的原唱歌曲。后来在元宵节晚会就唱了这首歌，还让我演奏了一段二胡。当时一遍拉着二胡，一遍唱歌的情景给很多人留下了很深的印象。

小　超：那一年的中央电视台的元宵晚会就火了两个，一个是周冰倩外加二胡。刚才您说过一句话，导演问您，这首歌是您唱的吗？她问是不是邓丽君的。她为什么会有这种感受？是不是你长得像邓丽君，还是您唱得像邓丽君？

周冰倩：可能是这种曲风吧，比较委婉、温柔，和邓丽君有点像。我感觉还有我在舞台上的感觉。我在日本的时候，确实也会有人说你好像邓丽君。其实就是舞台上的感觉像，生活中不像，我跟邓丽君也见过。

小　超：您和邓丽君见面是在什么时候？

周冰倩：我在日本的时候，参加一个颁奖典礼。在后台的化妆间，我和邓丽君都在里面，但是我当时没认出来，因为她化着很浓的妆。我的经纪人兴奋地跑过来，她说：周冰倩，你知道吗？邓丽君也来了。我听到后很兴奋。

小　超：快告诉我，邓丽君在哪啊？

周冰倩：我们是在同一个化妆间。我说不会吧，然后我就突然注意了，我说这个是不是？当时她突然进来了。我知道了她是邓丽君以后，一下子就感觉她特别可爱，她的穿着全是粉红色。我就主动跟她讲话。我说：我也是中国来的歌手。她听到之后很吃惊，她以为我是日本歌手。随后她就开始鼓励我，要我为中国争光。我说：我们两个人拍张照片吧！她穿着演出服，我也穿着演出服。我们当时照了两张，因为怕第一张拍坏了，结果第一张果然坏掉了。

邓丽君（右）与周冰倩的合影

小　超：如果是我的话，我会拍四张。

周冰倩：这张照片给我留下了非常难忘的印象。回来以后很多人都很羡慕。我觉得真的很难得，也是跟她的一段缘分吧。

从上海音乐学院的附小、附中，再到大学部，周冰倩一直接受着正规的音乐教育。上海音乐学院是享誉国内外的著名音乐学府，培养的人才遍布全国及世界各地，被誉为“音乐家的摇篮”。但她却办理了休学去日本发展，而且二胡专业的学生要去唱流行歌曲，这在当时，并不被人理解。

小　超：当初为什么会选择去日本？

周冰倩：在我大学二年级的时候，就有日本的星探过来。当时我出了一张专辑《我想有个家》，发行量一百多万张。在上海大大小小的音像店里都放着我的歌。

小　超：那个时候专辑发到一百多万张，这是个什么样的概念？

周冰倩：虽然发了很多，但我自己也没有什么感觉，只是觉得大街小巷都在放我的歌。当时我自己还是一名大学二年级的学生，没人认识我。大家还以为我是一位港台歌手。没人想到我是在校二年级的学生。日本的星探就奇怪为什么到处都在放这个歌？他就把海报拿下来，通过上海报社的人找到我。对我说：你去日本发展吧。当时我觉得，自己是从附小、附中，一直这样升到了大学，我不舍得离开。说完以后，我也没当真，我就继续去上学去了。在我大学三年级的时候，那位星探说：已经给你办好签证了，你要不要过来看看？我特别犹豫，当时的政策是大学毕业，一定要工作五年才能出国。要不然三年级就出去，要不然就工作五年，我当时很纠结。

小　超：这个抉择不容易。

周冰倩：对。我们音乐学院的老师、领导说：学校给你保留一年的学籍，你去日本发展看看吧。

小　超：已经很给你面子了。

周冰倩：对。他说你去了不好，可以回来继续上学。我想这个蛮自由的，有一年的选择权。很多港台歌手演唱的歌曲都是从日本翻唱过来的。而且我想把二胡专业发扬光大，把它带到日本去，让更多的外国人知道我们中国乐曲的魅力。因为这两点，我就毅然决定去日本了。

小　超：初到日本，有没有遇到什么困难？

周冰倩：我是前不怕狼、后不怕虎的个性。我真的觉得船到桥头自然直。包括在国内日语都没学过一句。别人都说你学一学吧，我说不用学，到那里再学吧。事实证明，我确实没错，去了日本，半年之后我就可以做翻译了。

小　超：半年？

周冰倩：对，学得特别快。

小　超：去日本发展的时候是不是很有压力？

周冰倩：我这个人真的有点没心没肺的性格。虽然在舞台上，我是很成熟、很淑女的那种感觉。但在现实生活当中，我却是那种大大咧咧、不会有很多心事的人，喜欢跟着感觉走。

小　超：好像山东人一样。

周冰倩：对，有的人说周冰倩，你的性格很像北方人。

在日本，周冰倩拿了不少流行歌曲比赛的奖项，她的歌声被誉为“邓丽君第二”。获得这些，周冰倩并不满足，把悠扬的二胡曲拉响全世界，这才是她的终极音乐梦想。

周冰倩:我曾经在日本NHK电视台做了一年的主持人。

小　超:你还做过主持人?我突然觉得自己好有压力。

周冰倩:这档节目就是报道全世界有趣的新闻。每一期节目的结尾,我都会拉一段二胡,我觉得在当时的日本,二胡得到如此广泛的流行,肯定有我的一份功劳。

小　超:在这里想问您一个问题。您在音乐的道路上,一直走到现在。音乐对您来讲有多重要?

周冰倩:音乐是生命很重要的一部分。我觉得自己很幸运,选择自己的一个爱好作为了自己终身的职业。

小　超:这是一个幸福的事。

周冰倩:对。我在舞台上演出,观众喜欢听我的歌,其实我自己也是很陶醉。我可以把美好的音乐献给大家,大家也可以享受在其中。还有什么比这个更幸福呢?而且音乐是无国界的,到哪都可以用我的歌声,用二胡让大家享受到。我觉得这是音乐的一种美。

小　超:把爱好变为自己从事的职业,这种幸福源于哪里?与打小开始学二胡有关系吗?

周冰倩:开始学二胡,得感谢我的爸爸,所以我开演唱会的时候有一首是专门献给爸爸的歌曲——《小时候》。

小　超:是您自己写的吗?

周冰倩:我写的曲子,我爸爸写的词,我们俩合作的。在日本的时候就有了这首歌曲。

小　超:你爸爸也很喜欢文艺?

周冰倩:我爸爸很年轻的时候就喜欢文艺。二胡、小提琴、琵琶,他都会一点。我的启蒙老师就是我的爸爸。开始我先是有了一把三块钱的玩具吉他,爸爸教我。然后学的是月琴、柳琴,差不多的曲子我都会弹。有一天,我爸爸拿来了一把二胡。爸爸不用教,我自己就会拉。拉的《红星带我去战斗》。慢慢地他也就教不了我了。

小　超:直接超越。

周冰倩:然后就买了唱片,直接跟唱片拉,比如《赛马》。

小　超:那个时候几岁?

周冰倩:年龄很小,也就是六七岁。

小　超:水平如何?

周冰倩:水平肯定不怎么样,就是能够跟着唱片拉下来而已。

小　超:父母带您来到世界上,又给了您音乐这个生命。您在音乐学院,学习的二胡专业,您后来怎么会想起写《小时候》这首歌,这可是一首流行歌曲?

周冰倩:上海音乐学院是很传统的学校。你唱流行音乐是被音乐老师看不起的。但是我爸爸说兴趣广泛没什么不好,只要在不影响专业的情况下,你可以同时发展。母亲觉得我唱流行歌曲会影响到我的专业,会分心,让我的二胡水平会下降。但是后来事实证明,音乐是相通的,我唱歌以后,二胡更好。一路走来,我去日本,去参加各种比赛,当初爸爸逼着我做的一些事情,现在有了成果。

淑女的外表,"汉子"的心

小　超:个性之中,您并不喜欢去争一些东西。

周冰倩:我完全是一个被推着走的人,但是性格却是很果断。我并不喜欢去参加什么比赛,爸爸逼着我去,最后获得奖项,我觉得这跟爸爸是分不开的,所以我走上了音乐之路。所以我写了这首《小时候》献给爸爸,献给全天下的父母。

小　超:全天下的父亲,您就开始幸福一阵吧!特别是收看《小超访谈录》的父母们。您知道我是什么意思,唱两句吧。

周冰倩:"小时候,骑在爸爸的肩头,那是我最威风的时候。一双小手把着大脑袋,得意忘形走街头……”

舞台上的周冰倩,她把上海女人那种独有的气质表现得淋漓尽致。走下舞台,周冰倩果断、豪爽的性格,又会被人感觉是位北方“汉子”。

小　超:我们再讨论另外一个话题,比如说在生活、工作、家庭里,会遇到一些矛盾和难过的坎。您觉得在面临这些困难的时候,我们应该怎么来面对?

周冰倩:有一些东西是可以通过后天人生的阅历改变的,但是像人的性格,真的很难改。我是比较果断的性格。虽然有的人觉得我有女人味,非常淑女,但是生活当中,我是非常果断、干练的一个性格。我很少会优柔寡断。面对一个事情,我提前会想清楚,想清楚以后,我就会果断地去做,绝对不会后悔。这种性格跟我在舞台上的感觉不一样,有点像男孩子一样。

小　超:果断、简单地处理问题。

周冰倩:不是简单地处理问题。我在处理问题之前会想清楚。简单地处理问题一定会后悔。我考虑清楚以后,一旦说出口了,我绝对不会后悔了。

小　超:您从小学开始拉二胡,再去上大学,再到日本,在您一路顺风的过程中,这种果断的性格起的作用大吗?

周冰倩:可能不是前怕狼,后怕虎,如果我害怕的话,我可能就不去日本,人生会有很多的转折点,结果就不一样了。我觉得人的性格必须爽快、果断。我会把很多事情忘记,我比较乐观。

小时候得到了父母无尽的爱,使得周冰倩能够在温暖的环境下幸福成长。正当周冰倩的事业达到高峰期间,她却选择了恋爱、结婚、生子,并亲手把孩子带到了三岁。周冰倩要把这份无尽的爱传递下去。

小　超:您父亲带您走上了音乐的道路,您现在是不是自己也有了一个可爱的小家伙?

周冰倩:对,有了一个五岁的儿子。我觉得我儿子很有音乐的细胞。

周冰倩讲述自己甜蜜的"小情人"

小　超:受你的遗传。

周冰倩:因为他是A型的关系,我是O型的,O型表现欲望比较强烈,A型慢慢地会活泼一些。现在在幼儿园,老师让他唱歌,他也会唱我演唱会的最后一首歌曲《热情的沙漠》。我觉得他节奏感特别好。我觉得他是一个比较灵气的孩子。都说儿子是妈妈上辈子的情人,真的是很甜蜜的一个"小情人"。他天天都会说:妈妈我爱你,妈妈你爱我吗?我说妈妈爱你。他说妈妈你在那么多小孩里选择生我,是不是因为爱我?我说是的。做了母亲以后,跟以前单身时候的感受和情怀,完全不一样了。

小　超:什么区别?

周冰倩:心中会涌现更多的爱和温柔。2008年5月12汶川大地震。那时候儿子生下来还没多久,在电视上,我根本见不得一个小孩失去妈妈的场景,哭得自己都受不了。我记得当时去参加一个电视台的节目,跟孤儿一起合唱《真的好想你》。从专业角度上讲,那是唱得很差的一次。从头哭到尾,没有一个音是准的。自己从来没有那么深情过,那么有感触地唱过。那一段时间,我就直接不看电视台的新闻,逃避。我就不能看那样的东西。有一些母性的东西迸发了出来。

小　超:和原来不一样了,现在有了牵挂。

周冰倩:以前逛街也好,不会考虑到什么东西。现在我觉得永远是儿子第一位。一个女人跟男人还是有区别的。男人肯定把事业放在第一位。但是女人有了孩子以后,本就没有多少事业心,又降掉了一大半。我怀孕的时候,我就决定孩子生下来,三年之内都是由我亲自带。他们都说你怎么失踪了?多少年不出来了?

小　超:没错。喜欢您歌曲的人,包括我在内,都说这几年见不到周冰倩了?干什么去了?

周冰倩:真的在带孩子。

小　超:见不到周冰倩的原因很简单,她在家里带孩子。

周冰倩:我感觉一个孩子的童年很重要。尤其是三岁之内很重要,三岁以后上幼儿园了,我觉得会轻松一点。所以在孩子的三岁之内,我都是自己天天照顾他,我觉得是很合格的。

小　超:刚才谈到音乐是您的生命,有了孩子以后,三年的时间,音乐恰似真空了一样。您把大部分时间给了孩子,您后悔吗?

周冰倩:一点都不后悔。在他身上,我看到了生命的延续,并且在教育他的同时,对自己也是一个成长的过程。一些人生道理,在没有孩子之前也知道,但那都是说空话、大话。教育孩子的同时,你会更加觉得这些道理的意义。我真的会有这种感觉:跟他一起成长。

小　超:您有什么育儿经吗?

周冰倩:我觉得不能骗孩子,不能敷衍孩子。比如你跟他说一个事情,明天带你去什么地方,我没有一次是失言的。只要我说去,就一定带他去。我觉得小孩子千万不要欺骗他,欺骗是一种很不好的东西。我说明天带他去看电影,哪怕下雨、下雪,我撑伞也要去。要让他知道,妈妈说话是说一不二的。

小　超:您希望自己的孩子将来也走进音乐界吗?

周冰倩:从来没想过。我对他的要求,第一是健康,然后是在很安全、很健康的环境中成长。我问他,你将来要做什么啊?他说要当科学家。虽然现在很多小孩都在学钢琴,他说我不要学,我说你不要学就不学。

小　超：要按照他的兴趣爱好和思想来培养他。

周冰倩：对，我觉得现在的小孩本来压力就很大了，尤其是现在的学前儿童，已经失去了儿童快乐的天性了。

小　超：我在媒体上也看了这样的一个故事：在您有了宝宝以后，因为一只小宠物，您做了一个很艰难的取舍。

周冰倩：对，一只我从小养到大的小狗，叫Lion，就是狮子的意思，养了已经十年。那个时候怀孕，家里的父母，还有我先生都说，养狗对小孩不好。我看了很多文章，我觉得有时候我们的思路比较狭隘。通过很多文章了解到，只要孕妇和狗及时去做化验，狗的身上没有寄生虫，对我目前是没有影响的。结果我做了选择，留着小狗。这是我可以选择的事情，虽然周围的一些人不放心，我会隔一段时间就去验血，验了以后很安全。我觉得狗也是和家人一样，也是有感情的。每次回家，它看到我特别高兴。我觉得很少能够在人身上见到那种开心，疯狂的开心。我一直觉得，喜欢宠物的人，都是心地善良的人。在我儿子两岁的时候，它就老死了。当时我就觉得还好，因为我还有儿子，悲伤可以减少一点。

小　超：人与人、包括人与物之间，哪怕对方没有生命，时间久了依然会有感情。现在再次提起这段往事，依然非常令人感动。

近两年，娱乐圈的各种复出大戏已经让观众习以为常，但周冰倩宣布举办演唱会的消息，还是出乎了不少观众的意外。即使是在《真的好想你》唱遍大江南北的时期，她也从没有在上海的舞台开唱过。如今，周冰倩带着新专辑《2012年“真的好想你”——周冰倩上海情歌演唱会》重新回到了我们的视线之中。

小　超：在我身边也放着几盘周冰倩的光盘，这一盘是什么时候的？

周冰倩：这是8月中下旬刚刚发行的一张专辑：《2012“真的好想你”——周冰倩上海情歌演唱会》。这是今年3月30日、31日在上海文化广场，比上海大剧院更加好的一个剧院。演唱了两场，这一次我是圆梦了。之前很多观众对于我的了解仅限于在《真的好想你》或者是《今夜无眠》。其实我认为自己的歌路是很广的，我会唱各种各样类型的歌曲。

与栏目组合影

小　超：这样的感觉既是一种幸福，又是一种压力。

周冰倩：对，还是一种无奈。

小　超：幸福在于想起周冰倩，就会《真的好想你》。但是一说《真的好想你》，就是周冰倩。

周冰倩：这一次演唱会可以让我全面地展现我个人的风格。包括第一首歌《老情人》，也是献给很多久违的观众朋友，就像老情人一样，你们还记得我吗？里面也有邓丽君的歌，比如说《千言万语》；也有梅艳芳的《女人花》，唱这首歌的时候很有感触。我希望每一个女人都像一朵花，各式各样的花，开得非常美丽。真的很感谢大家，感谢我的朋友、老师、歌迷。我们一起唱，一起跳，可以全面地展现一个真实的周冰倩。不只是《真的好想你》，还有其它的。

小　超：我想喜欢周冰倩歌声的人，也可以在光盘里重温一段美好的时光。周冰倩用自己的歌声给我们留下了一个时代的印记，而且也希望您可以再去创造未来更值得珍藏的记忆。

周冰倩：争取，我会努力的。

小　超：节目的最后还有一个小小的要求，给您的歌迷以及山东的观众说几句话，让我们听一听周冰倩给我们带来什么祝福。

周冰倩:很高兴参加这一期《小超访谈录》,可以让山东的观众更加了解我,我也会努力,让大家能够更多地听到我的歌声,也祝愿山东的观众朋友们事事如意、心想事成、身体健康。

【节目结束语】

今天和周冰倩在聊天,我能感觉到她的老家在上海,但她身上具备了山东人的特性。性格开朗、直率、做事果断,并且重感情。我想通过这次访谈,周冰倩能给观众朋友们留下深刻的印象。我们也希望周冰倩在以后的音乐道路上,能够越走越好,再次给我们创造很多的奇迹或者是记忆。新农百味,耕耘人生,《小超访谈录》寻找向上的力量,下期节目再见!

小超与陈州

【小超印象】

* 在椅子上我分不清他是在站还是坐，但无论怎样的姿势，每时每刻在他身上总是透着一股子不屈！他身体残缺，失掉了双腿，但他用双手征服五岳，用歌喉征服听众。他有让人扔掉自卑，获得“重生”的力量。请不要抱怨自己的鞋不漂亮，因为这个世界上有没脚的人！

用双手撑起人生的无腿歌手

——访陈州

【节目开场语】

观众朋友们大家好,欢迎您收看由小锣号为您冠名播出的《小超访谈录》。话说有一个人,他用了十二年的时间,爬了十二次泰山,每一次都从第一个台阶开始爬,一步一步地走过紧十八慢十八爬到最高处。您说小超啊,这个事不难,虽然十二次也不少,但是呢,对于平常人也不难做到,但是我如果告诉你,他爬泰山不是用脚和腿在爬,而是用双手爬上去的,您又作何感想呢? 好的,让我们欢迎今天邀请到的嘉宾——无腿歌手陈州。

陈州,来自山东临沂苍山县一个农民家庭。由于早年父母离异。八岁的时候,陈州便跟着爷爷在街头卖艺,四处闯荡。十二岁那年的一次火车事故,导致他失去了双腿。并在那次事故后,陈州开始了流浪生涯,要饭,卖报纸,擦皮鞋,在漂泊中,他找到了属于自己的音乐梦想。凭借坚强的意志,他用双手代步到过全国六百多个县,两千个乡镇。十几年间,多少名山名岳都已被他那双手征服。他经常说,他首先是一个歌手,其次是一个残疾人。

小　超:您好,陈州。

陈　州:您好。

小　超:您是我们《小超访谈录》这个节目第一个无腿的嘉宾,您介意我这么说吗?

陈　州:不介意,第一个无腿,却又长得那么帅的嘉宾。

小　超:我也在想,您就这样爬泰山吗? 你觉着难不难?

陈州努力用双手攀登泰山，连续十二年攀登十二次

陈　州：其实我觉得爬山有时候挺像自己的人生的。有时候我们会觉得很累，想放弃，但是如果我们坚持下去，就能够找到山高人为峰的感觉，这就是我喜欢爬山的原因。

小　超：你十二年爬了十二次泰山，也就是每年爬一次。但是我听说是不是今年要爬两次。

陈　州：在我的人生历程当中，今年两次爬泰山，有重大的纪念意义。一个特别美丽的画面，在数年前就在我的脑海中形成，一直没有机会让它变为现实。我跟我媳妇在一块儿十年了，女儿今年十岁，儿子今年六岁。但是我一直没给她一个婚礼。有时候我们在逛街，看到很多结婚的，我心里就隐隐作痛，什么时候才能给她一个像样的婚礼？8月中旬吧，就在泰山山顶。

小　超：这是一个怎样浪漫的过程？

陈　州：我之所以要给她一个别样的婚礼，是因为她看到这样一个人，这样一个身体，还义无反顾地跟着我，爱着我。我觉得她在我的生命中起了极其重要的作用，所以我要给她一个无与伦比的婚礼。

小　超：我们也相信在泰山上举行的婚礼，肯定是一生难忘的。

陈　州：谢谢。

如果说十二年十二次登顶泰山是他对命运的挑战，那么陈州将用他的第十三次登峰，开启另一个崭新的时代。他要把深埋在心中十年之久的，对妻子的亏欠，以一种无比浪漫的方式进行弥补。在2012年的8月，一场在他看来无与伦比的婚礼将在泰山举行。他仍然要和一双大“鞋”一起完成登顶，以迎娶自己的新娘。

小　超:那么,说一说你的这两根"腿"吧。

陈　州:我亲切地叫它鞋。

小　超:呀,足足得有五斤。你看这个木盒上面,曾经刷了一层红色的油漆,但是现在已经满目疮痍了。

陈　州:被磨成这样的。它高十九公分,宽二十公分。而爬山的时候我们应该注意过,山上的台阶基本上都是这样的。所以它是专门用来爬山的。我第一次用它爬的是五台山。

陈　州:这个我一年换一对。我已经用破了十多对了。从某种意义上讲,它比我有名。

小　超:我觉得它是因为有你才变得有精神。

陈　州:我觉得这双"鞋"具有特别意义。它不光是我的一个代步工具,它已经成为我生活中的一部分。很多人早晨起床以后,先刷牙,照镜子,而我一睁眼先找它。

小　超:盒子上的四个皮垫其中的一个已经磨坏了。

陈　州:它已经到了退休的年龄。

就是用它,陈州一步步走过了中国两千多个乡镇

小　超:你用过的最沉的“鞋”有多重?

陈　州:八公斤一个。

小　超:对我来讲,八公斤拿在手里就已经很累了,而你却可以用它来爬山。

陈　州:你感受一下我的肱二头肌。

小　超:你和举重运动员有一拼。

陈　州:因为我是用手代步的,所以除了睡觉的时间,我的双臂基本都在锻炼。

小　超:所以说,上帝给你关上一扇门,就会为你打开一扇窗。

凭借自己坚强的意志,陈州虽然练就了强壮的上肢,并实现了用双手代步行走,但他行动的难度仍远远大于常人。那么起初,一个失去双腿的人,为何会产生登山的念头呢?

陈　州:十二年前我流浪到泰安。那时候不知道泰山有多高,更不知道爬泰山有多累,我就问一个游客:泰山多高啊?我要是爬上去要多久?那个游客说:你想爬泰山?像我这身强力壮的,都累成这样。看他那样的表情,我当时就受不了了,决定一定爬到泰山山顶,结果我真上去了。当我从山顶下来的时候特别想找他,想抓住他的手,告诉他我上去了,并且还下来了。想让他知道,身体的残疾并不可怕,重要的是健康的心态。

小　超:爬泰山的想法,付诸实施的过程是不是非常艰难。

陈　州:你可以想象一下,即便我手的力气再大,毕竟是用手来支撑一百多斤的身体去爬山。

小　超:你是哪一年的哪一天开始爬泰山?

陈　州:应该是1999年的年末。

小　超:在往上爬的过程之中,有没有感觉这真的是一个不可能完成的任务?

陈　州:对,我曾经后悔了。第一次到了中天门的时候,我就想我干嘛跟人家赌气啊,现在上也上不去,下也下不来。但是一转念,都上到这儿了,索性我就坚持一下。而且在这个过程中,有很多人在为我加油。在我最想

人生势必登高，无畏生活彷徨

放弃的时候，他们的鼓励成了我登顶的最大动力。

小　超：爬山的过程中，你有没有唱歌给自己打气？

陈　州：有。周围有的人会自发和我一块儿唱。

小　超：如果说，咱再回到十二年之前，那个最艰难的时候，你最想唱哪首歌？

陈　州：应该是《壮志在我胸》吧。"嘿哟嘿嘿嘿哟嘿，管那山高水也深。嘿哟嘿嘿嘿哟嘿，也不能阻挡我奔前程。嘿哟嘿嘿嘿哟嘿，茫茫未知的历程，我要认真面对我的人生……"

陈州从十年前开始爬山，山西的五台山，安徽的九华山，福建的武夷山，名山名岳几乎都已经被他征服。而被称为五岳之首的泰山，陈州更是登顶了十二次。陈州总结，从起初产生登山的念头，到把登山当做自己人生的一种历练，这些都与他倔强的性格有很大的关系。而谈到这种倔强，咱们又不得不从陈州儿时的经历说起。

小　超：你小时候，对家庭是个什么样的概念？

陈　州：那时我没有家庭的概念。

小　超：为什么这么说？

陈　州：其实我的身世挺特别的。我五岁的时候，爸妈就分居，到了六岁、七岁的时候，父母就离婚了，我判给爸爸。因为我爸爸整天不着家，我就跟着我爷爷。我爷爷是一个民间艺人，说白了就是街头卖艺的。当时他教我文艺方面的一些本事。准确地讲我爷爷是我的启蒙老师。

小　超：是几岁开始和爷爷学本事的。

陈　州：七八岁的时候，当时我爷爷就带着我到处演出。

小　超：那个时候爷爷是怎么教你的，教的都是哪些内容？

陈　州：教一些民间小调。我记得第一次唱的是，江苏的一个地方小调叫《摘石榴》："姐在南园摘石榴，哪一个讨债鬼隔墙砸砖头……"

小　超：那时候喜欢这样的日子吗？

陈　州：没有喜不喜欢的概念，听话就行。

小　超：也没去上学吗？

陈　州：我到了十一岁多的时候才上学。上学让我知道了什么是学生，什么是老师，其它的东西没学到。家里上数几代都是文盲，觉得上学没什么用。我也不爱上学，总爱到处跑。

小　超：那个小小的课堂困不住你。

陈　州：对，两个月之后我爷爷就又带着我到处跑了。那个时候，对于父爱、母爱，是没有概念的。

虽然陈州从小就没有得到过父爱、母爱，但是在跟随爷爷卖艺的日子里，过得也算安稳。而这种平静的生活，却只维持到陈州十二岁。就在那年，在流浪卖艺的途中，陈州在一列火车上发生了意外，而正是这次意外改变了他的人生轨迹。

小　超：怎么会失去自己的双腿？

陈　州：起源于一次冲动吧。那一年我十二周岁。有一天我流浪到山东潍坊的昌乐县。当时我想去济南，因为没钱坐车，我就到火车站偷偷爬上一列货车。车开了以后,我才发现它不是去我想去的那个方向。火车的车箱两头有那种铁梯子,我就爬上去往下下。快到底了,大概还有一米左右吧,我就想往下跳,当跳的那一瞬间,我就蒙了。

小　超:那应该是火车行走的声音。

陈　州:大概十秒钟左右吧,我睁开了双眼,用手拍打自己的脸,感觉自己还活着。看看手挺好的,接着我往腿的方向一看,我的两条腿是血肉模糊,在大腿的部分,我还能看到碎骨头。然后我就想去找我的腿,大概也就是七八米远的地方,我看到我的一条腿,上面有鞋,还有裤子。接着我再找另外一条腿。结果我怎么找都找不着,后来才发现原来在我头底下。你一定会觉得我当时会特别疼,特别慌。我今年二十九岁,负责任地说,我没有像那一刻那么清醒过,而且我一点都不疼。我就看着天,听着麻雀的叫声等死。

发生事故之后,陈州幸运地被铁路工人发现,并被及时送往医院。由于情况危急,为保全陈州性命,医院选择对他进行高位截肢。从此这名十二岁少年,与自由奔跑的时光说再见了。

小　超:你觉着你的命大吗?

陈　州:我的命超大。为什么这么说?因为这是我最后一次可能致命的事,之前已经有三四次可能致命的事了。比如说,我八岁去过一次黑龙江,那时候我在松花江游泳,被冲走了好远,最后被人捞上来了。

陈　州:小时候还曾经误喝农药。当时我不知道瓶子里的黑色东西是什么。就当可乐喝了。另外,我小时候还掉到井里去,结果也是被人捞上来了。

小　超:你小时候被松花江的水冲走过,也喝过农药,也掉进过机井。结果都没事。

陈　州:连火车也轧不死我,我觉着我的命真是够硬的。

小　超:命硬也来源于性格的倔强。

陈　州:我觉得人生的过程太美了!比如说我吧,死了这么多次都没死掉,然后没腿,没爹没妈,甚至没有一个完整的家。但到现在,我从一无所有,到一无所缺。我感觉一个人在失去的同时,也在得到。

小　超:给观众朋友们也说一说,截肢的地方大体在哪里?

陈　州:我的左腿是完全没有了。我右腿还有一点。我两条腿失去了95%的部分。我有时候都不知道我是站着还是坐着。

小　超:我觉得陈州一直站着,从来没有坐下过。

陈　州:对,我也经常这么说。

小　超:平常用这双鞋走路的时候,左右两边是否也有区别?

陈　州:随着身体状态的不同,我用木盒走路的方式也跟着调整。爬山的时候,我是一个往前,一个往后,这样容易保持平衡。而且我身体右半边劲大,右边的木盒自然重一点,左边的木盒则轻一点。并且我已经习惯了这样,把它当成身体的一部分。我相信这样的木头盒会伴随我一生。

身体上的残疾并不可怕,关键是有一个健康的心态。这是陈州经常提到的一句话。但是真正想达到这样良好的心态,也绝非易事。因为自己在刚开始面对残疾的时候,也曾迷失了方向。

陈　州:残疾人都有自卑的阶段。希望把自己关在屋里面,不愿见他人,尤其是自己熟悉的人。因为成了这样的身体,总感觉不好意思,想把自己关起来,时间长了,就形成一种自卑心理。不敢出去买东西,不敢见所有的人,甚至亲人给自己送饭的时候,都希望放在门口,不见面。当时爷爷把我从医院接回家以后,给我做了一个棕板床,之后我吃、喝、拉、撒、睡全在那个床上。日出日落,陪伴我的只有门外的一缕阳光。

小　超:这样的日子过了多长时间?

陈　州:半年,但总觉着比五年、十年都长。有时候一些邻家的小孩,从门外面好奇地看着我,我都会觉得自己像一个怪物似的。

小　超:是不是那时候有些人会想,屋里躺着的没腿孩子能有未来吗?

陈　州:很多亲戚朋友来看望的时候,看了都哭。都叹息这样的孩子将来怎么成家立业呀。

小　超:家里人都担心你的未来。自己有没有想过这个问题,我还有未来吗?

陈　州:那时候才十二岁,想不到那么远。当时想的最多的是,我怎么走路呢? 还能不能去玩了? 有一天,奶奶爷爷下地干活去了,我就试着第一次下了床,下床前我考虑了一个多小时。我该怎么下。最后就慢慢往下挪,不小心掉下去了。那次是继我没腿以后,第一次身体和地下有接触。那次接触让我疼得瞬间冒汗。等到不疼了以后,靠在那个床上,心态平稳了以后,我就将两只手放在地上,试着往前挪动。那时候没一天裤子就磨破了,屁股上也经常磨得难受,还往往扎的满是石子。那段时间挺难忘的。

在自己生命中最灿烂,最具活力的日子里,陈州的遭遇本来是值得人们同情的。但是这样残缺不全的身体,却被陈州口中的某些人视为了一种赚钱的工具,到现在陈州提及这件事也让他耿耿于怀。

陈　州:这个时候家里曾经把我当成摇钱树的人,仿佛又看到一个金灿灿的摇钱树。不过我挺感谢他们的,因为他们在我最想离开那个环境的时候,又把我带出去了。虽然我每天要给他们挣钱,但我情愿。不过有一天,我下定决心离家出走了。上了一辆公交车一下跑出去一千公里。

小　超:这句话让人非常的震惊,厌烦这种生活后就跑。

陈　州:对,尽管会风餐露宿,但我自由了,我觉着无拘无束的日子才是最好的。就这样,天南地北,月复一月,年复一年,要饭、擦皮鞋、卖报纸等都做过。

小　超:听说你去过好几百个城市,都能说上名来吗?

陈　州:我觉得按中国的方向来说吧,华北、华东、华南、华中,县级以上的城市我去得差不多了。

小　超:那个时候有这双鞋吗?

陈　州:当时有木头,但是不是这个形状的,那时候这个桶里不能放东西。而现在我的手机、钱包、喝的东西都能放进去,很方便。

小　超:我看到木盒里还有一张名片。

陈　州:这就是我的包。它还可以当桌子,可以走路,还可以放东西,所以我一直用。记得有一次我流浪到嘉兴,茶余饭后晒个太阳挺好的。结果一个女孩路过我面前,可能看到这样一个孩子可怜,她便下意识地掏一块钱给我。我去接的时候,她马上往后退了一步,说别过来。现在觉着当时她可能嫌我挺脏,就把一块钱扔给我。就是这样的举动,让我的思想有了180度的转变。

小　超:180度之前是什么想法?

陈　州:很感谢。

小　超:180度之后呢?

陈　州:我当时就觉得,她是在可怜我。我拿着那一块钱,想了许久,甚至想掉泪。我觉着这一块钱刺到了我。

这一块钱让陈州意识到了一个很严重的问题。那就是靠别人的同情和施舍过活,活着也找不到做人的尊严。人需要一种生存的本领,他要靠这种本领实现自己的人生价值。

陈　州:大概过了一个礼拜,我路过一个路口,看到很多的人围成一个圈。因为好奇,就往里面看了看。两个残疾人深情演唱的情景,令我非常震惊。接着心里就想,我要是他们的成员该多好。然后我就就跟他们打了个招呼,看到他们没有反对。我就过去问他们,能不能帮着唱首歌。

每当谈起让人心酸的往事,这个硬汉也会默然神伤

小　超:帮他们唱了吗?

陈　州:当时唱了一首《水手》,开始唱的时候动作僵硬。但是唱了几句以后,我就听到有人鼓掌了。他们的掌声让我有了自信。那是我第一次有兴奋的感觉。我仿佛找到了我的本事。唱到最后几句,大家就开始给钱。结果唱完一首歌回头一看,那俩哥们

说:再来一首。他们问我还想唱什么。最终我加入了他们这个团队。

小 超:一块钱给你带来心灵的刺痛,一点掌声给你带来自信的回归,此时此刻再给我们演绎一下《水手》。

陈 州:"苦涩的沙吹痛脸庞的感觉,像父亲的责骂母亲的哭泣永远难忘记。年少的我喜欢一个人在海边,卷起裤管,光着脚丫踩在沙滩上。总是幻想海洋的尽头有另一个世界,总是以为勇敢的水手是真正的男儿,总是一副弱不禁风孬种的样子,在受人欺负的时候,总是听见水手说,他说风雨中这点痛算什么,擦干泪不要怕至少我们还有梦,他说风雨中这点痛算什么,擦干泪不要问为什么。"

如今已数十次用双手登顶泰山的陈州,想当初也曾在街头要过饭、给人擦过皮鞋、卖过报纸、修过电器,身体残疾加之生活艰难,让陈州几次起过自杀的念头。经过一段时间的迷茫,最终陈州选择了坚强面对,虽然没有了双腿,但他有健全的歌喉,他加入街头乐队,决心依靠自己的歌声养活自己。

小 超:进入这样的一个团队,开始自己歌唱流浪的生涯。

陈 州:加入他们以后,我们叫流浪歌手。在这个过程中我在不断地向他们学习。我们有一套体系是非常有规律的,什么季节到什么地方,什么气候选择什么时间段,什么时间段选择什么样的场地,什么样的场地开什么样的音量,什么样的音量唱什么样的歌曲,什么样的观众说什么样的话,可复杂了。

小 超:看来这里边很有规律,也有行业标准。

陈 州:在这样的行业标准下,我经过两个月的努力,就在团队中晋升为主唱兼主持。后来我们队伍不断地壮大,从两三个人增加到七八个人,那时候我成了队长。

小 超:这种日子快乐吗?

陈 州:很快乐。曾经有人问我什么时候最快乐,我说拿起话筒,唱歌时是我最快乐的时候。

陈 州:从起初到现在,我一直没有把歌唱当成工作,因为我把它当成事业。

小　超:它同时也是你的爱好。

陈　州:对,我特别爱演唱,我觉得一个月不见朋友,不聚会,没关系,但是我不能超过一个礼拜不出去唱歌。歌唱已经成了我生活的一部分。我目前为止到过大约六百六十个城市,街头演唱会超过三千三百场。你可以想象一下,一个歌手谁敢说有几千场演唱会经验。但是我做到了,尽管是微型演唱会。我这不用买票,想听什么歌跟我说,而且我会根据不同年龄段的观众,安排不同的表演。

小　超:在你的歌声里,我们能体会到一个人他那股子向上的力量。

陈　州:我不是用声音唱歌,而是用心在唱。其实每首歌都有灵魂,而我也有灵魂,我的感觉、灵魂,和这首歌相呼应。所以观众们听到的不仅是一首歌。曾有个音乐人跟我说:你的歌唱得并不好听,但是很有味道。

小　超:在三千多场演唱会里,你唱的最多是哪首歌?

陈　州:《水手》,其次是《壮志在我胸》,再其次是《再回首》。

陈　州:因为这些歌让我想到了很多关于人生的东西。我们的房子、朋友,我们都带不走,而我们能带走的,只有这些回忆。所以我想做的事,也许经过努力,达不到理想效果,但我觉得不重要,重要的是我用心做了。我喜欢自由,喜欢到处跑,想去那个城市我去了,就算不挣钱,也没关系。另外,你知道什么叫旅游吗?

小　超:在你看来旅游是什么?

陈　州:离开自己活腻的地方,去别人活腻的地方活几天,那就叫旅游。

小　超:这是陈州对旅游的理解,也是陈州的对梦想的一种追逐。我们想听一听,陈州是如何演绎《再回首》的。

陈　州:"再回首,云遮断归途,再回首,荆棘密布。今夜不会再有难舍的旧梦,曾经与你有的梦,今后要向谁诉说。再回首,背影已远走;再回首,泪眼朦胧。留下你的祝福,寒夜温暖我,不管明天要面对多少伤痛和迷惑。曾经在幽幽暗暗、反反复复中追问,才知道平平淡淡、从从容容才是真。再回首恍然如梦,再回首我心依旧,只有那无尽的长路伴着我。"

小　超:你对幸福的理解是什么?

陈　州:其实每个人对幸福的诠释都不一样。我刚才说过自己在外面云游唱歌,有时候五六个月都见不到孩子一面。当我回到家里,躺在凳子上看着电视,然后我女儿端一盆水放在那里,拿毛巾搭在我肩膀上。等我洗完了手,她会把盆子端走。

小　超:这对你来讲就是幸福。

陈　州:我觉得能跟老婆孩子一起吃饭,给孩子夹菜。我会感觉到幸福。作为一个父亲,作为一个丈夫,我为家庭的付出是值得的,这就是上天对我最好的回报。虽然我没有健全的身体,可是我有健全的生活、真挚的爱。蓦然回首,平平淡淡最幸福。

小　超:这就是你对幸福的理解。

陈　州:对。

小　超:可是有很多人对幸福的理解是,我有钱、有房、有车就幸福,你怎么理解?

陈　州:我觉得开好车,住好房不一定幸福。对我来说,家庭是我最大的财产。我确实不是一个富裕的人,但我有富裕的另外一方面。可能我走到大街上,别人都得低头看我,可是我的内心是伟岸的,我有另一种高度。我不需要你仰望,但我可以让你低头。

其乐融融的一家人

小　超:陈州的幸福,源自寻找幸福的力量。

幸福是一个谜,一千个人来回答,就会有一千种答案。真正的幸福并不是一些事实的汇集,而是一种状态的持续。陈州动听的歌声和自强不息的身世打动了众多听众。在一些地方,有企业为了激励工人,还特意邀请陈州到外来务工人员中开个人演唱会。同时陈州的那句“我是用歌声走路的”，则真正唱出了他的人生。

小　超：你想过没有，如果自己还有双腿的话，你现在可能有多高。

陈　州：我曾经问过一个医生，他说你的臂展有多宽，你个头就有多高。他说医学上是有根据的。我手伸开有一米八二，所以我有腿的情况下，身高应该不会低于一米八。

小　超：那是一个挺健壮的小伙子。

陈　州：对中国人来讲算是高个了。

小　超：即便是陈州失去双腿，我也觉得你是伟岸的。

陈　州：我跟我媳妇出去逛街的时候，很多人问，她是你老婆？我说是。那你一定特别有钱吧？我说讨厌。然后有一些阿姨问我媳妇，她是你老公吗？是啊。阿姨们会打量我媳妇，想看看她——比如缺腿少胳膊没有。不相信我们是夫妻。因为我们外貌上看，不太般配。

小　超：那是一种传统的观念，传统的观念不一定对。

陈　州：我跟我媳妇在一块儿，我也想过岳父岳母会特别反对。因为他们要承受来自社会的压力。比如说我跟我媳妇在一块儿了，前阶段他们会想尽一切办法拆开我们。但经过努力后，他们慢慢地会被迫接受然后慢慢地再接受，最后大家融洽。其实我们现在关系处得特别好，他们那儿所有的亲戚，把我当成自己的孩子看待。真正的压力其实来自于社会，尽管我们是相爱的，但我尽量避免和她在一块儿逛街。虽然我不能牵着她的手，但我们的心一刻也没分开。

小　超：这样就足够了。

陈　州：唱歌改变了我的生活，她的出现改变了我的人生，她让我知道了什么是幸福，什么是恩爱。从她跟我在一块儿第一天起，我一睁开眼，牙膏挤好了，毛巾、洗脸水都准备好了。我在洗刷的时候，油条豆浆已经上桌了，十年如一日，这是我最感动的。

年轻貌美的喻磊，是陈州的妻子，同时更是陈州最忠实的听众。陈州说他与喻磊的幸福，不是给别人看的，与别人怎样说没有关系，重要的是他们心中充满着快乐，幸福掌握在自己手中，这种幸福是真实的、舒畅的，更是甜蜜的。

小　超：今天你媳妇没来，在《小超访谈录》能不能给媳妇说几句话？

陈　州：我曾经对你说过一句话，你是我的第一个情人，也是我最后一个。我会牢记这句话。有了孩子以后，我们的家庭更忙碌，负担更重，压力更大，但请你相信我，我是一家之主，是个爷们，所以，你不用过多考虑我们的家庭将来会怎么样，一切有我，我爱你们。

小　超：一个对家庭极其负责的男人。当初你和你媳妇是怎么认识的？

陈　州：她是我的fans。2002年的4月份，在江西的九江，有一个特别美的广场，我当时就在那个广场表演。她是对面的一个服装店的销售员，这边音响一响她就能听见。我唱歌有一个坏习惯，老喜欢仰着头，她就找准那个位置看着我。第一天她出现在我右前方，那时观众很多，我没留意。第二天我又没在意。第三天她再次出现，我开始注意她了，并且我们开始搭讪。

陈　州：开始就是"你好"之类的问候，第四天的时候，我们就可以进一步了，我给她留了我的传呼机号码。你要记住很重要的一点，她先呼的我，再往大了说，她追的我。

小　超：这一点很重要吗？

陈　州：男人嘛，其实是我先喜欢上的她，那时候我自卑，不想耽误别人。

小　超：从来没有去想过找一个健全的人。

陈　州：找一个健全的、漂亮的、年轻的，真不敢想，做梦会梦到。

2001年，陈州到江西九江首次演出的场地就选在了喻磊工作的店门口，而喻磊此时也刚从南昌来到这里，他们的缘分就此开始了。当喻磊第一次见到陈州演出时，自始至终，她的眼神就没再离开过陈州，而陈州也时不时盯着这位漂亮姑娘的眼睛放声歌唱。那时候的陈州或许自卑，或许不敢多想，但时间长了，每当演出一结束，这两位年轻人就开始闲聊起来，而且越聊越投缘。

陈　州:开始的时候没有直接见面,当时只是买IC卡互相打电话。从开始的十分钟,后来打到几个小时。

小　超:最长打过多长时间?

陈　州:三十块钱能买五十块钱的那种电话卡,一直打到没钱,打到耳朵疼。开始聊以后,没有一天好天,连下了二十八天的雨,干我们这行的,下雨的话整天无所事事。想到在当地还有一个朋友,就聊呗,过了几天打电话不过瘾了,就开始见面。在一个商场屋檐下,她看着我,我看着她,结果我愣没碰人家手指头一下。但是那个时候我们已经心知肚明了,都挺喜欢对方。

陈　州:有一天发生了一件事,让她决定跟我走。情节是老天爷设计的。有一天,她没呼我,我就主动给她打电话。结果得知她病了,但是不知道在哪家医院。那天下着雨,我两个手要走路,没空打伞,到处跟人打听当地的诊所。最后在一个巷子里的诊所找到她。见到她的时候我浑身都湿了。她看到这样的情形,眼珠子马上就红了。

小　超:于是你们确定了关系。

陈　州:当天晚上我们就拥抱了。二十八天的大雨,造就了一段人间奇缘。

小　超:感觉很浪漫,对自己的爱情非常满足。

陈　州:跟我生活了一个月以后,我就问,你习不习惯流浪生活。因为我觉着你闭着眼睛随便找一个人都比我强。为了打消我的顾虑,她告诉我,咱们生个孩子了吧。

小　超:就这样开始了共同的生活,一个幸福的家庭诞生了。

二十八天的大雨赐给陈州一段美妙姻缘,而打工姑娘则被陈州身残志坚的精神和人品深深打动,最终喻磊决心要和陈州一起流浪,一起生活。时光荏苒,随着一对可爱儿女的诞生,更为这个美好家庭谱写了完美故事。陈州说:“有了家庭,我才感到身上的担子重了,但我从不伸手向别人要钱,我就是要用自己的歌声去赚钱养家。”

小　超:现在很多年轻人对生活、工作、环境有抱怨。你怎么看?

陈　州:坦然面对吧,因为人生充满了不同的情节。最难的时候我坚持，我坚信付出就有回报。

小　超：和你聊天，我没有体会到你的忧伤，从你身上我能感觉到阳光和灿烂。

陈　州：一样的事情换一个角度，会有不一样的结果和感受。

小　超：怎么解释？

陈　州：如果我不出那次车祸，我的人生将完全不同，恰恰是因为车祸，我的人生的轨迹发生了变化。上天给我这样的身体，我就只能按这样的一个身体来活。中国有八千多万残疾人，一个很庞大的群体，如果大家能够多给这个团体一点关爱和鼓励，我们将非常具有生机。

小　超：可以继续为这个社会做贡献。

陈　州：我们是社会的一分子，是人类的一分子，我们是这个大家庭中的一员，我们身上很多东西极具闪光点。所以我们也在生活，也在劳动，健全人能做的很多事情，我们也可以做。我们做得慢，但是做得精。

小　超：甚至于做得会更好。

陈　州：对，我可以开车，甚至还想开赛车。

小　超：我们的身体可以残缺，但精神不能残缺。

陈　州：身体的残疾并不可怕，重要的是健康的心灵。其实残疾没有什么，只是不方便而已，给我们一点方便，我们会走得非常好。

虽然身体残疾，但陈州却保有一颗健康的心灵，他不仅自立自强，同时还热衷公益事业。2008年汶川地震发生后，陈州正在北京，无情的震灾深深刺痛了这位不屈的硬汉，怀着沉痛心情，他当即捐款五百元钱。随后他又录制视频，为灾区人民唱了一首歌，鼓舞大家挺起胸膛，重建美好家园。此外，只要有需要他的地方，只要有为弱势群体和残疾人事业贡献力量的地方，他都希望置身其中。

陈　州：比如你在逛街看到一个残疾人，你不要去躲开他，那样你会使他自卑。你应该给他一个善意的微笑。就这样一个微笑甚至可以改变他的人生。

小　超：《小超访谈录》借着陈州的话，想给观众朋友们发起一个倡议。

当你遇到残疾人，应该给他一个微笑。

陈　州：对。

小　超：对你来讲很简单，而对他或许很重要。另外我知道今天录制的现场，你还带了几位朋友过来。

陈　州：他来自聊城，我们叫他李哥。

小　超：是不是看到陈州会感觉非常的高兴。

小　李：对。我在病房躺着的时候，经常看电视，偶然间看到陈州的节目，觉着他挺坚强。我说要有机会能碰到他，一定交他这个朋友。这回我在济南做康复，正好在大街上看到他。接着我们变成了朋友。

小　超：是不是自己也会有一个比较难过的过程。

小　李：对，特别难过。

小　超：但看到陈州，我们每一个人都应该有坚强的信念来支撑自己。

陈　州：有信心你会站起来。

小　超：节目最后，能不能和自己的朋友一块儿再唱出那首《壮志在我胸》。

陈州、小李：“拍拍身上的灰尘，振作疲惫的精神，远方也许尽是坎坷路，也许要孤孤单单走一程。早就习惯一个人，少人关心少人问，就算无人为我

爱心演出

这张合影给了我们团队力量

抚青春，至少我还保有一份真。嘿哟嘿嘿嘿哟嘿，管那山高水也深。嘿哟嘿嘿嘿哟嘿，也不能阻挡我奔前程。嘿哟嘿嘿嘿哟嘿，茫茫未知的旅程，我要认真面对我的人生。”

陈　州：给自己鼓鼓掌。

小　超：亲爱的观众朋友们，本期的《小超访谈录》，我们邀请到了陈州和他的朋友，一起来参加节目。陈州告诉我们他平常很难开口，虽然声音很小，在刚才，我却也能感觉到他心中焕发出的那份洒脱和对理想的执着。

【节目结束语】

让我们为我们平凡的生活喝彩。当我们身处在平凡的生活中对幸福的感受日益麻木和迟钝，甚至对这平凡的生活产生了厌倦——请记住，不是幸福将你遗忘了，而是你没有去细细品味你的生活。

陈州不幸失去了双腿，但他身上闪耀着人的精神和尊严。或许在我们看来他依旧平凡，但他不屈的精神和对尊严的坚守值得我们每个人向他学习。新农百味，耕耘人生，欢迎收看本期《小超访谈录》，我们力争通过每一个不同的人生故事来为您寻找向上的力量。

小超访谈录

中国风
台湾味
两岸情

永和豆浆
林炳生
2012.3.7.

Успехов вашей программе нашего успехов и развития!!!
2012

祝
小超访谈录

祝《小超访谈录》越办越好！

红红火火！

2011年11月18日

To：小超访谈录
越访越开心

2012.4.18

2012.4.29

在访谈中分享人生感悟
在交流中碰出智慧火花。
祝《小超访谈录》超越自我，越办越好！

biáng

2011.12.21

髓
力，
心
超访
好！

子！
.15.

蔡明 2011.7.22

国家真好。宋之文 2011.8.1

冯巩 2012年1月19日

小超访谈 万语千言 莫言 2012年元月31日于北京天达山河

弘扬文化，传播艺术，希望大家多……品剧。祝《小超访谈录》越办越好。郎咸……

更喜欢丁小超 节目越变越精彩 人人心里

小超访谈 越办越好 薛野 201……

没有比人更高的山 汪国真 2012.5.6.

小超访谈 永为百姓寻找向上的力量。 谢景祥 2012.3.29日

小超访谈录 越访越精彩 走遍地球 小龙 2012.4.18.

祝：小超访谈录越办越好！ 郭诚 2012.1.……

附 录

写给大家

《小超访谈录》的背后是一群勇于创新和敢于担当的人，他们都很年轻，每集节目每一位编导都付出了自己最大的努力，去用镜头与屏幕展示一段段别样人生。

无论对于节目还是这本书，每个人都是功臣！而这本书的字里行间也是大家对这段职业生涯的记录。作为媒体人，我们不应该只记录别人，也应该记录自己。大部分记者从事采访多年，他们原本都是农业记者，从农业到访谈跨度较大，但大跨度恰恰预示着大提升，没有担当创造哪有点滴进步。

这是一个值得骄傲的团队，携手一起走来对于工作与生活我们不能只是过客，而应该成为一个时代或者领域的发展推动者。努力就好，哪怕只是一个小角色。我们总结别人，激励大家。其实更应该从自己身上看到向上的力量……

所以我们把团队的思想也给读者做一个展示，算是访谈自己，因为我们懂得：

一个人可以走得更快，一个团队可以走得的更远！

不努力，你就输了！

（郭海宇）

多年前就听一个朋友说过：三十是男人的一个坎儿，生活可能从这里加速，梦想也许从这里终结，取决于努力，取决于运气。而当自己走到这一天，我得说：生活无常，不努力，你就输了！

就像没人能想到那个曾五谷不分的我，凭着那么一股对工作的认真，三十而立，正立于广大农民之间，成为一名摄像、记者、编导、主持都做过的电视人，并且负责任地说：干得不算那么好，但也还不错！这虽并非我曾计划的未来，但却在节目的制作采访中体验了工作的苦与乐，锻炼了专业技能更丰富了自己的性格。同样，在节目里创意主持延用了曾于电视剧《闯关东》时客串山东菜馆店小二“海海”的角色，使得观众喜闻乐见，这又何尝不是来自当初如今一致的努力态度呢。

匆匆三十载，一步一步，读书就业，结婚生子，敬父母，过日子，简单的主旋律里也穿插各种变奏。期间，当过“学徒”、进过剧组，也曾拍摄专题、组织活动，这之间交友无数，教学相长。我想正是这样普通又不普通的经历，那些平凡又不平淡的路人朋友，让作为《小超访谈录》负责人的我，对节目更倾注一份用心：先做人后做事，努力以生活的简单化呈现平凡人的不平凡。

印 迹

（陈永鑫）

没有耀眼的成绩，却有着一路走来满足的收获。只为追求梦想，用朴实和命运交手，用勤劳交换着幸福。我背着行囊，走过中国不少的城市，每一站都看到了不同的风景。有这么三站，不仅留下了足迹，更是在心里留下了印记。

第一站，济南。

生在济南，长在济南。小时候喜欢把月票挂在脖子上，坐着公交车，从这头到那头，看着沿途的风景；喜欢在黑虎泉一边淌着泉水，一边吃着鹌鹑蛋，享受着童年的肆无忌惮……就这样，在泉水边慢慢长大。

第二站，上海。

高中毕业，或许是青春期的指使，很希望出去长见识。自己做主，高考志愿填写了上海师范大学。从泉水边，一脚迈上了黄浦江畔，并且一待就是五年。每天穿梭于徐家汇的高楼之间，赶着漕宝路的地铁，吃着小杨生煎。渐渐地，发现自己开始融入了上海的生活。或许是因为从小生长在朴实的济南，自己又是喜欢踏实的生活，在上海始终找不到家的感觉。每次看着自己口袋里身份证“37”的前两位号码，自己不由得想：回家，回山东，那才是我的地盘。

第三站，乡村。

或许是天意，或许仅仅是巧合。有了回家的想法，没过几天，得到了山东广播电视台农科频道招聘的消息。报名，笔试，面试，实习，签合同……就这样，从繁华的上海滩，一脚又迈进了田间的泥土地，做了一名农业记者。或许我不是个天才，但是希望自己可以做个“地才”，扛着摄像机，镜头对着庄稼地，感觉很踏实。我始终坚信：踏实地对待凡事，凡事才会给你踏实的结局。

品茗人生

（楚　鹏）

我是一个喜欢茶的人，茶喝久了便慢慢感悟到茶如人生，人生如茶。

喝茶是为了解渴、品茶是为了怡情。生活里，有时像在喝茶，是为满足生存的需要。有时像在品茗，却是为调节心灵的需求。从苦到甜、从浓到淡，其实只是一个过程。酸甜苦涩、波澜起伏……俱在其中。

人生不可能一帆风顺，旅途上的沟沟坎坎总让人觉得活一辈子不容易，人生有太多的磨难和挫折，仿佛人活着就是为了受苦的，这就像喝第一遍茶的感觉，苦。这时，我们应该还很年轻。但是，当我们经历了，拼搏了，成长了，为了生活，哭过，笑过，酸甜苦辣咸都尝遍后，我们才猛然发现，原来，这就是生活。成功和失败，欢乐和痛苦，笑容和泪水，顺利和挫折，光明和黑暗，共同构成了人生天空的色彩。这时，我们才发现，原来，泪花中跳动的是笑容，失败中蕴藏的是成功，黑暗中闪耀的是光明。这时我们才发现，原来，生活是美的。这就是第二遍茶的感觉，苦后的香。这时，我们应该是人到中年。但是，只有当我们经历了一辈子的风风雨雨后，我们才可能真正地发现人生的真谛。不是我们成功了多少次，失败了多少次，有多少欢笑，又有几多泪水。而是，不管什么境况下，都能以一种平和的心态去面对生活，认认真真办事，快快乐乐生活，老老实实做人。这时，我们才真正体味到，人生就是一杯白开水，好像没有味道，但却包容了一切味道；好像非常平淡，但却溶解着所有波澜。这就是第三遍茶的感觉，香后的淡。这时，我们应该处于人生的思考、回味阶段了。

茶如人生，人生如茶。茶可以像人生一样品，人生却不能像品茶一样过。因为，人生百年，一杯茶的工夫，倏忽已逝。

一起成长 一起向上

（高 晶）

2010年9月13日，我进入山东广播电视台农科频道实习。次年7月5日《小超访谈录》正式开播，从它诞生前的构思准备到一期期节目的成功播出，我是见证者和参与者。《小超访谈录》也见证了我在串编这个岗位上从青涩到成熟，从战战兢兢到游刃有余。

在大学里，我学习了四年的新闻，不管是新闻知识还是专业技能，真的不敢说自己学习到了多少东西。对于新闻人这个职业，也仅仅停留在它光鲜的外表上。真正近距离地感受这个职业的时候，我才明白光鲜的背后是机房和鼠标的碰撞，是孤独和寂寞相伴。作为一名编辑，很少有机会像记者一样，每天去接触外面的精彩世界，去感受别人的人生起落。有的只是每天坐在吵闹的机房里，但我却并不感到单调，因为，眼前那一方小小的屏幕传递了太多的精彩和感动，能够通过屏幕向别人传递这些也让我觉得非常幸福。

《小超访谈录》旨在通过一个个平凡或不平凡的人物，让大家分享他们的人生故事、乡情记忆。希望能够通过我们的努力，让更多的人通过一点一滴的小事学到做人的道理，学会从简单的生活中收获平凡的幸福，一起寻找向上的力量。

乡音的力量

（郭　琦）

在山东广播电视台农科频道有这样一个专门帮乡亲们忙活地头事的节目，名叫《农资超市》。“超市”里的人个个都是出了名的“拼命三郎”，他们起早贪黑地奔波在乡村，拉的是村里人的呱儿，说的是致富的事儿，拍的是丰收的美，玩的是乡亲们的乐，更重要的是，他们做出来的都是乡亲们自己的节目。久而久之，这伙儿人与上百个村的能人交上了朋友，山东六十多个县，每个县里都有他们的知音。有一天，这伙儿人脑子一热，在他们“头儿”的带领下，创办了一档子专业拉呱节目，起名叫《小超访谈录》。恰好，我就是这伙儿人当中的一个。

作为一名长期奔波在田间地头的农业记者，我们深深懂得坦诚的重要，不论是坦诚待人，还是坦诚做事，这种朴实的态度，拉近了我们与乡亲们之间的距离。不论是在金灿灿的麦田，绿油油的大棚菜地，红果满枝的山间果园，在与乡亲们一道享受丰收喜悦的同时，我们也与他们一同感悟着耕耘的哲理。人生也是如此。人们播下不同的种子，在经历过磨难、艰辛、失败、退缩和锲而不舍之后，这片用汗水和智慧浇灌的土壤里才会萌生出丰收的枝叶。在《小超访谈录》里，我们这群年轻人用这些年轻的感悟，与那些不同领域的成功者之间探寻共鸣，勉励人生。其实他们也是从这片乡土里走出来的平凡人，也许只是比我们多了一份努力、一份执着和一份信仰。

曾经，我们在丰收中体会耕耘的乐趣，如今，我们在乡音中寻找着向上的力量。

广袤乡村，定有作为

（李 搏）

我，一个出生在城市里的毛头小子。弱冠之年走进一个完全陌生的电视圈，从事了一项众人羡慕、光荣神圣的职业——农业电视记者。进入行业5年，使得我也从一个菜鸟成为老手。从对摄像机一无所知，到玩转机器上每一个按键；从对构图全无所闻，被领导冠以“不懂审美”，到现在拍摄出的镜头得到认可；从开始说话都不利索，到现在合音、主持都可以拿得上台面；从一个在大型活动中“打杂”的，到担任农科频道《乡村偶像》活动导演。虽然这是应掌握的基本技能，但我认为态度决定成败。曾有人说，成功——就是简单的事儿重复做，重复的事用心做。只有用积极的态度和饱满的激情，才能够将工作做成事业。

毛主席曾说过：“广阔天地，大有作为”。而我所工作的地点更多的是在广袤的乡村。那里有辽阔的沃土，那里有朴实憨厚的乡亲，那里有多彩斑斓的四季，那里有生命传承的希望。那里的人崇尚天地人和，那里的人最简单。我也将会把更多对乡村有意义、有帮助的节目和知识带给我可亲可爱的父老乡亲。

我的昨天、今天和明天

（李晓超）

昨天：我从小在县城长大，没有接触过农村，更不明白种地到底是怎么回事儿。不过我喜欢农村，可能由于儿时爷爷与我田地里捕蝗虫、抓青蛙，给我留下了太多太多美好的回忆。当时乡村在我眼中，到处是袅袅炊烟、绿茵茵的田野、金灿灿的麦浪和芳香的泥土，还有那群鸟在绿树上空飞翔，隐隐传来的蛙声、蝉声、鸡鸣声、狗叫声汇合成的农家交响乐曲。

今天：我，一个在《农资超市》工作五年多的记者，一个对事物的认知感性远大于理性的人。五年来，一直走在田间地头，走在山东农资新闻工作的最前线。在多次深入田间，与农民交流的过程当中，不断地揣测，不断地总结，就在这个领域我受益良多。

明天：我时常感动于他们日出而作，日落而息的辛勤，感动于他们用汗水浇灌出的果实和财富。他们的文化素质不高，渴望学习科技，需要打破发展的瓶颈。在我看来，就算接受能力差，但是经过努力也能够获得成功。今后的片子，我要致力于制作通俗易懂，但科技性强、引导性强的片子。

守 望 者

（李 莹）

如果说《小超访谈录》是一个舞台，我想把自己比作一名设计师和一个守望者。严谨的幕后编辑工作使我逐渐认识到，当我们把黄土地与执着的生活信念真实地搬上屏幕的那一瞬间，有一种力量像正要萌发的种子，让我迫不及待地想要去赞美，去欣赏。然而，我们又将如何把这份美丽还原给乡村，这是一个追求的过程，它能磨炼人的意志，淡泊人的心灵，使人的心智快速成熟起来。

工作学习之外，从情感上，我早把栏目当成了我的另一个家，即使在休产假期间，也会想念苹果编辑机，突然觉得工作的时光是那么的快乐，想象着再次回到办公室时，看到同事们的笑脸，心里一定会有说不出的快乐！

与《小超访谈录》快乐而充实地过着每一天，我从心底里爱上了编辑这份职业，作为一名责任编辑，为了更好地服务于栏目，我将会在今后的工作中，进一步加强自己的专业技能知识，多学习，多积累，为栏目添砖加瓦，也为自己的编辑人生增添更多精彩。

梦想开花

(刘爱军)

光阴流转，年复一年，悠悠的岁月长河铺展向前。平平淡淡的日子里，总有一些闪光的浪花在吸引着我们前行。

每个人都有美好的梦想。年少时，因为怀揣梦想，很多人意气风发，追梦而行。可是在向着梦想前进的道路上，难免出现坎坷迷雾，有些人为日复一日的生活所羁绊，渐渐迷失了方向；而有的人无论生活境遇怎样，总能不为其所累，一如既往地勇往直前。梦想与现实之间或远或近的距离，取决于追梦人的脚步。人们说“美梦成真”，却并非心想事就成，梦想要转化为现实，终究须得每个人脚踏实地一步一步地走出来。

一档《小超访谈录》，约会不同的嘉宾，聆听不同的故事，品味的却是同一种向上的力量。梦想就在前方。梦想的信念是大海中的航灯，是黑暗中的启明星，照亮人们前行的道路，而持之以恒的坚守，则架起了梦想与现实之间的桥梁。因为坚持不懈的努力，梦想不再遥远，因为永不放弃，梦想终于开花。

一个简单而又坚强的“泡沫”

（刘 昊）

曾经是运动员的我，四肢或许不是非常的发达，但头脑却足够简单。简单也好，因为我喜欢真实。无论面对成功或者失败，我都会坦然接受；面对友好的朋友，我会坦诚相待；面对攻击，我正在懂得什么叫做原谅。

人在这个世界上是很渺小的，或许我只是一个不起眼的“泡沫”，但我想要做一个男人，他的本色就是坚强。做运动员时会遇到很多伤病，但我每次都会乐观地想起关云长的“刮骨疗伤”；走上工作岗位，我犯过很多错误，但我愿意勇敢担当；而面对人生，我更加相信，没有过不去的墙。

春风秋雨一年四季，我们在年年成长，我欣赏自己虽然很平凡但至少还敢做敢当。这就是我，一个简单而又坚强的“泡沫”。

在路上……

(刘　平)

头顶炎炎烈日，身沐凛冽寒风，脚踏黄土碎石，行走于乡村天地间，我们在路上。

作为一个农业记者，走乡串户是我们的工作；用手中的镜头和笔记录农村发展、反映百姓生活是我们的责任。一年365天，每天都在奔波与采写中度过，力求把最真实、最客观的农业、农村、农民生活的变化呈献给大家。一个有梦想的人，始终是行进在路上的。一个农业记者的人生，就是在充满丰收希望的路上。

总有一种力量让我泪流满面，总有一种力量让我精神抖擞，总有一种力量驱使我不断向前，只因为这力量来自饱受忧患仍对这块神奇土地爱得深沉的人们。我愿始终怀着正直善良之心，去丈量每一块采访的土地；用更加勤奋的双脚、更加温暖的胸膛与大地、与生活、与百姓贴得近些，再近些……

“辛苦也有，幸福也有，做农业记者虽然很累，但最重要的是凭良心行走于乡村天地间，获取最大的快乐。”这是我作为一个农业记者的心声。因为热爱，所以心甘情愿为之忙碌。

岁月终将改变我的面庞，却无法改变我的内心；时光终将带走我的幼稚与冲动，却无法熄灭我心中的激情。我愿在这条充满光荣与梦想的路上一步步走下去，挥舞手中的镜头和笔，贴近生活，记录发展。

乐百姓之乐，喜百姓之喜。这就是一个农业记者快慰人生的奋斗目标！

感悟随想

(栾陆华)

栾陆华，伴随《小超访谈录》一起成长的编导之一。“新农百味，耕耘人生，通过不同的人生故事，让我们一起寻找向上的力量”，这是《小超访谈录》所要表达的人生境界。院士薛群基的平常心，作家莫言的乡音乡情，朱之文的朴实无华等等，每个嘉宾的人生经历都是一部励志电影，看了能让人受益匪浅。进入电视行业六年的我，此时也进入了而立之年，不免有了一些惆怅。通过一位位嘉宾真诚朴实的诉说，让自己深刻地认识到，在人生的耕耘中需要更大的付出才有收获。此时让我想起了哈佛学院的一个著名理论：人的差别在于业余时间，而一个人的命运决定于晚上8点到10点之间。每晚抽出两个小时的时间用来阅读、进修、思考或参加有意义的演讲、讨论，你会发现，你的人生正在发生改变，坚持数年之后，成功会向你招手。

人在旅途，需要不停地学习思考，才能前行。希望《小超访谈录》的内容能给更多的人以启示！

盛开在季节之外

（邵公礼）

日子在荏苒的晨昏交替中叠加，思绪在摇曳的灵犀交汇间闪现，却不知在哪里安放那些曾经迷失走散的生活段落。文字间游走的记忆，请容我再少些理智样本的深层解读，请给我再多些年少轻狂的热血奔流，请看我再多些天马行空的卓然而立，请让我再作一回经风历雨后的从容告别。

往昔难再，方向依然。拂开生活的荆棘，盛开于季节之外的，是我灵魂深处的那束清醒。我紧握挣扎的力量，不惧怕现实的刀锋切割追逐的梦想。骨气，安置在菊花里沉吟修炼；生命，托付在磨砺中日渐丰盈。

弹指一挥间，十年坎坷路。现实常常涌现不等式，阳光也不时被云彩遮挡。我任性地向着阳光生长，不为拥有，只为经过，只为在回首追忆的路上，鲜花烂漫，笑靥纯净。

走出感怀的往事，抖落全部的沧桑，我们的生活，必须充实；我们的事业，必须向上；我们的内心，必须幸福。尘埃洗尽，义不容辞地充实、向上、幸福……

继续，以温良的心，和真诚的情感，以及积蓄的勇气，踏实地走好每一步。接受现实，笃信梦想。一如既往地保持——向日葵在阳光下的律动，追寻温暖明媚幸福的润泽。

雨夜寒思

(田　琦)

窗棂黯然,雨在耳边耍着性子。夏夜涂黑了天际,宁静与寒意悄悄弥漫,仿佛多年不曾谋面的故人到访。此时此刻,很多思绪撞碎了冠冕堂皇与所谓的成熟固执,行走字里行间,恰似举杯抒怀,流淌一番淡然。

每每穿过镜头观察一个眼神、一抹微笑、一滴泪水,或是一座城市的喧嚣与寂静,都有种恍若隔世的感觉。就像读一本厚厚的书,晦涩而真切,让你怎么也放不下。这个职业流淌在血液中,将我渐渐地变成一个忠实的聆听者,一个冷静的观察者,一个狂傲的批判者,一个满怀理想的追逐者。

每个人只有一次生命,可每个生命都承载着丰富而异样的人生体验。《小超访谈录》其实就是在不停地运算,将它们简单相加,然后注入我们的血与肉,融入我们的精神与灵魂,让我们无比强大。当我一次次地读懂那些绮丽而又平凡人生故事,一次次的重生,我也随那些嘉宾一起笃定地穿越撒哈拉,一起热恋诗歌,一起闯过人生的低谷,一起用音乐勾勒平静与执着,一起行走在乡间大道,昂首阔步,憧憬一段奇迹,终而无怨无悔。

当童话诗人顾城写下“黑夜给了我黑色的眼睛,我却用它寻找光明”的句子时,我们似乎看到了那一代人的力量与执着。而这个时代也需要一代人,年轻的一代,拥有自己的信仰,拥有自己的梦与灵,把自己的未来涂画得无比绚烂。然后,义无反顾。

我爱这片土地

(王　陆)

转眼间，距第一次踏进电视台的大门已经一年有余。这一年多，我着实体会到作为一名农业记者所需要肩负的责任。每次下地采访，就仿佛在这片喧嚣的城市中给自己的心灵开了一扇窗，我所看到的不仅仅是那一片片金黄的麦田，还有乡村所散发出的那丝朴实和纯真。如果不是这份工作，我想我可能根本没有机会去感受乡村，去体味他们的生活，慢慢地，我从一个连韭菜和青草都分不清的懵懂学生，变成了能够张嘴说出五种以上肥料种类的"伪专家"。在这个过程当中，有笑声，有汗水，更多的还是感激。我们每个人身处的环境有好有坏，自身的能力也有差别，但我们唯一相同的就是在自己的能力能承受的条件下发挥着自己的作用。在那湿热的大棚，在那扎腿的麦田，当他们脸庞上滑落的汗水浸入土地，我们却用镜头记录着他们眼中的那一丝希冀。感激我所经历的一切，感激我所流过的汗水，因为它们使我成长，使我进步，在接下来的日子，我将踩着脚下坚实的土地，继续记录每一个喜悦的丰收。

为你写首歌——《乡亲》

(王 一)

镜头对准你的双眼 / 我看见一张在欢笑的脸 / 那是给我感动最深的容颜 / 想起她(他)的时候 / 总有一种莫名的感动 / 我愿为此奔波在田野乡间 / 我看见—— / 他们对丰收的渴望 / 丰收带给他们力量 / 春夏秋冬怎么变换 / 他们始终坚持一个信念 / 看到烈日下他们的汗水 / 寒冬里他们的微笑 / 给我最自然的感觉 / 最自然的心跳 / 走在这条路上 / 心儿随着春风在飘荡 / 身边蓝天麦田给我无限向往 / 我扛起(摄像机)我的理想 / 看你种下了所有希望 / 这种希望超越梦想

我叫王一,是山东广播电视台电视农科频道《农资超市》栏目的一位记者。来到农科频道有四个年头了,经常下田间、走地头,和农民朋友建立了感情。我喜欢音乐,没事儿的时候喜欢写写歌,于是就有了上面那首《乡亲》。我把它献给齐鲁大地的父老乡亲。

在来农科频道之前,我没有这么近距离地接触过农业。通过这四年的下乡采访,跟农民朋友零距离的接触,给了我很多很多感受,当我把镜头对准他们的时候,当我看到他们辛苦耕作的时候,当我看到他们取得丰收的时候,当我看到他们欢笑的时候,我真的愿意奔波在田野乡间。

为舌尖行走

(徐　汀)

最近,一部《舌尖上的中国》一夜之间迅速蹿红。饮食文化一直是中华文明的重要组成部分,但我以为那始终只是一种“终端文化”。中华文明始于农耕文明,“农”才是中国的根本,而正是有这样的根本作为保证,方才有了中国饮食文化的绚烂多彩。

一转眼,做农业记者也有十余个年头了,常常奔走在田野乡间,最爱看到的就是丰收的喜悦。同时,也见到了许许多多因缺乏种植技术而造成的问题,屡屡为农民治病不得其法而焦躁不安,甚至痛恨医无良方而滥用药物造成的食品安全问题!有人戏谑说做农业记者时间长了什么都吃过了,也有人说了解得多了就什么都不敢吃了,我想这些源自农业生产的食品安全问题并非不可避免,而是我们的科技传播不到位所致。

有一种说法,说农民是“四可人群”——可爱、可怜、可气、可恨:可爱,农民的淳朴善良可爱;可怜,整日辛勤劳作收入不高可怜;可气,别人教给科技手段却不接受可气;可恨,为保产量和收益滥用有毒药物可恨!个人觉得这只是表面,因为农民的思想很单纯,他们是被某些坑农害农的事情弄怕了,当我们把科技传播工作做得再细致一些、效果再具体一些、方式再直观一些,谁不愿意用安全高效的方式去获得更高收益呢?

作为一名传媒工作者,就有责任把农业科技传播得远些、更远些!没有农业就没有舌尖上的感受,农为国之根本,在享受舌尖感受的同时,我们应该为舌尖继续奔走!

踏寻生命的转弯

(尹德宏)

我的一个朋友,女生,几天前做了一件勇敢的事情:搭车去西藏。5月27日从成都出发,6月9日到达拉萨,期间曾在大雨中徒步,也曾顺利地搭上宝马,曾住过破得不能再破的旅馆,也曾吃到美味而又免费的藏餐。回来时皮肤黝黑,水泡铺满脚底板,却快乐地宣称,这是真正的旅行。

我有一个朋友,男生,毕业时家里安排了国企的工作,准备了不大不小的房子,还有一堆七大姑八大姨的人脉资源可供选择,他却不为所动,只身进京。问及原因,答曰:不愿过一眼看到头的日子,只有自己打拼,才是真正的生活。

我懂得,有些人需要不同的人生体验,他们在踏寻生命的转弯。很不幸,我属于那种三分钟热度的人:渴望丰富多彩的人生,却惰在一成不变的生活中。于是,我在思索:能不能一举两得?答案:做记者就能。所以,我享受现在的工作,能了解不同人的生活,能识辨不同地方的景色。

我相信,生活中存在无限可能,只要我们拥有足够的热情;我支持,生命的意义在于心态年轻,是去冒险未曾想象的旅行;我怀疑,没有悬念的明天是否值得期待,没有转弯的生命能否算作历程?

最后,触碰食指,《相信未来》:“朋友,坚定地相信未来吧,相信不屈不挠的努力,相信战胜死亡的年轻,相信未来、热爱生命。”

雨·泉

(张同君)

昨夜一场畅快淋漓的暴风雨，将我从梦中唤醒，让我想起了少年时代的飞扬恣肆。

清晨，一只黄莺玉立枝头，一个声音吞没了它宛转的歌喉，那是泉水的声音！

昨夜的暴风雨复活了因干旱停止喷涌的泉眼！

我急匆匆赶到泉边，那里已经被赏泉的人围得水泄不通。好不容易挤了进去，一个磨盘大小的泉呈现眼前。水质清冽，一尘不染，从坚硬的石缝里喷涌而出，气势磅礴，锐不可当。站在周围的人，不管学富五车，还是胸无点墨；不管富可敌国，还是身无分文，都为这道风景震撼、痴迷。

这是一眼千年古泉。

它所在的城市家家屋旁泉水豪放、户户门前垂柳婉约。因为数不尽的泉眼，这座城市拥有了“泉”的别名。诸多的泉眼里，千年古泉最负盛名。

从去年它停喷的那一刻，热爱它的人们就翘首期盼。融化的冬雪没有让它喷涌，缠绵的春雨没有把它唤醒，只有暴风雨才能赋予它新的生命！

想让生命之泉汩汩有声吗？不要等待残雪消融，不要期待春雨无声，让暴风雨来得更猛烈些吧！

心系“三农”走基层

(张　震)

“不要因为走得太远，而忘记了我们当初为什么出发”，这句话是白岩松告诫自己时说的，我也经常拿来说给自己听。从2010年初走进山东广播电视台农科频道的大门，到现在光阴已经流转了三个年头，我想是时候重温一下，当初来到“农科”，是怀揣什么样的理想而出发的。

我是农村孩子，爸妈都是从事农业的，所以心里对“农”有着天然的亲切感。与此同时，也深知农村农业发展环境的简陋与农民种地的不易。从进入“农科”以来，渐渐地我就形成了深入田间谋农事、贴近农民计农时的工作方式；渐渐地也就树立了心系“三农”走基层，传播农技知识的最初职业理想。

走田间进大棚，与农民话农事，“农科人”一年三百六十五，心系“三农”奔波苦。有一位同事说“苦心劳体何所惧，但幸身处最基层”，其实，走进“三农”、关注“三农”，身处基层，很接地气，给人一种向上的力量感，同时还有一种没有脱离基层实践土壤的踏实感。说不出从何时起，喜欢上了田间地头的一麦一蔬、一瓜一果；说不出从何时起，关注上了乡里乡亲的一颦一笑、一季一收；说不出从何时起，感受到了村庄社区的旧貌换新颜、一天一新鲜。

在广阔“三农”之域，我以一个农业记者的职业经历，见证着农业的新发展，体味着农民的新生活，感受着乡村的新变化。伴随着“三农”的发展，也开阔着我的视野，丰富着我的成长经历。